U0470197

家·圆
——麒麟、百灵的艺海奇缘

张百灵 著

文化藝術出版社
Culture and Art Publishing House

图书在版编目（CIP）数据

家·圆：麒麟、百灵的艺海奇缘 / 张百灵著.
北京：文化艺术出版社，2025.4. — ISBN 978-7-5039-7815-9

Ⅰ.K825.7

中国国家版本馆CIP数据核字第2025VP5144号

家·圆
——麒麟、百灵的艺海奇缘

著　　者	张百灵
责任编辑	魏　硕
责任校对	董　斌
书籍设计	赵　矗
出版发行	文化艺术出版社
地　　址	北京市东城区东四八条52号（100700）
网　　址	www.caaph.com
电子邮箱	s@caaph.com
电　　话	（010）84057666（总编室）　84057667（办公室） 　　　　　84057696—84057699（发行部）
传　　真	（010）84057660（总编室）　84057670（办公室） 　　　　　84057690（发行部）
经　　销	新华书店
印　　刷	鑫艺佳利（天津）印刷有限公司
版　　次	2025年6月第1版
印　　次	2025年6月第1次印刷
开　　本	710毫米×1000毫米　1/16
印　　张	22.25
字　　数	300千字
书　　号	ISBN 978-7-5039-7815-9
定　　价	128.00元

版权所有，侵权必究。如有印装错误，随时调换。

1974年，喜结良缘

2024年，牵手50载

祖孙三代

序言

我们家的故事特别多,有些故事真是很精彩,也很奇特。许多了解我们经历的朋友都提议,应该把这些故事写出来,与大家共享。

百灵的回忆录完成了,我为她高兴!我想为此说上几句。

她回忆录中的许多段落让我热泪盈眶,她用淡淡的文字描述着人生种种的经历和磨难,像小溪汇合成江川,像小草蔓延为草原,我虽然与她同舟共济几十年,但她的内心世界,她的所作所为,她的胸怀,她的品格,还是通过她的回忆录才真正深入了解……

要说我这一生最大的幸运,就是遇到了百灵这位好伴侣,她生性开朗、活泼、正直、善良,小鸟依人,心中总是充满阳光,特别热爱生活,和她在一起一直就感到非常轻松、快乐、幸福。

我刚烈,她温柔,我口无遮拦,她较委婉,我俩性格有共性、有反差,很能互补、刚柔并济,是完美组合、最佳搭档。

她是我的福星,也是我们全家的福星,可以说她是我们家生活、事业、育子的掌舵人。她爱学习,有头脑,接受新鲜事物快,每当遇到困难或是什么复杂、棘手的问题,她都能比较冷静,有具体实施的办法,最终让难题迎刃而解。

她不仅对我、对儿子、对儿媳、对孙子，对她自己的长辈和弟弟妹妹特别关心、照顾，宁愿自己吃苦吃亏，总是把方便和舒适留予对方，就是对我的父母也特别尊敬、孝顺，无微不至地照顾、关心，对我弟弟妹妹也是坦诚相待，充满爱心，许多我想不到、做不到的，她都想到了、做到了。

百灵同我一样酷爱舞台，酷爱表演艺术，但她为了全力支持我，为了全力培养儿子，她忍痛割舍了自己从小就万分挚爱的演艺生涯，承担起家庭里里外外的全部事务、家务。

我先后从事京剧、舞蹈舞剧、话剧、电影电视，共改行四次，每一次改行她都是我的幕后推手：

她看形势不利于我了，鼓动我由京剧参军改行舞蹈；

改革开放后我看到新希望了，她全力支持我从部队转业进入国家剧院闯出新天地；

我积劳成疾腰腿伤残了，她鼓励我，并以一己之力、行之有效地推动我向影视界进军；

我排演话剧，包括近期多次参加中央电视台的大型文化综艺节目，都与她的热情鼓励和耐心帮助分不开。

她教育儿子、孙子更是严谨认真、呕心沥血，培养孩子热爱生活，与人为善，以身作则地待人真诚友好、助人为乐、胸怀坦荡。在艺术方面，音乐、绘画、形体、朗诵、鉴赏力等等更是从小着力培养。

她是好妻子、好女儿、好儿媳、好姐姐、好大嫂、好妈妈、好婆婆、好奶奶。

她是典型的中国式贤妻良母！

百灵在艺术事业的领域也闯出了一片天地！

她一生涉足了表演艺术、导演艺术、艺术教育、理论研究、教育管理、专家评委……她丰富的经历和她刻苦的努力，使她的能力提升之快，到了令我刮目相看的程度。有几次她去做评委、去讲课，我随她一起，也为了照顾她。没想到，我坐在后边听着听着，也被深深感动，不由自主地也被吸引进去了。她的表演讲座课有广度有深度，有理论的指导还有具体的实践故事，关键是深入浅出，既有哲理又通俗易懂，并时不时地和学员们当场互动，使听众专心投入、积极性异常高涨。我想这可能因她是演员出身，跟她在银河艺术团、中国传媒大学教授表演课，总让学生们做起来、动起来、玩起来有关系。学员们都是很有实践经验的中青年，大家听得津津有味，现场气氛十分活跃。

她对作品的点评，不仅能抓住核心问题所在，提出合理化建议，她还有许多好点子，确实使矛盾冲突强烈多了、人物顺畅了、更有激情了，作品实实在在地得以升华。我听着都觉得这些点子真牛！百灵是聪明，怪不得小时候，朋友们就说："百灵，百灵，一百个灵！"

她的努力、她的付出、她的隐忍、她的坚韧、她的困苦是常人所不及的。但她有个特点，多大的苦、多大的难，包括婚前"文革"中的，跨越改行中的，教学管理中的，等等，她从来不说，都是自己承受、自己扛，并从不求回报！她遇到的许多艰难困苦，我也是这次看到她的回忆录才第一次知道。

一个弱小女子，心中有多大的能量啊。

她相夫教子，她默默耕耘，她桃李满天下，她纵横驰骋，也算是美满人生了。

随着年轮变化，我们渐渐老矣，记忆力开始衰退，拍戏背台词就成了一大难题。我不愿承载太多负重，也不想给剧组增添麻烦。除了中央电视台摄制的大型文化综艺节目，其他邀请我拍摄影视剧的基本谢绝了。包括昨日一

家·圆 —— 麒麟、百灵的艺海奇缘

部描写京剧名家谭鑫培先生生平的电视剧，让我再次饰演京剧鼻祖程长庚。我热爱京剧，可以说是驾轻就熟，但怕力不从心，给人添麻烦，很是纠结。空闲时间我倒是喜欢练习书法，也拜了老师，认认真真伏案练习。朋友们还经常邀我参加一些笔会，交流学习，由此也结交了许多新的朋友，开阔了新的视野。

我和百灵又开始新的生活，生活的重心有所转移，她看书我写字，我们相互切磋；她做饭我洗碗，不能累她一人；她购物我相陪，老伴老伴不可单放；无论是她还是我出差，两人总是形影相随，相互照顾相互关怀，其乐融融，让多姿多彩的生活更加浓厚醇香。

这里还要提一句，她认为吃饭是一种享受，即使到了老年只有我俩吃饭，她也要做上四个菜一个汤，她说花样多才会味道浓。儿孙来了更是荤素一大桌，吃着美味，喝着小酒，快乐人生！

我俩可谓两小无猜、青梅竹马，她小时候"甜"，大眼睛忽闪忽闪，清澈透明，率真开朗，一笑俩酒窝甜甜蜜蜜。

任来路磕磕绊绊，任日子兜兜转转，任月岁改变了容颜，相由心生，她现在年过七旬，就是一个"善"，眼睛仍是那么清澈明亮，慈眉善目，清秀温婉。她仍是我当初心中的百灵，她就是我的女神。

今年我俩牵手五十载，隆重的金婚纪念收到了家人和朋友们的热烈祝福，我激动万分，无比幸福！我衷心感谢上苍安排麒麟遇到百灵，赐予我美满幸福的婚姻，是她爱护着我，温暖着我，激励着我，成就了我！

一生有她相伴，足矣。

有来生，我仍要与她做夫妻！

姬麒麟
2024 年 3 月 26 日

目 录

上 篇 艺术人生

韶年芳华 / 003

　　追 梦 / 005
　　锤 炼 / 027

爱情婚姻 / 047

　　初 恋 / 049
　　爱 巢 / 070

纵横驰骋 / 103

　　挑 战 / 105
　　触 电 / 119
　　求 索 / 141
　　圆 梦 / 153
　　躬 行 / 179

家风树德 / 211
  育 儿 / 213
  接 力 / 247

下 篇　金秋絮语

 晚霞醉 / 289

 昆明行 / 319

我的妈妈 / 337

我的奶奶 / 340

上篇

艺术人生

韶年芳华

追 梦

在我心中有两条河，一条是故乡的小河，一条是生命的大河。

故乡的小河是我剪不断的脐带，生命的大河就是我的家国、我的志向、我的事业、我的爱情、我的家庭、我的儿孙、我的朋友！

我的故乡在湖南醴陵。

张百灵 9 岁留影　　　　　　姬麒麟 10 岁留影

家·圆 —— 麒麟、百灵的艺海奇缘

醴陵域内山中流出一条河叫渌水，醴陵人称她为渌江。江面广阔清澈，蜿蜒绕城，当时城南有一座年久而坚固的石桥，站在桥上可望见不远的渌江拐弯处依傍的群山，或是郁郁葱葱，或是被映山红覆盖得姹紫嫣红。山腰中有一座高高耸立的白塔，在阳光下它会更加炫目。离开故乡后的60多年里几回回梦见：石板路、栀子树、杨婆婆的玫瑰园、小学校、橘子林、渌江塔、渌河桥、映山红、大剧场、照相馆、旧民屋……生我养我的地方多么熟悉、多么亲切！传说用渌江水酿出的酒十分甘甜，因此这片土地被称为"醴陵"。醴，就是甜酒的意思。

近代，醴陵却是以瓷器蜚声中外，是我国三大瓷都之一，与江西景德镇、福建德化齐名。1915年，醴陵的釉下五彩瓷，曾与国酒茅台同膺巴拿马太平洋万国博览会金奖，被誉为"东方陶瓷艺术的最高峰"。

或许是瓷都浓厚的艺术氛围，或许是故乡青山绿水的优美环境，从小就熏染出了我对艺术的执着与热爱。

湖南有一种民俗叫作"扎故事"，又称"扎台戏"，一般是庙会节庆的时候，选一些可爱乖巧的童男童女，把他们装扮成如《刘海砍樵》《白蛇传》《西游记》中等为人所津津乐道的戏剧人物形象，立在倒过来的八仙桌的高台上，然后由四个壮汉抬着沿街表演。后来我在电影《怒潮》中见过此情景，格外亲切。

小时候，我就被扎过故事，不记得是什么节日，醴陵举行扎故事

1956年，张百灵8岁留影

演出，每个单位都要拿出自己的作品。我小时候长得玲珑可爱，尼姑庵的孃孃们让我代表她们扎了一个"热爱和平"。

我被"扎"在八仙桌倒过来、四周扎捆着松枝和鲜花的"舞台中央"，我"扎"的形象是和平鸽，身穿白色的百褶罗裙，非常好看。我从小瘦弱，个子矮，撑不起来那么长的裙子，就给我脚下垫了一个小板凳，让我站在上面，裙子直接遮住凳子，垂到小舞台，显得我个子异常高挑。当时我只有6岁，大人怕我站不稳当，小舞台上还竖起一根长竿像柱子一样，我可以靠着扶着，手里还抱着一只白色和平鸽，相映成趣，煞是动人。一路伴随着锣鼓声和欢笑声，"故事"队伍在大街上游行欢庆，年幼的我觉得神气极了。

许是这美丽的装扮和万人瞩目的欢笑，故事散场了，对舞台的向往却扎在了我的心里。

我在醴陵只上了一年学，但校园、老师等诸多细节都镌刻于心。

在我的印象里，南方和北方有很大的不同。北方粗犷爽朗，南方则细腻温婉一些，在学校的格局上就深有体现。在那个年代，我们小学校里，操场上就有雨棚，还有连廊直接通到教学楼，下雨淋不到，太阳也晒不着——也许就是和炎热多雨的天气有关吧。因此，我们有很多室外活动，无论严寒酷暑都拦不住我们出操。

操场一角还有几丛橘子树，被我们叫作"橘园"。出操之余，我们就会在操场旁的橘园下做游戏，表演节目。我最喜欢表演节目，尤其是跳舞。老师经常给我头上扎一个大蝴蝶结，让我美美地在中间跳啊唱啊，同学们就围坐成一个圈子，看着我们轮流表演节目。老师还经常提着一个帆布袋子，到橘园中摘一些成熟的橘子，分给我们吃。演完节目，我们会跑到学校旁边的小河边煞有介事地洗脸"卸妆"。我扎的蝴蝶结特别显眼，老师不在的时候很多调皮的小男孩就会偷偷把我的蝴蝶结抽开，惹得我追着他们打闹。

当时我有个邻居春芳姐姐，她聪慧漂亮，后来考入北京工业大学，并留校任教。她是我们的孩子头儿，经常组织我们出操、做游戏、评奖。我们整天围着她转，她喜欢跳舞，经常参加学校的表演。每当她有表演活动的时候，就带着我一起去看。我看着她在台上表演，特别漂亮，就懵懵懂懂有个想法，我要能像春芳姐姐一样在舞台上表演多好呀。没想到多年后，这个梦想成了真，长大后我真的登上了舞台，走上了艺术的道路。

读完小学一年级，我和婆婆（当地方言，指奶奶）离开了故乡醴陵。在一个星稀月朗的夜晚，我牵着婆婆的手登上了渌江大桥，跨过渌江，离开了给我"扎"下梦想的故乡醴陵，来到了首都北京。

我的命运可以说比一般人都悲惨，也可以说比一般人都幸福。因为，我有三个妈妈。

在我1岁还没有任何记忆时，我的亲生父亲去世了，20多岁的母亲无奈改嫁他乡。爸爸还有一个弟弟，也就是我的叔叔，十几岁参军打仗，多少年杳无音讯。在婆婆看来，我是她唯一的骨血和命根，所以拼死也要把我留下，没让妈妈带走我。

虽然和亲生妈妈相处很少，但是她给了我生命，把我带到这个世界上来，才有了我一生的精彩。对于她，我心存感恩；对于她的再婚，我长大后也逐渐理解了。

幼时是姑姑和婆婆一把屎一把尿地把我拉扯大的，没有奶吃，她们就用米浆养活我。姑姑可以说是我的第二位妈妈，对我有求必应，让我的童年可以为所欲为、肆无忌惮，一点也不像是没有爸妈的孩子。姑姑自己就爱干净爱漂亮，对我也百般呵护，总是给我梳最漂亮的发型，穿最时髦的衣服，让我从小就埋下"美"的种子，知道怎么打扮、怎么臭美。

1961年，张百灵与亲生母亲在北京合影

我和婆婆、姑姑相依为命，在故乡醴陵度过了六七年。新中国成立后，我的叔叔，也是婆婆唯一的儿子有了消息，他随部队调驻北京，并且在北京成了家。知道家里的情况，叔叔和婶婶决定收养我，并将婆婆和我接到北京生活。叔叔成了我爸爸，婶婶是我的第三位妈妈。

我妈妈是新中国成立初期中央首长的子弟学校"育英学校"的老师，我只知道她的学生中有刘涛、豆豆。在她新婚不久，就能把我接到北京，收养为女儿，这不是一般女人都可以做到的。我到自己成家立业后才越来越体会到，这背后蕴含着的肚量和胸怀。她抚养我长大，教导我成人，给了我温暖，给了我一个真正的家。

在我成长的过程中，吃的、穿的都比较讲究，学校的老师、同学们没一个认为我是个没有亲生父母的孩子，还都说我是个衣着入时、有教养的娇姑娘。有这样的亲人和家庭环境才有我这样活泼开朗、阳光的性格。记得妈妈经常骑着自行车带我去食堂吃饭；给我买玩具，还给我订了一份《小朋友》

家·圆 —— 麒麟、百灵的艺海奇缘

1985年"八一"节，张百灵陪85岁的婆婆游览颐和园

画册刊物；记得我在301医院、302医院两次住院，都是她送我住院、接我出院；1964年考入北京艺术学院，全班22名同学全是自己扛着行李进校门，只有我和另一位在家是老幺的也比较娇气的女同学，是由妈妈扛着行李入学的；我们在学校的期末考试有汇报演出，家长前来观看的不多，但每次都有我妈妈……这些点点滴滴至今历历在目，没有她就没有我的今天。

她也从未与婆婆红过脸，两人共同操持家务，按各自分工和平共处。灾难来临，婆媳两人一个主外一个主内，撑起家庭的天地，拉扯三个孩子长大。后来姥姥要求住到妈妈这里来，妈妈回答："您有儿子，您跟儿子住吧。婆婆没有儿子了，她得跟我住。"

我人生得益于这三位妈妈，我爱这三位妈妈。包括我亲爱的婆婆，虽然婆婆离开我们已有30年，但她的音容笑貌，她那矮小的身影，她那双长满老茧、关节已经扭曲变形、满是裂痕的双手仍记忆犹新。我经常梦见她，我多么希望不要醒来，让我再陪伴她一会儿，再多享受一些她对我的疼爱。

我爷爷是醴陵远近闻名的雕花木匠，家里开有木匠铺，手下有十来位徒弟，爷爷去世后，家道中落。婆婆没有职业没有收入，幸亏小时候她母亲逼她缠足，她死活不缠，所以她迈开步伐可以到衡阳、株洲打工，靠她一双勤劳的双手养育了老少四代人。婆婆是中国劳动妇女的典型，新中国成立后来到北京，婆婆仍是永不停歇，带大了我、弟弟、妹妹，就连孙子媳妇坐月子，也是她一直伺候着。365天她从不休息，除了每日几小时睡眠以外，就是永无止境地操劳，她的心中永远只有家人没有自己，舍不得吃舍不得穿，似乎让她吃点什么、穿点什么、买点什么，就是浪费。她认为只有吃大家剩的、穿补丁摞补丁的衣服才是应该的。她极爱干净、整洁，碗筷洗得比五星级宾馆还干净，炉台、桌面擦得掉了漆皮泛着亮光。自身更是从头到脚干净得不得了，北京可比湖南冷多了，她南方人的洗漱习惯一点不变。

但她出门可讲究了，冬、夏各有一身"礼服"。冬天是藏蓝色毛哔叽的大襟式的夹袄裤，夏天是香云纱大襟上衣和纺绸的裤子，还有一双皮鞋，出门时擦得锃亮。从头到脚一尘不染、干干净净、漂漂亮亮，有风度有气质，清秀中透着高贵，活得有尊严。

那次接她进城来看麒麟演出大舞剧《剑》，我搀扶着她走进天桥剧场，里面已坐了半场外国旅游团的外宾，80多岁的老婆婆戴着眼镜，修剪整齐的齐耳银发，讲究的中式服饰，整洁大方，老外们见到这样一位气质高雅的老妇人，非常惊奇，全体自发起立给她鼓掌。

老婆婆一生没有惊天动地的事迹，没留下任何文字记载，也没有任何财富，但她的善良、正直、无私、勤劳的品质却深深地印在了我们后代人的心里，她的吃苦耐劳永远是我的楷模，她的宽容大度、正直善良已融入我的血液，让我受益终身。婆婆除了会写"中国共产党万岁""毛主席万岁"和自己的名字及看年历外，别的字就不认识了，但做人的道理她却非常明晰，她告诉我女孩子要有规矩：保持干干净净；无论怎么坐双腿都要并拢；左手端碗时，中指与无名指得抠着碗底沿儿；吃面条不要嘬着吃，用筷子将面条卷成卷儿送进嘴中；扫地时要压着笤帚扫……这些日常生活中的点滴日常也使我成长为一个受人喜爱的女人。

我的三位妈妈也都是中国妇女中最坚忍自强、乐观向上的女人，她们的待人处世，她们的言谈举止，为我的人生树立了榜样。受当时时代的局限，这三位妈妈都是苦命人，我也一直尽我的微薄之力，以我稚嫩、单薄的肩膀鼎力支持她们。

随着时光的流逝，她们都离我而去了，想到我至爱的婆婆和这三位妈妈，止不住的泪水就往下流，她们要是能活到今天，我就会更尽全力地照顾她们，让她们也享享福。这一直是我的遗憾！

我到北京时，爸爸所在的坦克三校驻扎长辛店，就安排我在附近槐树岭的小学校读书。

刚到北京时，我一个南方转学来的小姑娘，穿着精致吊带短裙和裤子，绣花、系小球球的毛衣，头上还烫着发卷儿，用那时候的话说就是非常洋气，在同学们眼中格外显眼。更关键的是，老师和同学们喜欢听我讲湖南话，总是借机问我问题让我说话，但我一般是闭口不讲的，不愿意让他们笑我。小孩子适应快，不到三个月，我的湖南口音全部改正过来，可以自如地操着一口字正腔圆的普通话了。

我感觉我很幸运、很幸福，因为我朋友特别多，在每个成长阶段都有特别要好的朋友。在醴陵虽然只上了一年学，但也有几位好朋友，我转到北京后，朋友们还合影给我寄过来做念想。

来北京不久后就交到了新的好朋友。我和冯晓峰是小学二年级同时转来的同学，她喜欢唱歌，我喜欢跳舞，她随爸爸转业去了云南大理，我们书信未断。1970年，我毕业被分配到昆明军区国防话剧团，她已从歌舞团转业了，并与舞蹈队指导员聂乾先结了婚，我们又同住在一个大院里十几年。至今70年友谊，真是缘分！

我们大院里的孩子们大多上的是"八一"学校，也有不少不再愿意与父母分开，转学到大院周边普通学校来。我的好朋友罗妮娜就是这样。她爸爸是《林海雪原》中某位英雄人物的原型，三年级开学时转过来了，我俩成了形影不离的好朋友。上学结伴，放学后就一起疯玩，在操练场上试遍各种操练器械；偷了菜园的西红柿，用裙子兜着跑到检阅台上摔得满地都是；看电影之前先要跑到办公楼区偷摘些未成熟的海棠果或桃子杏子，然后边看电影边享用。最有意思的是，她有一位工作不久、年轻漂亮的小姨，她爸爸有一位年轻帅气的副官。我俩私下总议论，这叔叔阿姨真是一对，他俩应该结婚。后来才知道副官叔叔已有家室，令我们好不遗憾。

我俩只同学一年，她爸爸又调回东北了。她们搬家的汽车启动后，我一直追着汽车跑，眼泪像断了线的珍珠一样啪嗒啪嗒掉了一路，我第一次体会到别离的痛苦。

我们家搬到七机部五院的家属大院后，我又转了一次学。因为我是在湖南入小学，婆婆和姑姑给我想了办法，比当时规定的年限早了一年，所以我一直比同年级同学小一点，也就有点任性，很多同学也都很迁就我。尤其是小意，她爸爸是上海调来的工程师，她特别爱学习，对我特别照顾，很快我俩就成了挚友。

记得那年"六一"，我们两个胆大的女娃，都背着上幼儿园的弟弟去北海公园玩。玩了一整天，傍晚不知怎么就转到北海后门出来了，不知道怎么回家了。在附近车站牌上看到有一辆车到西直门，想当然地就认为是五院大院附近的西便门，到了西直门下车才发现和西便门是两码事！我们又找了半天才找到去西便门的车，两人一算钱加起来就只有1角1分了，可是坐回西便门得7站需要7分钱。于是，我俩买了一张7分的和一张4分的票。坐了4站，她带着弟弟下车了，让我多坐3站到西便门下车。然后我背着弟弟还要走两三站路才能到家，而小意背着弟弟要走五六站才能到。

1966年她正上高三，失去了高考的机会，后去内蒙古插队，我毕业分配前两年到顺义区劳动锻炼。小意干一行爱一行，中间还曾专程从内蒙古赶回北京，跑到顺义农村找我，向农民学习怎么积肥，怎么播种，然后带回去传授给内蒙古的乡亲们，她还学习了赤脚医生给牧民们治病，足见她是个踏实、谦逊、肯钻研的人。

而我在学校的时候，依旧天性不改，不管是"六一""十一"，还是元旦，只要有联欢会，只要有文艺活动，我就必然要演节目，要登台表演，因为我喜欢。

至今还清晰地记得，小学二年级时，在我来京后的第一个小学演了一个节目叫《在苹果园里》，是六七个小孩儿的群舞节目，有个大一点的男同学粘上胡子演爷爷，我和"爷爷"在最中间，又唱又跳，非常活泼。这个节目在丰台区的比赛会演中还拿了金奖。

因为父母在部队工作，总搬家，我小学转了四个学校，但不论在哪里，我都热衷于文艺活动，经常担任音乐、美术课代表，文艺委员之类的职务，只要有文艺演出，就理所当然地找上我，我也义不容辞地全力以赴。

小学四年级元旦联欢会，我根据同名故事编排了一个小节目——《龟兔赛跑》，按现在说法应该叫歌舞小品吧。我组织了几个同学一起参演，我演龟兔比赛的裁判——蝴蝶，那时候同学们的积极性可高了，服装、道具全是我们自己准备。

剪一圈硬纸壳，糊上一层闪闪发亮的电光纸，再用其他颜色的电光纸点缀一下，就做出了各种动物的小头饰。

把纱巾缝在衣服的袖子上就算是蝴蝶翅膀了，不过好玩的是，当时连两条颜色一样的纱巾都不好找，所以就找颜色相近的缝在两边，一边淡绿一边浅青，一边鹅黄一边米黄，两条胳膊一扇一扇还真有几分花蝴蝶的样子。

穿一件毛茸茸的白毛衣，就是小白兔了。用纸板画一些黑绿色格子，往背上一背就是乌龟了。像不像，三分样，虽然简陋，但都是同学们自己动手做的，大家高兴得不得了。后来学校还让我们在礼堂演出，台下乌泱乌泱坐满了人，都笑着给我们鼓掌，效果出乎意料地好。

童年的生活简单快乐，无忧无虑。就在平时，和同龄的孩子一起玩儿，我也有很多好点子，都留下了美好的回忆。我们住的部队大院有一个俱乐部大礼堂，我们经常溜进去玩儿，那里的地下室有一间存放扫帚、铁锹、簸箕等劳动工具的小房间，门一关乌漆嘛黑，伸手不见五指。我们把那些工具全部堆到一个角落，腾出空间来就可以放"幻灯"。

先在一些半透明的纸上用粗线条的铅笔勾勒出一些童话故事，如《白雪公主》《小红帽》等，然后把纸张按顺序粘好，并把两头粘在两根小竹棍上卷起来。播放的时候，在小黑屋里，点上一根蜡烛，放在画纸前面，淡淡的画影就会投映在后面的墙壁上，有两个人一放一收地卷动竹棍，或许是还伴着卷竹棍的手的晃动，墙上模糊的画影竟然会缓慢地跃动，这样粗陋到极致的幻影，就能让我们兴奋不已。再加上有一个热情洋溢的故事解说，现编现讲，就能让我们沉醉在自己构建的童话世界里，无法自拔。玩乐开心之余，这种自制"幻灯"带来的成就感，也是看电影、看演出所无法比拟的。

当然这些调皮的事儿我们都是背着大人偷偷干的，但也有瞒不过去的时候。有一次我背着弟弟，和小伙伴们一起溜进俱乐部地下室的化妆间，找到了许多好玩的东西，比如化妆用的油彩，看到红彤彤的以为是指甲油，就使劲儿往指甲上抹，不承想这些油彩是不会干的，我们还特意跑到太阳底下去晒，晒也晒不干，最后又抹又蹭，一个个成了花脸，衣服也弄成了五彩云霞，洗都洗不掉。这样自带标记的"小偷"自然被逮了个正着，挨一顿骂是谁也跑不了的。

在这种充满创意和淘气的时光里，懵懂中也受到了很多艺术的熏陶，可能因为我从小就爱想点子，喜欢尝试各种事情，所以至今都可以说我是点子多、办法多，心灵手巧的人。20世纪60年代，十几岁的我就能将自己穿旧的花格衣服翻新改成挎包，旧裤子改成棉手套，中间还镶一条红布线，背上、戴上可好看了，受到大家的称赞。70年代大家还在穿清一色服装时，我就自己买花布，做镶白领、掐细腰的连衣裙，走在街上回头率极高。直至眼下，我就是买再高档的衣服，回来后也会有所改动，要不将衣摆提点、要不将腰身收点，总之穿上身要特别合体才行。朋友们谁的毛衣破了，谁的头发造型不好看了，我都可以帮着修补、改造。

部队大院经常放电影，不消说我们会高兴得像过节一样，即使在俱乐部室内放，也有不要票的，前三四排因为位置不好观影体验不佳，也成了我们小朋友的根据地。开映前，解放军叔叔们拉歌、合唱，我们自顾自打打闹闹兴奋得不能自已，银幕光一亮就完全沉浸其中了。

这些影片内容乃至许多台词至今都深深地印刻于脑海中了，如《女篮5号》《寂静的山林》《草原儿女》等。外国电影如法国钱拉·菲利普主演的

《勇士的奇遇》，苏联玛列茨卡娅主演的《乡村女教师》，虽然未必都看得懂，但大眼睛盯着银幕一眨不眨，好像错过任何一个镜头就吃了亏似的。

到了小学五年级，我家就定居在城里了，我有机会参加了北京市少年宫。以前是纯粹的兴趣爱好，喜欢唱歌跳舞，喜欢表演、喜欢玩游戏，但并没有受到过专业指导。如果没有少年宫的这段经历，也许"艺术"这个词，仅仅会出现在我简历上的兴趣爱好一栏而已。

我从小特别喜欢跳舞，小学阶段就泡在少年宫舞蹈队里，压腿、下腰、劈叉、练功，筋骨疼痛，大汗淋漓，但架不住我喜欢。

就在我小升初这年暑假，生平第一次看话剧——《马兰花》。舞台上的动人故事、大兰小兰的曲折命运深深地吸引了我，他们在演绎人物，他们有对话，有表白，有悲有喜，有歌有舞，演员的行动、对话、独白，将主题表达得淋漓尽致，我的感情跟着他们兴奋、紧张、喜悦、悲伤，得到了极大的享受与愉悦，我一下子就迷上了话剧。所以一上初中我就报考了话剧队。

在少年宫学习的同学们，格外认真刻苦，辅导老师教授得也很正规。第一学期练习小品、朗诵，第二学期才开始排戏。我排演的第一个戏叫《小尖兵》，我是主演，饰演姐姐。

故事大概是姐姐和弟弟到山里给爸爸送饭，结果撞到地主搞阴谋破坏，我们想方设法回去报告民兵，地主千方百计阻止我们，我们巧妙地引来了在附近工作的地质勘探队的叔叔阿姨，一举打破了地主的破坏行动。

这毕竟是我第一次演话剧，第一次担任主角，虽然排练的时候很用功，但演出的时候还是因为紧张出现了失误。地主面对面威逼，我真的害怕了，"啪"的一下摔了一个屁股蹲儿。但好在我马上就爬了起来，继续表演，就好像摔倒这一下，是戏里安排的一样。下台后老师还特别表扬了我。

我们之后陆续排演了很多话剧，如《流水村的孩子们》《五封信》《高玉宝》《灰姑娘》等等。

虽然舞台更大了，演出的标准更高了，不过有一样和小时候并无二致，那就是要自备道具。演《高玉宝》的时候，我饰演淘气的妹妹、地主家的女儿。上学带饭，高玉宝这些穷孩子吃从树上掏的鸟蛋，地主家的孩子要吃鸡蛋，还要吃白馒头。每当演出的时候，我就央求婆婆用富强粉给我蒸馒头，雪白雪白的大馒头，并且还得煮两个鸡蛋揣走。在物资紧缺的年代，这自备的道具也是不得了的稀罕物，这也算是为艺术牺牲了。当然舞台上吃的时候，可谓表演和美食双倍的快乐。

演《灰姑娘》时，需要外国人穿的拖地长裙，也得我们自己动手制作。当时有一种稀疏的棉布，叫冷布，一般蒸馒头用，干净还不捂气。冷布十分便宜，3分钱一尺，扯来染成粉色、蓝色，缝接在自己的连衣裙上，异域风情的拖地长裙立马就显现出来了。

《灰姑娘》中的宴会上需要吃西餐，同学们把蒸熟的白薯切成方块，然后用刀叉切成小片或小丁吃起来，在舞台上看着一点也不比西式糕点差。

寒、暑假时，老师还带领我们糊树墩，粘景片，做道具，自力更生、自娱自乐，不仅让我们熟悉了舞台，还使我们了解了幕后工作，极大地满足了我们的好奇心和成就感。

少年宫里除了话剧队外，还有舞蹈队、合唱队、器乐队等，出去演出就得组合多种综艺节目，从那时开始，我就兼了一份报幕员的职务，后来考入北京艺术学院表演系，班上演出就是由我报幕，毕业后分配到昆明军区国防话剧团，演出也由我报幕，我也为歌舞团的歌舞演出、三团的联合演出报幕。

少年宫那段岁月，感觉像是在沙漠走了一个月的行人，一头扎进了绿洲的湖泊中。寒假、暑假几乎天天泡到少年宫里，平时一周只有周日一天能去，只觉时间太少，如果排新戏，则周一到周六晚上也可以去。那我就跟着魔了似的，一放学出了校门就往少年宫跑，一秒钟都不想耽搁。然而可以想见，因为心思都在演戏上，学习成绩并不太理想。但老师和同学们都很喜欢我，或许是因为我开朗活泼单纯的性格，或许因为我是学校文艺演出的骨干，也许仅仅是因为我对话剧的痴迷和热爱。

由于我从小在舞台上摸爬滚打，根本不怵台了，待入艺术学院学习的第一单元——解放天性，我根本不在话下，在观众面前非常松弛自如，这样创作人物、完成舞台任务就非常轻松自然。消除紧张感是解放天性非常重要的一项，当你紧张的时候，你一定是你自己，而不是舞台上的人物。

表演艺术的形象创作，就好像是搭积木的过程一样，接到一个角色后开始着手准备角色的心理、情感、身世、性格、特征的过程就是搭建角色的过程，演员"你"先在心中拼好一个人物形象，再立体地在舞台上鲜活生动地体现出来。这就需要演员有一个轻松自如的创作状态，从角色的心理、行为出发全情投入，塑造出有血有肉、栩栩如生的人物形象。

所以说演员既是创作者，又是创作的"材料"，还是创作的成品。演员"你"来设计、规划、准备角色。首先在自己心中勾勒出想象中的角色形象，正是焦菊隐先生提出、于是之先生践行的中国表演理论核心"心象说"。经过演员深入生活、观察生活、体验生活，翻阅大量资料、观摩优秀作品，然后调动演员自己的情感、思维，包括想象中人物的神态、步伐、行为，再将设计好的人物的行为动作反复锤炼，使之化为己有，与演员"你"合为一体。最终塑造出一个活灵活现、有血有肉、观众喜爱的人物形象。这便是说演员既是创作员，又是创作的材料，最终演员"你"又是创作的成品。

看某些武侠小说的桥段，说练刀练剑的侠客，从来刀剑不离身，连吃饭睡觉都抱着，与刀剑有着深厚的感情，最后达到"人剑合一"的境界。我想也许就是这个道理，我热爱舞台，向往舞台，不管是演出还是排练、报幕，只要在舞台上，我就能和舞台进行一种情感的沟通。日久生情，我爱它，它也爱我，使我成为一名合格的演员，相互之间自然就再也没有陌生和紧张，有的只是互相依恋和愉悦。这种"两情相悦"，打下了我从文艺爱好者张百灵转变为演员张百灵的重要基础。

1964年，我非常幸运地考上了北京艺术学院表演系。当时的院长是周扬的夫人苏灵扬，表演系主任是吴雪。然而就在当年，北京艺术学院美术系整体并入北京师范学院（今首都师范大学）；音乐系独立建院，成立中国音乐学院；戏剧系并入北京戏剧专科学校。至此，新中国成立的第一所综合性"艺术学院"消失在历史长河中，我们就成为北京艺术学院的最后一届学生。

我们入学时，学院本着培养一专多能的艺术人才为宗旨。一专多能就是除了要精通本职专业外，还要学习掌握与本职专业密切相关的其他两项以上的专业技术，比如我们学话剧的，还要学京剧、声乐、舞蹈和一门器乐，我选修的是二胡，还学了天津快板、三弦和大鼓。当时培养出来的艺术人才都是这样，张嘴能唱，舞蹈、乐器信手拈来。

然而要培养一专多能的人才，还要向中国戏曲学习，那么单单大学四年时间就不够了。北京艺术学院表演系创办了三年预科，四年本科，以便为国家和社会培养更全面的艺术人才。

学校课程安排非常紧凑，6:30出操，7:00早自习，或上形体课或上台词课，一天8节课，晚上是两节自习课或观摩课。每周12节表演课，8节台词课，8节戏曲形体课包括腰腿、手位、台步、毯子功，6节舞蹈课，学有代表性的民族舞组合，还有声乐课、器乐课、大学语文课、政治课。

我们班的主讲老师是延安老鲁艺的、兼系主任李章老师，表演课教师有老鲁艺的鲁亚浓老师,还有韩巨青、许淑娥、邵宝老师,台词课老师有周宝珍、王淑贞、王承廉及聘请北京电影学院的李宝泉老师,形体课有朱运铎、李慧娟、耿朝春老师,舞蹈课是唐霞玲、章凤琴老师,器乐课是潘同启、杨精炼老师,声乐课是杨静兰老师,班主任是张慧文老师。

学院老师们和蔼可亲,办学严谨认真,同学们迈入了自己向往的殿堂,学习自己热爱的专业,大家都像吸收水分的海绵一样,努力刻苦地学习知识及技巧。

我们全班22名同学中有14男8女。我在全班年龄最小,全表演系更是最小的一个,加之性格开朗活泼,受到了所有老师、师哥师姐及同学们的宠爱,我感到格外温暖、开心,一直深深爱着我的母校,爱着我的老师和同学们。

我们讲究开门办学,去工厂、去农村、去部队,在清河毛纺厂扎根三个月,上午跟工人师傅在车间劳动,我与刘铁钢、舒兆元分在一个组,在一个车间。我师父的女朋友是全厂最漂亮的姐姐,他俩闹点矛盾,我还经常给和稀泥;在部队当兵,铁钢教会了我游泳,雅雅作了首打油诗《秤砣升级了》;徐敏教会了我骑自行车,同学们说"哥哥和妹妹"(影片名);我们练戏曲的腰腿功,年龄还是偏大了,就使用了较极致的"撕叉",面对墙壁两腿横向撕开,在两脚与墙壁间不断地塞砖,后面另一同学双脚死死顶住你的屁股,疼痛难忍。陈励在院子里采来一束黄色蓝色的雏菊,递给我说:"你不是最喜欢英雄小海英吗?你要向她学习,坚强。"

1964年正是倡导"话剧民族化"的时期,著名导演焦菊隐排的很多话剧,如《蔡文姬》《虎符》《武则天》,大量借鉴中国戏曲的表演手法,如舞台上大写意的运用,演员的台步、亮相动作、锣鼓点及台词的节奏等,做了很多探索。中国儿童艺术剧院方掬芬等排演的《岳云》,还专门请著名京剧演员张云溪做指导。

我们除了上常规的声、台、形、表课外，很大一部分时间是向全国农民演出队、战士演出队、乌兰牧骑演出队学习，有说唱、表演唱、小戏剧、舞蹈等节目。

当时学校把部分演出队的战士请到学校来教授我们，因为战士演出队全部是男性节目，有说唱《毛主席的战士最听党的话》、对口词《手握钢枪》、独幕剧《一百个放心》等。我们班四位女同学被分派学了个天津快板，好像是节约标兵方面的题材，我们四个女孩都是20世纪50年代初随家长进北京的，三个上海的、一个湖南的，学天津话很拗口。上了台，四个人先是煞有介事地嗒嗒嗒打了一通快板，除了开场白"天津快板，听我来说一说"以外，第一句词就是"我们都是堂堂的老爷们……"，开场便惹得台下哄堂大笑。巡回演出后学校还在首都剧场向文化部和有关领导进行汇报演出，把老头老太太们逗得前仰后合。现在回想当时的情景倍感亲切、难得。

在学校期间看戏最多，人艺、青艺、实验话剧院、铁路、煤矿、全总，等等，有戏就看。进京演出的优秀话剧、戏曲剧目也全看，第一次接触了全国各剧种，如豫剧、川剧、秦腔、越剧、梆子剧、眉户戏、柳子戏等，广泛接触了姊妹艺术，大开眼界，心中播下了丰富的艺术种子。

尤其是1965年上二年级后，赶上全国华东、华南、西南、东北、西北等各大区会演，最后优秀剧目全进京汇报演出。记得有山西省话剧院的《太行高风》，写陈永贵抗洪；河北省话剧院的《山村姐妹》，写有志青年建设新农村；上海人民艺术剧院的《激流勇进》，导演黄佐临，该剧展露了他前卫的导演观念；广西话剧团的《朝晖》写教育战线；重庆市的《鹏程万里》写一个鞋厂的火热生活；新疆演出《远方青年》；东北有一台反映鄂伦春族的戏；等等。印象最深的是西安市话剧团，一台以男性为主的《车站新风》，一台女性

1965年，在清河毛纺厂，上午在车间劳动，下午上课，排练舞蹈《洗衣歌》

1965年,表演系64班被评选为"北京市共青团四好支部"合影(张百灵:前排左三)

题材的《山花烂漫》，写纺织女工的戏，两台戏的演员阵容强大，实力突出。那时候年轻，看的戏都记忆深刻，更加深了我对舞台艺术的热爱。

在那期间，表演系里60班去农村搞"四清"，61班排大戏，我们64班接受了一个任务，会演期间协助看护保留席位。汇报演出发的全是请柬，没有座位号，剧场中间三四排要留给首长或著名艺术家，我和另一位女同学蒋耀邠跟着部里的一位老师等候在大厅门口，老师见到嘉宾就让我或她引导进保留席。我引导过田汉、夏衍、老舍等诸位先生。有一次是内蒙古乌兰牧骑的演出，快开演了，马连良先生到了。我记得他好像还拄了文明棍，我把他扶到保留席，就坐在他身边看戏。

还有两次在人民大会堂小礼堂看演出，我们仍是负责看保留席和引导工作。那天演出的是广东红线女主演的粤剧《山乡风云》，马上要开演了，从

1961年，张百灵（左一）与妈妈、两位弟弟合影

旁门走进一行人。突然大家发现是周恩来总理，全体观众起立鼓掌，我们高兴得不得了，没想到这么近距离看到了周总理，回去兴奋了好几天。

当时京剧开始改革了，提倡演出京剧现代戏。我们有一次去人民大会堂小礼堂，演的是京剧现代独幕剧《年年有余》和《雪花飘》。《年年有余》由张君秋、马连良主演，《雪花飘》由裴盛戎主演，正式拉开了京剧现代戏的序幕，这些京剧名家都争先排演现代戏。

在学院这两年正是学雷锋的高峰，大家"斗私批修"争当雷锋，学校生炉子、做饭后倒掉的煤渣还要捡一遍煤核儿再回交；备战备荒，晚上看戏观摩后，有月票但不坐车，我和穆捷华、王冰河、韦凯结伴从剧场急行军走回学校，无论是人民剧场、首都剧场，还是天桥剧场，有时愣是跟他们坐车的人差不多时间到校；后来，我们每天早晨训练长跑，我人瘦体轻，每天与几位男生都坚持到最长的里程，我的好朋友因体胖，跑不多久就掉队了，我就批评她："你就不能坚持啊？！"她理直气壮地说："让你扛50斤面粉跑，你试试！"

记得邢台地震，我还偷偷地给灾区寄了十元钱。学习时传祥，我们也走街串户为居民掏大粪，我与刘茂春一组，掏满了多半桶，我虽瘦小，也非要背那个半圆形的大粪桶，茂春帮我撅上肩，用力过猛，半桶粪从头上泼了下来，当时也没觉得脏，晚上回去洗澡才觉得恶心了。

1965年，我们表演系64班还评上"北京市共青团四好支部"。

北京艺术学院的学习，让我真正走进了艺术的大门，是我一生都感到幸运的事情。更为幸运的是，院系调整我又成了北京戏剧专科学校的学生，以至于后来遇到了与我相互扶持恩爱一生的"同学"——姬麒麟。

锤炼

姬麒麟是山东聊城人。父母在抗日战争爆发伊始就参加了革命，1947年随刘邓大军渡黄河的时候，生下了姬麒麟。因革命形势，不能把他带在身边，就由警卫员送回山东老家，交给姥姥抚养。

姬麒麟的姥姥是他姥爷年轻时闯关东，由东北带回来的满族人。听他姥姥讲，抗战时期，有时姬麒麟的爸爸他们在姥姥家开会，姥姥就负责在外面放哨；大舅闯关东在鹤岗给日本人挖煤，有一次为了工友跟日本人闹翻，用铁镐刨死了两个日本人，然后逃跑，日本人牵狼狗追，后来因为下大雨，狼狗追不了了，才捡回一条命又跑回山东。姬麒麟在山东农村跟姥姥、大舅生活，养成了他那种典型的山东人性格，豪爽义气，朋友来了砸锅卖铁也得招待好。

晚上歇工后，他家就成了全村老少爷们的聚集地，姥姥一壶一壶地烧开水，给大伙儿沏茶，村民们就炕头炕尾地聊大天。大舅还会练九节鞭和大刀，经常在院子里耍两下，左手九节鞭右手单刀……赢得大伙儿的阵阵喝彩。

姥姥、大舅闯过关东，算是见过世面，大伙儿更是相信他们，在大家心中很有凝聚力，有时还找几本《岳飞传》《七侠五义》《杨家将》等旧书让能断文识字的人念，有些章节姥姥都能背下来，有读错的字她也能立马指出来。

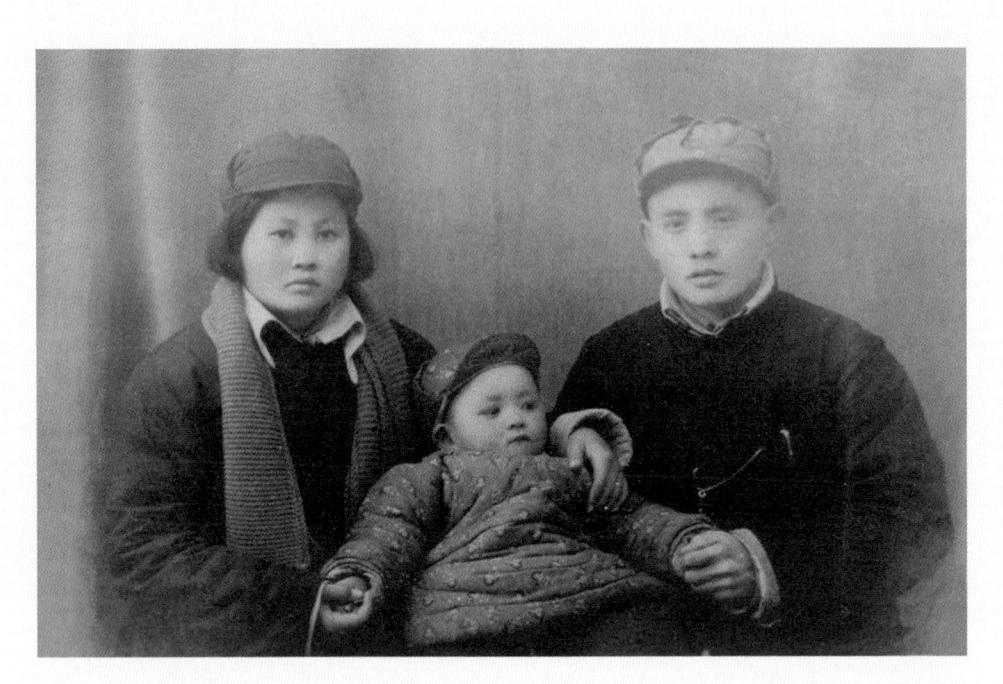

1948年，姬麒麟的父母探望儿子时留影

后来姬麒麟看电影《红旗谱》，每当看到崔嵬饰演的朱老巩护钟时辫子一甩，双手挥动着铡刀，大声喊"谁敢来"！就会想到他的大舅，他说他的大舅就是这样刚强勇猛的人。

姬麒麟四五岁时，有时跟小孩打架，挨打了就跑回家哭，大舅气得说："孬种，哭什么！"撅根柳条子给他："去！打不赢别回来！"麒麟一边拿着柳条子往前跑一边回头看，大舅背着手气势汹汹地瞪着他，打得对方家长跑来喊他："小祖宗，别打了，别打了！"才住手。

他在山东生活不到五年，吸吮着齐鲁大地的奶水长大，这块土地淳朴阿正的民风滋润了他，倔强不屈的性格影响了他。他长着一副南方男人清秀儒雅的外貌，却造就了典型山东大汉的豪放性格，什么事情都是直来直去，有啥说啥，绝不藏着掖着，站得端行得正，敢做敢当！

姥姥喜欢看各种戏曲和民间演出，她特别喜欢赶集、逛庙会。因为那时这些民间的集市非常热闹，都有文艺演出。姥姥就特别喜欢，经常带着麒麟去听去看。在这种无形的熏陶下，年幼的姬麒麟耳濡目染，对各类艺术产生了浓厚的兴趣。

1952年，姬麒麟的父母调到北京工作，就把姥姥和姬麒麟接到了北京生活，住在鼓楼大街西南角的一个民宅大院里。当时的鼓楼跟天桥一样，是一个民间艺术交流繁盛的地方，很多艺人在这里摆摊演出，说书的，说相声的，各种曲艺名目不一而足。只要没什么事儿，姥姥就带着姬麒麟去逛鼓楼。刚开始姥姥以为他一个小孩子听不进什么长篇大段的评书，就给他几分钱，让他在小人书摊上看小人书。没想到传统艺术的魅力深深地吸引了他，渐渐地，年幼的姬麒麟听书着了迷。

长篇评书每天说到结束时，专业的演员会停在艮节上，"欲知后事如何，且听下回分解"。行内话叫作"扣子"，留有悬念，扣人心弦，吸引人来日继续听。小麒麟听书,心就被"扣"住了,总是在结束时,拉着说评书的艺人问:"叔叔,叔叔你快说,后来呢?"惹得众人一片欢笑。

新中国成立之初,文艺也迎来了发展的新阶段,百家争鸣,百花齐放,"梅尚程荀""马谭张裘"名家齐聚,兴盛一时。姬麒麟的父母知道姥姥喜欢听戏,就经常给她买票去看名家的演出。姥姥去看戏,姬麒麟自然吵闹要跟着一起去,这也在无形中让姬麒麟感受到京剧的魅力。

当时北京中小学校园的文艺生活也很丰富,每当寒暑假的时候,学校都会统计学生的意向,联系一些学生专场演出,如京剧、话剧、音乐、舞蹈……各种门类的艺术都有,让学生们选择。姬麒麟当然首选京剧。

小学四年级暑假的一场京剧观赏,彻底让年幼的姬麒麟深深地沉迷到这门传统的艺术之中。那是中国京剧院在人民剧场演出的《十一郎》。《十一郎》是京剧里有名的武生戏。十一郎穆玉玑大闹公堂时,武生演员在舞台上来回跳跃、上下翻腾、唱念做打,看得他眼花缭乱,尤其是演员一个飞脚跃上桌子,转身一个跟头翻下来,着实把麒麟震住了。舞台上,演员们的精彩表现和十一郎不畏强暴的英雄气概,给姬麒麟留下了难以磨灭的印象,激动的心情好几天不能平复。

军人家庭出身的他,基因中便蕴藏着浓烈的英雄情结和英勇性格,此刻被这一出京剧点燃了,只有10岁的他,懵懂中便对京剧、对武生产生了向往的情愫。于是在第二年(1959年),小学五年级的他就报考了北京市戏曲学校,迈入了艺术大门学习京剧。

但姬麒麟的选择并没有得到父母的理解和支持,按当时父母战友的话说:"咱军人的子弟就应该好好学习考大学,学本领报效祖国,实在不行当兵去,学那玩意儿干吗?"当然,当兵也是青少年的向往,而当时姬麒麟才十一二岁,怎么也得再等四五年才够得上入伍年龄。所以父母思前想后,迫于现实，最终同意姬麒麟去报考北京市戏曲学校，学习京剧。

入学考试时，姬麒麟虽然不像其他戏曲世家子弟有基础，但少时的他长得精神，又很懂礼貌，机灵、模仿力强，赢得了老师们的一致喜欢，临走时苏连汉老先生对他说："回家好好喊喊嗓子，压压腿。"这就算是挑上了。

北京市戏曲学校原址在陶然亭附近，1953年建校初期条件非常艰苦，但得到了梨园界的通力支持。梅兰芳、张君秋、荀慧生、尚小云、萧长华、马连良、郝寿臣、于连泉……这些在戏曲界名震四方的大家都纷纷义演为学校筹款。时任北京市市长的彭真还亲临学校视察，了解到学校处境艰难的情况后，便批示：每月补助经费2000元，另拨万元修建宿舍。最终将原艺培戏曲学校归国有改名为"北京市戏曲学校"，自此，学校的办学师资和经费有了保障，学校教学也走上正轨。

北京市戏曲学校里梨园子弟比较多，比如马连良的女儿，张君秋的儿子、女儿，谭元寿的孩子，等等，都在这里学习。这些梨园子弟从小就受家里指导，基本功非常扎实，甚至有的入学时，就能唱好几段戏，翻一些小跟斗。而姬麒麟可谓零基础，刚入学时，拿大顶都拿不好，老师扶着上了墙，一转身，他就身体一软窝地上了，惹得大家一阵哄笑。即使这样，姬麒麟还是义无反顾地走上了攻克武生的道路。

1959年刚入校时，姬麒麟进的是老生组，他骨子里有一种不服输的精神，半年内就学会了两出戏。在当年的汇报演出时，学校挑中姬麒麟学演京剧《五台山》，他饰演杨六郎。学校为扩大影响，并为让更多观众看到孩子们的演出，选择了位于前门附近、有着200多年历史的中和戏院演出。杨小楼、谭鑫培、王瑶卿、王长林、梅兰芳等大家都在此演出过，程砚秋、尚小云曾先后在"中和"长期驻演，河北梆子名家刘喜奎等也曾在此献艺。在新中国成立前，中和戏院可以说是北京戏曲演出的胜地，学校能安排姬麒麟等学生在此演出，也算是对他的一种认可。

记得首次登台见观众，他的心都提到了嗓子眼，锣鼓响了，站在台口手足无措，还是老师在后面一把将他推上了台，面对着台上明亮的聚光灯、台下黑压压的观众，他努力镇定自己，按照老师教的一招一式演下来，演出结束，校长郝寿臣摸着他的头说："孩子不错，好好学！"

可姬麒麟对此并不满足，他不想学文戏，一心要学武生，他虽然外表看起来儒雅恬淡，但性子里却是山东人与生俱来的刚烈执着。京剧武生在舞台上那种翻转跳跃、挥洒自如、充满张力的表现形式，深深吸引着他，老生文绉绉的唱念在他年幼的心中，就少了几分光芒。

上课时，这边老生组陈喜兴老师在说老生戏，姬麒麟的心思却早跑到外面师兄们排练的武生戏《挑滑车》上了。一节课下来，满脑子尽是"起霸""走边""枪花""摔岔""翻身"这些武生动作，如穿梭蝴蝶一样，精彩纷呈，挥之不去，文戏这边讲的什么，一句也没听进去。

一段时间后，老师们见姬麒麟如此执拗，经协商便同意其转学武生。京剧里武生也分两类，一种叫长靠武生，一种叫短打武生。之所以叫长靠武生，是因为演员要身穿着靠——背上插有四面靠旗的服装，头上扎头盔，脚下穿厚底靴子，一般都是用长柄武器和大刀，主要人物都是久经沙场的武将，如岳飞、赵云、高宠等。长靠武生不但要求武功好，还要有大将的风度和气魄，功架要优美、稳重、端庄；不但表演要细腻，还要有一定的唱念功夫。自小有英雄情结的姬麒麟自然是学长靠武生的材料。

调到长靠武生组之后，姬麒麟满心欢喜。天公作美，给他安排的老师是大名鼎鼎的孙毓堃老师，孙毓堃也是梨园世家，拜杨派武生创始人杨小楼学习杨派艺术，姬麒麟也是从孙老师那里第一次接触到了杨派武生戏。

在清末民初的京剧界，公认最杰出的代表人物是武生行中的杨小楼、老生行中的余叔岩、旦行中的梅兰芳，他们不仅当时被尊称为京剧"三大贤"，而且就艺术而言，可以说此后历代京剧演员还没有人真正超过杨小楼、余叔岩和梅兰芳在各自行当（领域）所达到的高度与水准。而在"三大贤"中年龄最长、身份最高、影响最大的，首推京剧宗师、武生泰斗杨小楼。

杨小楼在艺术上继承家学，父亲乃清末十三绝之杨月楼。杨小楼博采众长，逐渐形成独树一帜的"杨派"。他武打步法准确灵敏，无空招废式，更能恰当贴切地表现人物的性格，着力体现意境，追求神似。他塑造的武生，动作厚实稳健，气派威武凝重，气概非凡。杨小楼的"杨派"艺术影响非常广泛，曾被誉为"宗师""泰斗"，绝非偶然。

姬麒麟跟孙毓堃老师学习杨派武生戏《挑滑车》，这是学校对他的看重和照顾，也是姬麒麟的荣幸，然而不久之后，孙老师哮喘病发作，不能坚持正常的教学活动。学校又请孙毓堃的师兄侯海林继续教授姬麒麟杨派武生，侯海林老师是杨小楼的大徒弟，又是义子，长年住在杨家，台前幕后，侍奉杨小楼左右，深得杨派武生精髓。就这样，姬麒麟辗转拜在侯海林门下，学习杨派，真是天赐良机、三生有幸。姬麒麟常说，如果说我在京剧事业上取得的成就，首先就要感谢侯老师的教导。

最初阶段是一位老师带一个组，一般是三个学生，老师口传心授，手把手地教。教上一段戏，学生掌握得差不多，就得挨个演习给老师看，老师一个动作一个眼神地给予指导纠正。开始姬麒麟学习掌握得比较慢，别人学两三遍能掌握的，他总是要来五六遍，还认为自己不如别人掌握得好。因为深知自己基础太差，所以他平时就利用一切可利用的时间，来弥补这个差距。别人休息了，睡觉了，他一个人跑到练功厅照着镜子再练两个小时；人家练一遍就会的东西，他得练三遍、五遍、十遍，甚至一百遍，直到没一点瑕疵，完全掌握了、自己完全满意了才罢休。无论是在宿舍还是在教室，人家坐着聊天，他从来都是压着腿听。老师给别人指导的时候，姬麒麟目不转睛地盯着，认真领会老师的每一个要求、每一个动作，课下抓紧一切时间再来体会、琢磨，反复推敲练习，把老师教的东西消化透，练扎实。每天晚上，他都一头栽倒在床上，但再累再困也要在心里把戏从头到尾默一遍，把要领反复过几招才昏昏睡去。

侯老师见到姬麒麟这样专注，心中感叹：这孩子是入了迷了。在以前京剧繁盛的年代，每年不知道多少孩子学戏，但最终学成的，一百个里面能有一个就算是了不得了，而能学成出来的学生，也不都是天资聪颖的，但一定是最入迷、最下功夫的。博采众长，勤学不辍，这一股子痴迷的劲头，是最难能可贵的，侯老师内心认可了这个有点倔强的学生。而1961年之后，这对师徒更是产生了如父子般的情谊。

1961年全国成立各大中央局，姬麒麟的父母被调到了中南局工作，一家人要搬到广州。姬麒麟父亲去北京市戏曲学校说明情况，准备把姬麒麟也带走。

当时姬麒麟已经从老生改到了武生行当，在老师们的精心培养和自己的艰苦努力下，已经崭露头角了。戏曲跟别的专业可能有些不同，一个班能有一个好苗子就弥足珍贵了，所以姬麒麟的脱颖而出已经引起学校领导的重视。进入北京市戏曲学校学习，就相当于现在说的有了"编制"，这样的好苗子学校自然不肯放走，学校给出的答复是，不同意姬麒麟离开学校。学校领导袁声、江枫等延安老干部以及业务老师给姬麒麟父亲做思想工作。他们一起劝说："麒麟是学校难得的好苗子，有发展前途，我们给党和国家培养一个又红又专的演员不好吗？"

在众多老师的劝说下，父亲只得同意姬麒麟继续留在戏校学习，举家迁往广州，只把他一个十三四岁的孩子孤零零地留在北京。然而在姬麒麟看来，却是另一番光景。他觉得父母虽然是万分不情愿地把儿子一个人留下，但其实是把自己留在了最适合的土壤里，自己可以从北京市戏曲学校汲取最适合自己的营养，茁壮成长，冲石破崖，一树参天。

不过他毕竟尚且年幼，难以自理，父母走后，姬麒麟不管从心底还是生活上都开始陷入了无尽的孤独。在父母离开后的一个周末，姬麒麟去同学家玩，从同学家出门之后，很自然地坐上了开往德胜门方向的5路公交车，但公交车发动之后，乘务员开始报站时，他才赫然想起，鼓楼那里已经没有自己的家，他的泪水一下子夺眶而出，但面对现实又慢慢忍回去了。公交车离鼓楼一站站地接近，又一站站地远离，他木然地看着车窗外熟悉的景物迅速向后移动，心中空落落的，莫名的孤独感又一下子填了进去，塞得满满当当。他此刻才真切意识到，北京已经没有家，也没有家人，只有北京市戏曲学校，只有京剧，陪他度过青春年少时光。姬麒麟经常说："收了我，养了我，教育了我，成就了我，北京市戏曲学校就像我的第二个母亲，是我的第二个家。"

父母到广州后，也时常写信询问独在北京的儿子的境况，而姬麒麟打小就是要强的性子，从来报喜不报忧，无论春夏秋冬，都是一纸"一切安好"寄往千里之外。可一个十三四岁的孩子，又怎么会一切安好呢？

学校经常有生活老师早点名晚点名，大都在露天的大操场上，点名时，老师要讲点事情，一般都得半个钟头、40分钟的样子。逢入冬时，西北风一阵阵刮着，别人都是大毛窝厚棉裤外加大棉猴还觉得冷。姬麒麟对季节也不敏感，变天了也经常不知道加衣服，就单衣单裤单鞋，配上一个鸭舌帽围上一条旧围巾，冷得直哆嗦，虽然躲在人群里，但也是独树一帜。别人经常

1976年，我们将刚出生的姬晨牧送到广州，与姬麒麟父母、弟弟妹妹的全家福

笑他："麒麟，你这是练什么功夫呢？"好在同学们都对他十分关照，经常帮他缝补衣服、拆洗被子，他的一位同学、著名京剧表演艺术家赵葆秀就经常给姬麒麟拆洗被褥。他有时候也拿去让洗衣店拆洗，小孩子什么也不懂，拿去时是新的被里被面，取回来就变成旧的了。

我们交往后，我第一次帮他拆被子时就吓了一跳，被里已经薄得像纸一样，感觉一碰就碎了，还到处是小窟窿眼儿。我就用家里的大床单给他替换上。真正吓着我的是，拆开之后被子里的棉花套子，黑黢黢的一团一团，跟蜂窝似的，我从小就怕这样的东西，被子一抖搂，家里地上都是黑乎乎的小团子，可把我吓够呛。我还到过他的宿舍，见他的枕头还是幼儿园小孩儿的小枕头，脏不拉叽的一小团儿，想笑，心里又不由得一阵心酸，心想他在北京戏校大小也算是一个角儿了，生活怎么这么悲惨。于是把我家的被子、枕头全拿来给他替换了。

生活中的困顿孤独，更是激发了姬麒麟无穷的斗志，他咬紧牙关，克服万难，一头扎进了艺术的海洋，不达目的不罢休。他深知自己起点低，只能更加努力地去练功弥补差距，别人练习一遍，他就练习十遍。他深知长靠武生的腿功至关重要！为了练习腿功，他居然在夜里睡觉时，把腿绑在床头上，第二天常常僵硬到起不来床，需要师兄弟帮忙把他搀起来才行。每次学校在大厅放电影，那是难得的娱乐享受的时光，可他却从来不坐在椅子上看，一律压着腿看，上半场压左腿，下半场换右腿。

他的努力，同学看在眼里，侯老师也看在眼里。天下没有一个老师不喜欢刻苦努力的学生，侯老师越是教，对姬麒麟越是喜欢。

在戏曲界，传承也是一个非常重要的事情，很多名角大腕，一身的能耐，却不会教学生，传不下去。侯老师却相反，他从小就跟在杨小楼身边，鞍前马后，在台上也经常给师父当配角，所以并未有很高的知名度，但对杨派武生的理解和在教学生传承技艺方面，却不输于任何名家。当时侯老师已经60多岁，一辈子无儿无女，看着同样孤身一人在北京拼命学戏的姬麒麟，动了真感情，真的是拿他当自己儿子看待。侯老师内心有一个遗憾，作为杨小楼的入室大弟子，跟了师父半辈子，亦徒亦子，却对杨派的发扬没有什么让人称道的地方，这种遗憾，就要在姬麒麟身上弥补回来。于是侯老师就把自己身上的所有东西都倾力传给他，为杨派再培养一个大武生，这样对自己的师父也就问心无愧了。

侯老师是一个严格的老师，他对姬麒麟的喜欢，表现出来则是更加严格要求，比对别人的要求要高上好几个档次。姬麒麟父母在广州，十几岁的孩子独自在北京上学，每逢寒、暑假，按说怎么也得回到父母身边团聚，但由于侯老师的特殊关照，姬麒麟寒、暑假回广州的机会也非常少。每逢放假前，侯老师就提前向学校借来靠衣、靴子、大枪、马鞭等一整套练功的家伙什儿，往姬麒麟面前一扔，绷着脸对他说："麒麟，放假别回广州了，我给你说说戏。把家伙什儿拿回去吧，每天早上八点钟我来，你带着东西别迟到啊！"然后丢下一脸蒙的姬麒麟，扭头就走。

60多岁的老爷子，该放假不放假，该休息不休息，天天大老远坐公交车，到学校给姬麒麟开小灶。这样的机会上哪儿找去？这样的老师上哪儿找去？

侯老师的要求还不止于此，不管夏天多热，冬天多冷，只要不刮大风下大雨，他都不让姬麒麟进练功棚，就在露天练！老一辈的人说的"夏练三伏，冬练三九"，侯老师一点儿折扣不打，要姬麒麟一一做到。姬麒麟做到了。性格耿直的他，有感于侯老师的厚爱，对自己的要求，更是比侯老师还要高一些。爷儿俩一个为了热爱，一个为了传承，相互较上了劲，一个赛一个地使出全力。

在那几年里，姬麒麟没有过过正常的寒、暑假，放假仍旧是早早起床，背着练功的行头，八点钟之前赶到操场上。等老师到后，他给老师沏上一壶茶。为了孝敬老师，就用自己的补助买些白糖，每次给老师的茶里扼上两勺。都收拾完毕，让老师在操场旁边的芙蓉树荫下看着，自己抄起家伙到太阳下开练。这一练就是四个钟头，到十二点才下课。

有一年暑假，已到午时，侯老师下课便回了，麒麟又复习巩固一番，还未收拾行头，他就一头栽到了地上。赵建平、李连元等几个同学看到了，赶紧把他抬到四楼宿舍里。因为几个人都是年轻人，以为他是感冒了，于是给他盖了两三床被子，窗户也都关得紧紧的，几个同学一起围在他身边，眼巴巴地瞅着，想等他捂出了汗病就好了。后来幸亏班主任罗欣生老师及时赶到，扒开被子一看才知道是中暑了，连忙给他灌了两瓶十滴水，背着他去了医院。医生说，如果再晚到半个小时，恐怕这条命就保不住了。

还有一次是在冬天练功生病，也非常危险，姬麒麟穿着单薄衣服练功，练出了一身汗，回去就发了高烧。他一个人迷迷糊糊地走到医院后，竟还不知道挂急诊，就靠在医院走廊的椅子上等着叫号，最后失去了知觉，直接滚到了地上被护士发现，才赶紧叫来医生把他救了。

由此，同学给姬麒麟起了个外号"拼命三郎"。学生拼了命地学，老师毫不保留地教。练到《铁笼山》中姜维的一个"观星"动作时，侯老师就屡次打断姬麒麟："麒麟，你干吗呢？两眼空洞无神，你那叫观星？晚上甭睡觉了，出去看看星星去，体会体会什么是观星。"姬麒麟很听话，大晚上真跑出去"观星"。看遍满天星斗，以后再演"观星"时，双目炯炯有神，自有万千气象。

除了苦练基本功外，姬麒麟还很喜欢琢磨，越学戏越深入，他越能感觉到京剧艺术是无止境的，它是由一代又一代的京剧表演艺术家不断打磨、创新得来的。所以，在学习老师教授的基础之上，他从来不会墨守成规，时常琢磨怎样才能进入人物，并用京剧的程式把人物形象自然而然地表现出来。如《挑滑车》中的高宠、《铁笼山》中的姜维，出场时同样是"四击头"亮相，但因人物不同、身份不同、规定情境不同，上场时的步伐、身段、亮相武姿，就不能千篇一律，而是要表现出不同人物的性格、特色。

侯老师毫不藏私地教，姬麒麟拼了命地学。并且不循规蹈矩，善于发掘和创新。爷儿俩的努力终于得到了回报。

在1963年学校的汇报演出中，姬麒麟在《铁笼山》中饰演姜维，出色的表演竟然让学校老师们一致给出了100分。这是北京市戏曲学校自建校以来第一个100分，在当时引起了巨大的轰动。侯老师在总结教学经验时说："麒麟这孩子，有自己的想法，善于创新，不会完全按照老师们教的方式去演。我教他的时候，是给他画了框，这个框是杨派的框，但框里面是他自己的发挥和创作。"

1964年，《东方红》大型歌舞史诗要在北京戏校大练功厅排练。练功厅被占用，大操场也被占用，大家没地儿练功。有人开心于可以休息一天，但姬麒麟认为一天也不能不练功，就在宿舍楼前找个僻静的地方练习原地踢腿，一踢就是1800下，天天如此。有同学打趣道："麒麟，你这是练习什么邪功呢，嘴里还嘟囔着一千七一千八的。"姬麒麟笑笑也不多做解释。

京剧腿功里有一种劲力叫作"嚼劲"，就像把劲力嚼在嘴里，欲咬不紧，欲吐不掉，如长靠武生起霸中的月亮门慢抬腿，首先是"朝天蹬"，不用手扶自动就把腿举到头顶，再由朝天蹬慢慢由右到左、再由左到右在眼前划月亮门，这是京剧大武生特有的功夫技巧，既需要腿功柔中带刚的软度，又要有肌肉、筋骨的稳健灵活，刚柔并济，控制力的"嚼劲"至关重要。这与一般的踢腿就不一样，铆足十成的力气"啪啪"地踢到脑门，要的就是迅疾有

1979年，回家探亲时的全家福

1965年，姬麒麟演出《挑滑车》后合影

力，灵巧有力道。而京剧大武生的腿功则以不疾不徐、高难有序、收放自如见长，意在显示武将的心中雄师百万从容不迫。这"嚼劲"对于没有基础的姬麒麟来说可谓难上加难，但他并不气馁，不过是"人一之，我十之；人十之，我百之"。

课余时间同学们会喝水聊天，而姬麒麟聊着天也不闲着，通常会将腿抬起来放在练功房的玻璃窗上练习"嚼劲"。只要一个不收力，玻璃就会被压碎，既用力又不敢用太大力的状态，正好符合"嚼劲"的要求。日复一日年复一年，原本硬胳膊硬腿的姬麒麟，经过多年疯狂的千锤百炼，他一身精湛、利落、优美、规范的杨派大武生功夫在全校同学中脱颖而出！尤其是大武生特有的双腿功夫在同学中也是首屈一指。

姬麒麟这个百分学生，名声在当时的京剧界也传开了。此后，姬麒麟就经常公演，并接到很多接待外宾和给首长演出的任务。

每逢周六日，姬麒麟仍然会到外面去观看名家们的演出，希望在欣赏这些大家的表演时能使自己有所体悟。这点与有些老师的要求是背道而驰的，老师的理念是别瞎看，小心走了范儿。而姬麒麟则走上了兼容并包、博采众长的路子，他认为只有多学多看，才能融会贯通，进一步提高自己的艺术水平。

当时被誉为"活猴王"的武生名家李万春经常在北京风雷京剧团的剧院演出，为了培养后辈，他交代凡是戏校的学生来看戏，不要收门票。这可便宜了姬麒麟他们，经常畅通无阻地去看李先生的演出，李万春先生也十分善于博采众长、开拓创新，自成新的武生流派，看了他的戏，更加坚定了姬麒麟多学多看的信心。

当时北方昆曲剧院经常在长安大剧场演出，姬麒麟也是这里的常客，逐渐地他也爱上了昆剧。北方昆曲剧院文戏好，武戏也好，他们的跟头在北京是出了名的，有的演员穿着厚底靴子，甩发5个虎跳5个前蹦，还有的演员甩脆（折腰翻），一连十几个，一个比一个高。《水漫金山寺》中有一个饰演王八的演员，一口气就是54个小翻儿……他们的功夫是一般人难以企及的，让姬麒麟大开眼界。

当然，姬麒麟最爱看的还是北方昆曲剧院的著名演员侯永奎先生的戏，他的嗓音高亮激越，形象雄伟凝重，年纪轻轻便在京津一带以《夜奔》一剧获得"活林冲"的美誉。姬麒麟久慕他的盛名，听说他要在西单剧场演出《锤震四平山》，这年寒假他愣是不回广州过年，小小年纪一人待在北京就为等这一天，为等这一场，看侯先生的演出。

侯先生饰演的李元霸出场之前一声冲破云霄的"啊……嘿……"，就是满堂彩；侯先生个头高，扮相威猛霸气，出场一个四击头亮相，又是满堂彩；随后与儿子侯少奎饰演的裴元庆的武场更是精彩纷呈，高潮迭起，喝彩声接连不断。外行看热闹，内行看门道，姬麒麟却在眼花缭乱的表演之中，看出来侯先生独特的气质和创作方法。侯先生唱念规矩，做打沉稳，举手投足之间，就把这顶天立地的英雄好汉演绎得淋漓尽致。

千年等一回，看了这场演出，侯先生舞台上的一招一式，每一眼神每一亮相都久久镌刻在了麒麟的脑海中，他深刻体会到演员不仅是要功夫到家，更要会刻画人物，将人物内心、情感准确地体现出来。这让姬麒麟受益匪浅，从此他演出的时候，也十分注重内在气质的培养，演出一个人物，要先培养出人物的气质，然后再用唱腔、动作由内而外地表现出来，这样人物形象才会更有感染力。

按现在的话说，侯先生是姬麒麟的偶像。让姬麒麟兴奋的是，自己的偶像也专门去看过自己的演出。那次姬麒麟在西单长安剧院演出《艳阳楼》，他的师兄弟们自然要去捧场。后来他才听师兄弟们说，侯永奎先生带着儿子侯少奎也在看姬麒麟的演出。一个同学说，坐在他前面的侯永奎先生还曾指着台上如蝴蝶飞舞一样腾挪翻转的姬麒麟，对儿子说："看到没，这才是真正的大武生！"

后来侯少奎先生见到姬麒麟总是特别热情，"师弟师弟"地称呼个不停，不知是不是因为这事儿。

在学校，许多老师都开始对姬麒麟这棵苗子上了心，纷纷提出要把自己的戏教给姬麒麟，但都被侯老师挡回去了。"我杨派的戏还没教完呢，你们啊，先等着吧。"说话间充满自豪和骄傲。其他老师对姬麒麟说："麒麟，我这儿有几出戏，我知道现在教不了你，等你毕业，有时间了找我，我教给你。"让姬麒麟受宠若惊。

1987年，姬麒麟的全家福

"宝剑锋从磨砺出，梅花香自苦寒来。"

姬麒麟出来了。

当初一头扎进京剧汪洋大海的姬麒麟，经过北京市戏曲学校八年的磨炼，得到侯老师及各位老先生的倾囊相授，侯老师循序渐进地又教授了《艳阳楼》《战冀州》《状元印》《连环套》《长坂坡》《青石山》等杨派代表作。

除侯老师外，学校还安排齐和昌先生教授《一箭仇》、徐元珊先生教授《八大锤》、米玉文先生教授《雁荡山》、王德禄先生教授《燕青打擂》、诸连顺先生教授《石秀探庄》、安晓峰老师教授《秦琼观阵》，还包括优秀的文戏老师陈喜兴、杨菊芬等先生教授了《五台山》《文昭关》《武家坡》《一捧雪》等。让他这株小苗终于崭露头角。在他毕业前夕，北京市戏曲学校就有意让他留校任教，继续担负起传承杨派武生的重任。

八年学戏，终有所成，可就在踌躇满志的姬麒麟打算一展所学，打开一片天地时，谁承想，"文化大革命"开始了，整个中国的天地都变了。他就如刚刚启航的海船，甫一入海，就遇到了灾难级的风暴。

爱情婚姻

初恋

世间芸芸众生千千万，在特定的时代、特定的年龄、特定的环境相遇、相知、相爱，就是缘分。

"文革"时期不堪回首，可如果不是"文化大革命"，我也不会认识姬麒麟，得失兼备，特殊年代造就了我俩的传奇姻缘。我们虽然都是北京戏剧专科学校的学生，但他学京剧，在陶然亭校区；我是表演系，在国子监校区。虽然行政管理上是统一的，但校区和表演系之间交流很少，没什么联系，跟两个学校也没什么区别。

1966年"文化大革命"开始了，处于青春期的学生们，一下子成了社会大潮中最踊跃的激流。学校停课了，学生们上街游行，到外校串联，议论时事，指点江山，意气风发。我们两个校区学生之间的交流，也随着各种各样的串联活动，变得频繁起来。

那天，我跟着同学们一起到陶然亭校区串联，走到大字报专栏时，饶有兴致地看了起来。上面密密麻麻、一摞一摞的大字报，大都是揭发某某校领导是"走资派"，某某老师是反动权威，某某人"只专不红""修正主义的黑苗子"，等等。忽然，一棵"黑苗子"吸引了我的注意力：姬麒麟。上面有不少他的大字报，说他是北京市戏曲学校首屈一指的大武生，却又是"走白专道路的黑尖子"，是"资本主义教育路线的孝子贤孙"。

我看着看着，不禁念叨出声："姬——麒——麟，这个名字怎么这么怪，三个字都这么生僻……"哪知道身边一个阳刚帅气的男同学搭上了话："我就是姬麒麟！"我猛地转头望去，和他对视了一下，又都是赧然一笑。

"金风玉露一相逢，便胜却人间无数。"就在这偶然的对望间，我们也没想到此后会相守一生。不过就此相识了，随着接触得越来越多，慢慢地结下了深厚的友谊。

我们一起成了红卫兵，一起开会，一起活动，一起在天安门广场接受毛主席的检阅……逐渐地，我们发现彼此之间有很多共同点。都是军人子弟，都很率真坦诚，都十分开朗，都很爱说笑，还都很爱干净。他坚定执着，刚正直率；我率真单纯，热情活泼。两人外形、气质、性格都很相似。当时被许多人认为是兄妹，到现在两人已经两鬓斑白了，还经常被别人称为"金童玉女"。

但当时我们却不自知，只是两人觉得在一起越来越默契，最后到了几乎形影不离的地步。当然，默契并不意味着事事处处都互相配合。我学的是话剧表演，大嗓门，平时也比较热情，大家一起集会唱歌时都是我起头领唱，他却总是拆台捣乱。有时我刚起头："大刀向鬼子们的头上砍去……预备，唱！"他就会突然接话说："行了，行了，别唱了，今天中午我们学校做的是红烧茄子，大家一起去吃饭吧！"说着带头就跑，其余人也一哄而散，我气得不得了。他还经常揭我的短，哪壶不开提哪壶，我下不来台追着他就打，他就边跑边躲。一路上的欢声笑语，总是引来很多人注目。

这个时期，我们年轻人自诩生活在伟大的毛泽东时代，肩负着解放全人类的光荣使命，正是感觉无比自豪的懵懂阶段。对他在校期间业务上怎么刻苦怎么拔尖，只是在大字报上看到，听同学们谈论过，我没有任何感觉。

1967年年初，首都红卫兵司令部成立了一支红卫兵演出队，由北京市戏曲学校、中国戏曲学校的红卫兵组成，演出样板戏《红灯记》，姬麒麟就是这个演出队的核心组成员。演出时，正戏的后面加了一场红卫兵从铁梅手中接过了革命的红灯的戏，而我也曾是接灯的红卫兵之一。

当时传统戏都不让登台演出，全国除了八大样板团，也只有这个演出队了，因此演出十分受欢迎。而在此期间，我和姬麒麟以及我俩的各自同班同学刘学增、徐雅雅四人也成了无话不谈的好朋友。

白天我们与大家一起去看大字报、刷大标语，一起参加集会，晚上三个人就在校园里等姬麒麟演出归来。演出结束时一般都到晚上11点多，队里会发给演员两根麻花当夜宵，姬麒麟就把麻花带回来，每人分半根，这就让四个人高兴得不得了。我们一起大谈革命形势、各种政治势力的博弈，互相交流自己得到的各种小道消息，也会慷慨激昂地畅聊自己的人生理想、国家的命运前途，等等。青春与激情，理想与抱负，家国情怀让我们忘记疲惫，往往到东方既白时，才会恋恋不舍地分手。到第二天上午九点多十点钟时，我们又会聚在一起，开始新的激情的一天。

我和姬麒麟的友谊也在不断升温，我们自己没有察觉，别人却都看在眼里。就连我家隔壁一个小女孩看到我们合影，都说："百灵姐姐，你为什么总喜欢和这个哥哥在一起啊？"其实我们也是下意识，大家一起照相的时候，我俩就会很自然地站在一起。不知不觉，也许这就是爱情的奇妙之处。我们一直以为这仍旧是纯洁的革命友谊，一直到1967年国庆节，才得到了升华。

"文革"以前，每年"五一""十一"晚上都会在天安门广场上举行大联欢，工农商学兵，各个单位都会派出代表，在划定区域举行联欢晚会。

1967年的"十一"亦是如此。10月1日下午五六点钟，北京各个单位代表就开始进入各自的区域。

记得1966年9月初，我参加了由北京大专院校学生组成的3000人南下兵团，到上海进行大串联。在上海的时候，我买了一双布鞋，这双布鞋和北方布鞋很不一样。北方布鞋鞋底是咖啡色塑料的，鞋帮是外上的，显得宽大，而这双布鞋鞋底是白色塑料的，鞋帮是内上的，外观看不到缝线，显得十分精致。再加上我的脚小，只有34码。我的这双上海布鞋，走在人群中，显得更加秀气，引人注目。

下午5点钟的时候，我穿着一身军装和这双引人注目的布鞋，背着我们表演系的急救小药箱，随着同学们一起来到天安门广场。广场上已是人山人海，文艺团体的位置在金水桥南边一点，也是人头攒动，热闹不已。我们全校学生围坐成一个大圆圈，开始了联欢。

几十万人围成一个一个圈子，唱歌、跳舞、演节目，都玩得十分兴奋、忘我。晚上大概9点的时候，开始燃放烟花了。每半小时一次的烟花升空，将狂欢推向了一次次高潮，烟花照耀下，进行联欢的人们更加热烈欣喜。

然而当晚的最高潮是10点钟。毛主席和其他国家领导人竟然走下了天安门城楼，和大家一起联欢，毛主席走下天安门城楼后，对着人群喊了一句："人民万岁！"广场上顿时沸腾了！人们都停下了舞蹈和歌唱，一起向天安门城楼拥去，希望挤过去和毛主席握握手，哪怕看一眼也心满意足了。在这种狂热的情绪下，数十万人一起拥向金水桥。而前方的警卫人员和解放军战士见势不妙，连忙手挽手排起了数层人墙，防止大家越过金水桥。由于人太多，场面失控了，联欢的秩序被打破了，只见人群不断地前拥，又不断地后退，形成了一片波涛汹涌的巨浪，但同时，这也很危险。

这次大联欢让我终生难忘，我被人群裹挟，没有丝毫挣扎的力气，周边没见到一个熟识的人，人群海潮般涌向金水桥。瘦小的我在人海中被挤得双脚离了地，如同一片树叶在漩涡激流中打转，而自己却无能为力。我当时喘不过气了，连救命都喊不出来，心口被挤压得剧疼，我觉得我就要死了。如果不是一个熟悉的身影映入了我已经模糊的视线中，我觉得我真的就被挤死了。

"姬麒麟！"我用足力气，大喊了一声。同在人群中挤着的姬麒麟闻声转头，看到了数米之外，被挤得脸色发白的我。他毕竟是男生，而且长年练功，气力不是一般人可比，此时他看着被挤得喘不过气的我，心里十分焦急，于是奋力拨开人群，挤了过来，用自己坚实的手臂在我身周拱成了一个圆圈。这个圆圈似乎是一方世界，圈外是汹涌的人流，圈内是一片可以让我自由呼吸的天地。我在姬麒麟的臂膀环绕的圈里，长喘了几口气，才渐渐缓了过来。

此时广场上传来了高音喇叭的大声喊话："同志们，原地坐下！同志们，原地坐下！"前面的几排解放军战士先安抚就近人群慢慢坐下，紧跟着大家也依次逐渐安静下来。场面终于得到了控制，又如波浪般，人们从前至后都依次坐了下来。我也松了一口气，取下小药箱垫在下面，顺势坐下，姬麒麟把我圈在双臂中，让我感到十分安全。

而这时，我的心里格外紧张，心怦怦直跳，感觉要跳到嗓子眼儿了。有生以来，从来没有跟一个男生这么贴近过，一晚上我话都不敢说，甚至动都不敢动。我当时很单纯，很传统，心中浮出了一个念头："都跟他贴这么近了，这辈子肯定得跟他结婚了。"也许是因为他这样环抱着自己，也许是因为埋在心头的种子终于萌发了，这也就是所谓的芳心暗许吧。这点我承认，是我先喜欢上他的。

他当时倒也没什么感觉，只是尽力照看着我，不让别人再挤着自己的好朋友。但他也似乎感觉到气氛有些不同寻常，接下来的两个小时，他也没说一句话。一直到12点，狂欢结束，人群逐渐散去，我俩才站起来，我尴尬得不敢看他，就各自回校。

我回国子监校区，他回陶然亭校区，一东北一西南不顺道，我想跟他道个别，却见他提着一双40多码的农家自制的大方口布鞋走了过来，递给我说："我看你的两只鞋都挤丢了，你先趿拉着回去吧，好歹是一双，别着凉。"我这才发现自己脚上的上海布鞋早就不知道什么时候被挤丢了，一晚上只顾着紧张害羞了，根本没注意到。我更加不好意思了，又有些开心地笑了笑，说了声"好"，便趿拉着大布鞋，沿着长安街回去了。

经过那次"十一"狂欢事件以后，一个多月的时间内，我再也没敢去找过他，也没敢给他打电话。原来我们整天形影不离，说说笑笑打打闹闹的，经过那次尴尬之后，却似乎再也不敢面对彼此了。

到11月底，我才又鼓起勇气来到陶然亭校区，越是接近心里越是忐忑，既希望见到他，又害怕见到他，见到他我说什么啊。结果怕什么来什么，怎么那么巧，刚走到陶然亭校区门口的传达室，就碰到了正要出去的姬麒麟。我神情有些不自然地待在原地，不知所措，也不知道该说些什么，却见姬麒麟故作神秘地笑着对我说："百灵，你到我宿舍来，我给你看一样东西。"我本来内心还有点不好意思想拒绝，不过下意识又"嗯"了一声跟他去了。

到了宿舍，姬麒麟拉开自己的抽屉，说："百灵你看，这是你的鞋吗？"我一下子惊呆了，我"十一"狂欢那天晚上挤丢的那双上海布鞋，正干干净净、整整齐齐地摆在他的抽屉里。一是因为我脚小，这个码的极少，二是因为这双鞋已经穿过一年，后帮都有裂缝了。托在手里一看，真的就是我的那双鞋，怎么会有这么神奇的事情？

原来那天晚上我们散场后，姬麒麟和同学们也往回走，此时广场上的人都已经逐渐散去了，只留下满地挤丢的鞋。环卫工人用铲雪的大铁锹，把一堆一堆小山般的鞋子都铲到几辆卡车上。没走多远，姬麒麟忽然发现地上有一只白底小布鞋，拿起来一看，果然是我那双与众不同的上海鞋，于是他叫住大家："哎，你们看，这是百灵的布鞋，大家注意找找，另一只应该也在附近。"

当时，马明才、刘志斌、姜小黎等几个同学就四散开始找，马明才还爬上附近的一辆卡车，在上面翻了起来。过了一会儿，他大声叫着："找着了，白底的。麒麟，你看是不是？"说着便扔了过来。姬麒麟接过来一看，一比样子大小，还真是！不由得心里也暗叹一声："还真是巧啊！"于是往后腰军用皮带上一别，也高兴地回学校了。本来想很快再次见面就还给我，结果我这边害羞不敢面对他，他又何尝不是？直到这次偶遇。

当时我的心扑腾扑腾地跳着，脸上有些发热，我拿起鞋，对姬麒麟支支吾吾地说了句连自己都不知道是什么的话，就有点狼狈地跑开了。

爱情是一个很奇妙的东西。起初，它会用各种巧合，推着让两个人走在一起。而之后，它却又会用生活中各种的磨难，拽着两个人分开。如果这时的两人，通不过命运给予的考验，那么爱情不过是无果之花，昙花一现。只有克服磨难，通过考验，才会获得爱情的果实，幸福一生。

麒麟和百灵，都是动物灵长之属；我在大字报前念叨"姬麒麟"三个字的时候，他刚好在场，我俩刚好又有那么多的共同点；我被挤得快要喘不过气的时候，千万人中刚好看到了他；两人分开之后，他在千万只鞋子中又刚好捡到了我被挤丢的鞋，能捡到一只已经是难上加难了，何况在几卡车的弃鞋中还能找到另一只，那真是天命了！

我终于鼓起勇气到他们校区，没想到刚好在门口就碰到……似乎冥冥之中，有一双无形的大手，将我们两个本来殊途的人，推到了一起，推向了同一条道路。

但自从那次取回自己的布鞋之后,我又有好久不敢见姬麒麟。每次想要给他打电话,想要去见他的时候,脑海中就不由得浮现出"十一"那晚的情景,和自己在他宿舍取鞋的情形,心就不由得"咚咚"直跳。"见到他,我说什么呀?"我自己也觉得奇怪,分明自己格外思念他,却再也不敢面对他了,他是不是也这样呢?

姬麒麟的确也有同样奇怪的感觉,他平时也是一个开朗直率、敢想敢干的人,不过也是第一次遇到这样的事情,第一次遇到爱情。他也不敢贸然来找我,跟我想的一样:万一自己是想错了呢?然后表白了,自己闹一个大红脸多尴尬呀。

就这样尴尬地拖着,我俩再也没见面,一直到1967年年底。春节时,姬麒麟和广州的父母一起回山东老家了,度过寒冬之后,迎来1968年的春天,我俩才又在串联活动中碰面了。不过两个人就像商量好似的,都是礼节性地打个招呼就将注意力转向别处,再也没有以前的嬉戏打闹、默契融洽的氛围了。

我们的朋友们也觉得很奇怪,但两个人谁也不说,大家也不明所以。这时候我们的好朋友薛小红看出些端倪,最终给我勇气打破了这种尴尬的局面。

雅雅和小红,都是我们的好朋友。雅雅是我在艺术学院同班又同桌的同学,她的父母是外交官,开明健谈。可能受家里影响,她直率粗犷,敢说敢干,袖子一撸裤腿一挽,走到哪里都是一团热火,极能适应,和我性格形成鲜明反差。

小红父母是老新四军,妈妈是上海大小姐,后来参军入伍。小红在哪里好像都是心装千军万马,经常指点江山,侃侃而谈,她的爸爸都是坐在一旁,毫无表情任她高谈阔论,气氛平等融洽。这从小就养成她粗犷豁达、睿智成熟的性格。她俩生活上粗线条，都是粗犷邋遢型的，但共同点是极其聪明、敏锐，有文采，笔下生花。当年她俩受《人民日报》之邀，成为学生记者，经常到处跑新闻，跑活动，我们是好朋友，无形中就形成了一个小圈子。

我从她俩那里潜移默化地学到许多东西，渐渐地我也变得爱思考、有见地。此时，因为爱情陷入迷茫的我，就找到了小红，想让她帮我想想办法。

那是"五一"过后，北京的晚上还有些凉意，我就借故睡不着，拉着小红在天安门广场散步，我想敞开心扉把心事对小红说出来，但每次话到嘴边却又咽了回去。小红比我大两岁，一看我这样的神态，又加上我这段时间的表现，她心里早明白了几分，却也不说破。我不开口，小红也不说话，只是安静地陪我在天安门广场散步。看到我欲言又止的样子，她心里指不定怎么笑话我呢！

就这样，在天安门广场转了一圈又一圈，转了一晚又一晚。到了第三天晚上，我终于鼓足勇气，对小红说："小红，我有件事儿想跟你说。我……我喜欢姬麒麟……"小红一见我开口说了出来，就哈哈大笑说："我早看出来啦！你要再不说，我都要憋死了！"我也害羞地笑了起来。

第二天，小红就急切地找到姬麒麟，说："姬麒麟，我告诉你个事儿。百灵喜欢你，你喜不喜欢她？要是喜欢，以后就不要再扭扭捏捏了……"姬麒麟心里也是狂喜，觉得好像满天的乌云一下子散开了，天朗气清，碧空万里。

就这样，最后这一层窗户纸被小红捅破之后，我俩才算明确了恋爱关系。当时虽然我俩年龄都不算大，但对待恋爱这样的大事情，还是非常严肃认真的。为此我还特地去征求我信任的一个师哥于振铎的意见。于大哥告诉我："他追求你，肯定是把最好的一面展现给你，所以你不仅要看他对你的态度，还要看他对周围人的态度。"他还笑着说："姬麒麟这三个字笔画真多，以后你写信可费笔墨了。"

我也深以为然，察其言而观其行，仔细考虑姬麒麟待人接物的方方面面，越想越觉得姬麒麟的优秀，是常人难以比拟的，越想心里越坚定，也越觉得高兴与甜蜜。但我也料想不到，姬麒麟比我观察到的还要优秀，遇见他是我一辈子的幸运。

然而，这种初恋的滋味我并未品尝几天，命运对我们的考验便随之而来了。随着"革命"大潮的进一步迭起，我的父亲被打倒了，开始隔离批斗。风向变了，一切就都变了。就连爸爸关心部队战士，给他们缝补衣服的事情都被翻了出来，说他腐蚀革命战士，还说什么假革命、假党员等等大帽子满天飞，天翻地覆，我们家的生活一下子乱套了，原本的幸福快乐，瞬间化为乌有。

几天之后，8岁的小弟弟也被隔离。部队大院的厕所里，不知道谁用铁丝还是什么东西，在墙上划着写下一个反动标语，上上下下一顿鸡飞狗跳地查，到了也没查出是谁。当时弟弟只有8岁，还不懂事，又好奇，整天问人家："叔叔，到底谁写的呀？""叔叔，查出来了吗？"这就引起了某些人的怀疑。再加上我爸爸已经被打倒了，他就被列为重点怀疑对象，也在他们学校"德才小学"被隔离起来。

小学校没有饭，我就得天天给他送饭去。学校也不让见人，送饭送到学校传达室门口，交给学校的当权组织，就会被轰走。有一次送饭，隐约见一个房子窗户里面露出一个小脑袋，朝外看了一眼，马上就又缩回去了，这是弟弟！肯定是人家威吓他，他不敢朝外看我。这么小的孩子就要遭这折磨，他多想家、多想亲人啊，骨肉相连的亲人遭受惨无人性的摧残，我的心疼痛难忍。

屋漏偏逢连夜雨，船迟又遇打头风。

没过几天又说老婆婆是地主婆，吃剥削饭的，这是哪跟哪啊，她30岁便守寡，靠当帮工、给人洗衣服将三个孩子拉扯大，还有一个婆婆要俸养。在北京这些年由于语言不通，她从不与人交往，更没串过门，一天到晚就是闷头给儿孙们做家务，邻居孩子们都随我们叫她"婆婆"。你说她招谁惹谁了?! 现在不允许她住在部队大院，要把她赶回湖南老家。

那天，我正在给婆婆收拾行李的时候，小红闯进家里对我说："百灵，你出去一下吧！姬麒麟在大门外等你。"和姬麒麟的恋爱，刚谈了没几天，家里便突遭意外。我开始正视现实了，以前我是军人子弟，总觉得自己是坚定的革命分子，有一种大无畏的革命精神。然而现在，我开始迷茫和恐慌，我成了"黑五类""黑崽子"，以前和气热情的邻里，现在对我们避之不及，就连有些关系很好的叔叔阿姨，也只敢在没人的时候，偷偷问候安慰几句。

当时要是被扣了一顶"黑五类"的帽子，全家人的前途都是一片灰暗，上班的在单位会被批斗，上学的在学校会被排挤，即使结了婚的也不能摆脱出身的影响，还会连累到其他人，甚至是将来的孩子！我越想越痛苦，越想越绝望，如坠深渊，如坠冰窟。我想自己已经这样了，不能再连累别人，就托小红给姬麒麟带话："我们分开吧！我们已经不是一个阶级的人了！"就想了断这段感情。心想这次姬麒麟来，估计也是正式做个了断吧。怀着这样的心思，我走出了大院的门。

当时正值夏日，部队大院门外的大路上，两侧两排高大的白杨树挺拔伟岸，经风一吹，哗啦啦作响，很是壮观。只是院里院外，墙上、地下，都密密麻麻写着"打倒张猛"的黑色标语，字比人的个头都大，在日光照耀下，显得分外刺眼。姬麒麟就站在一棵白杨树下，看到我出来，踏着地上的标语，走上前对我说："百灵，我们订婚吧！"我一下子愕然了！当时的社会形势，谁敢和"黑五类"谈婚论嫁啊！"咱俩订了婚，我就去参军，上前线打仗。我就牺牲在战场上，你就是烈士家属了。我要改变你们家的地位，你就不再受苦了！……"他有点激动地说着。我当时脑袋里一片空白，呆呆地听着。姬麒麟说的每个字我都听得清清楚楚，但脑子是麻木的，没激动也没答应。我不记得怎么把姬麒麟送走的，也不知道自己怎么回的家。

后来经过岁月的打磨，我才真正明白姬麒麟跟我说"我们订婚吧"的真实含义，体会到他说的这番话里蕴含着的真挚的情谊和无比坚定的决心。我好像是跌入无底深渊的人，看着头顶洞口的光，逐渐变小消失，就在黑暗要完全笼罩自己的时候，这时候又有一束亮光照向了我，并且伸出一只手，对我说："我拉你上来。"冥冥之中，我便有了个信念，要用自己的一生去回报他在艰难中给我带来的信心和希望，回报他在我如此困境时的不离不弃。

爸爸面对着莫须有的冤屈罪行，整日挨批斗遭毒打，他们使用的是车轮战术，几拨人值班轮番威逼审讯，而你本人没有间歇，不许休息；妻子也被拉上台陪斗，受尽侮辱；小儿子也因受牵连挨斗隔离；年纪轻轻便守寡将自己拉扯大的、孤独无助的老母亲又被轰回老家，爸爸崩溃绝望，在水深火热中挣扎！

1968年6月8日清晨5点来钟，有人敲我们家窗户，对我们说："你们来一下。"我和妈妈跟着他们到了办公区关押爸爸的地方，部队营房都是仿苏联形式的房子，看着简约结实，里面很宽敞，从东到西走廊中间两边有两个南北的门洞，有一个门洞大门被堵死了，形成了一个小房间，爸爸就被隔离在里面。

一个人指着墙上的有些发污的镀锌暖气管道，气势汹汹地对我们说："张猛就是在那上面上吊自杀的，他自绝于人民，自绝于党，是大叛徒。"然后指着屋子里散落的生活用品说："你们把他的东西拿走！"我和妈妈脑袋一片空白，有些木然地流着眼泪就收拾起来。被褥都发黑了，裹了裹抱着，脸盆周边是一圈斑驳的黑色污渍，把杯子牙刷等杂物放在里面端着。两个人收拾了一满怀东西，正要走时，一个人把一根早期的背包带塞进妈妈抱着被褥的空隙里说："这是他的，你们拿走。走吧！"

一般部队上用的背包带，都是用帆布织的，特别密实，特别结实。但他给我们那根，是很早期的，用医院包扎伤口的那种纱布染成了军绿色，一层一层叠加着用缝纫机棉线密密匝匝地走了几圈。和帆布的相比，显得有点轻飘飘的。据他们讲爸爸就是用这条背包带结束了自己的生命。然而自始至终，我们也没见到爸爸的遗体或是骨灰，他离世的真正原因至今仍是个谜，只留下了这条据说是结束了他生命的轻飘飘的背包带。直至1979年才追认其为烈士，在八宝山为他开了追悼会，骨灰盒中置放了一副他生前佩戴的红领章和11分钱的钢镚儿，寓意11年的冤屈得以昭雪。

我爸爸去世了还不算完，还要把妈妈和弟弟妹妹赶到河北束鹿县（今河北省辛集市）。但由于我的小弟弟在隔离审查期间，或许是受了惊吓，得了肝炎，因为这是传染病，就又被送到解放军302医院隔离治疗。虽然我们不能进去照顾，但家人起码在北京有个照应，所以我们家以此为借口暂时没有去河北。

1968年8月，接到号召知识分子接受工农兵的再教育的指示，于是我们表演系师生在9月初被分配到茶店和北京郊区各区县农村劳动。而姬麒麟则于1968年年底，被分配到66军塘沽北塘"八一"盐场参加劳动锻炼。

我走之后，姬麒麟隔三岔五就去我家，每次都带去许多吃的用的东西，他给弟弟妹妹带来了欢乐和极大的安慰，使这个备受孤立和歧视的家庭有了欢声笑语，弟弟妹妹非常喜欢和依赖这位大哥哥。

每次去我家，到门口都要登记。卫兵会问："你去谁家？"姬麒麟都是干脆地回答："我去张猛家，我是张猛女儿的男朋友。"刚开始的时候，卫兵都会用审视的目光打量姬麒麟，奇怪他为什么不和"黑帮"家庭划清界限，还这么高调地常来看望。时间久了，了解了我们的事情，就连卫兵们看姬麒麟的目光中都含了几分嘉许。

那个年代，说"三十年河东，三十年河西"真是有些久了，"三五天河东，三五天河西"也是常有的事儿。前几日还是热情的亲朋，转脸便划清界限，冷若冰霜，乃至反戈一击，成为仇雠，也并非不可思议。反倒是像姬麒麟这样，能够不避嫌疑，保持自己的真情，着实难能可贵。但在时代的大潮中，个人就像无根的浮萍，只能顺水漂流。

人是突然成熟的，别人是不是这样我不知道，我就是在这时代大潮中，被一股浪潮摧打后，立刻成熟了。以前只是无忧无虑的孩子，上学、演戏、唱歌、跳舞、串联、跟朋友们玩。到顺义之后，我忽然之间就意识到，我19岁了，是个成年人了。爸爸没了，婆婆老了，弟弟妹妹年纪小，我应该帮着妈妈一起撑起这个家。

去顺义劳动锻炼，给我们的"工资"还是比较高的，一个月32块钱。我们到老乡家轮流吃派饭，轮到谁家，给他们一天1斤4两粮票和4毛钱。那时候农村很少能见到现钱和粮票，所以老乡们都很欢迎我们去他们家吃饭。这样一个月就是12块钱，我每个月回家一次，一来一回路费得两块钱。途中要去302医院看弟弟，那时候说得了肝炎要吃糖，对身体好，我每次去看弟弟，就会给他带1斤混合各种口味的杂拌糖，1斤是6毛钱。这样算下来，就剩下17块4毛钱。这剩下的钱，刚开始我每月给婆婆和姑姑寄去12块钱，后来觉得她们不够用，就增加到15块、17块。最少的时候我一个月只留下几毛钱做其他意外开销。

平时我连卫生纸都不舍得买，那时候女性来例假大多也是比较凑合。

临去顺义时，我的好朋友小红买了一大包脱脂棉给我用，这可是当时最高端的奢侈品了。我平时洗漱用的是1毛多一块的灯塔牌肥皂，洗衣服洗脸洗头都用它，擦脸用的3分钱一盒的蛤蜊油，其余的什么都不舍得买，也没钱买。

有一次，我去302医院看弟弟，他说："姐姐，你给我买盒擦脸油吧。"我就去医院小卖部，当时百雀羚擦脸油，最小一盒卖两毛七，大一点的要四毛多，我在小卖部算计很久，我的钱只能给他买两毛七的。我心里特别难受，真想给他买四毛多大盒的，可是怎么算钱都不够。回到顺义劳动的地方，晚上想起来缩进被子偷偷地哭，那两年在顺义的时候，几乎每天躺炕上想起家里的事儿，眼泪就止不住地往下流。

度过一段以泪洗面的日子，我开始自我调整，思考这样天天痛苦也是过一天，何不高高兴兴地积极面对度过每一天呢？于是我参加了生产大队的"毛泽东思想宣传队"，白天劳动过后就到大队部，给宣传队员们编排节目。一个宣传队有20多人，男队员十七八岁，乐队也有三四十岁的大叔，女孩子十五六岁到十八九岁，我20岁正合得来。

大秋之后各大生产队的宣传队都是互相巡回演出，青年男女正是荷尔蒙分泌旺盛的时期，参加宣传队排练虽然不记工分，晚上演出也没任何补助，连份夜宵都没有，但小伙子和姑娘们个个热情无比高涨，演出往返中大家呼啦啦骑着十几辆自行车，有驮人的，有驮简单的道具、锣鼓家伙的，再加上两个马灯，前呼后拥，一个车队甚是壮观。

男女队员都是村里出类拔萃的俊男靓女，在各个生产小队都备受羡慕，也是大家追逐的对象。我融入他们之中，精神上轻松多了，也快乐多了，田间地头歇晌，我经常给乡亲们唱样板戏宣传毛泽东思想，深入接受贫下中农再教育，受到乡亲们的欢迎，也交了许多同龄的好朋友。

1969 年年底，姬麒麟回广东探亲，跟家里说了我的情况之后，想让我也去广州一趟，让我见见他的父母和弟弟妹妹，他们给我买了往返车票。在当时甚是严峻的形势下，麒麟不顾高压找我这样一个家庭背景的人，对他的父母来讲是有些大逆不道，给他们出了一个天大的难题。他的父母还是开明的，首先尊重儿子的选择，其次也深知只要孩子好，家庭的压力认了。

我俩得到了父母的认可与祝福。

回京途中，我在醴陵下车，抽出三天专程去看望我日思夜想的婆婆和姑姑。临走的那天清晨，天还没有亮，年迈的婆婆执意要送我去火车站。12 年了，我俩再一次牵着手走出美丽的醴陵市区，又一次登上渌江大桥的台阶，走过渌江大桥，离火车站越来越近，眼看又要分手了，我揪心地难过，总想在身上找点什么东西留给婆婆，可摸索了半天什么东西都没有，更没有钱。最后摸到从姬麒麟家里带的一把铝质大勺，还算是个物什，就掏出来递给了婆婆。婆婆说："我不用，你留着用吧。"最后我把勺子硬塞给婆婆，流着泪跑上了火车。

1970 年 4 月，爸爸去世两年了，弟弟的肝炎也终于治好了。我们还得离开北京，去河北束鹿。想着全家要离开北京了，北京的事情也要做个了结，于是我们给姑姑寄了一封信，把爸爸去世的消息告诉婆婆和姑姑。

姑姑信没看完就哭晕过去了，婆婆不识字，不知道发生了什么情况，大声喊叫，叫来了邻居给她念信。当婆婆得知小儿子竟然在两年前自己刚从北京回来的时候就已经没了，更是悲恸欲绝，她立刻决定，要去北京。就是沿路讨饭也要到北京，看看自己儿子到底怎么死的。

婆婆年轻时在醴陵参加过秋收起义时期的农会，也是一个性格坚强的女人。丈夫和大儿子早逝，现在小儿子也没了。又一次白发人送黑发人，人间悲剧莫过于此。

姑姑和邻居们都拗不过婆婆,就凑钱给她买了火车票,到了北京。我听说后一大早从顺义倒车到东直门,再倒车穿过北京城到广安门,再坐车回到槐树岭,用了四个小时,中午才到家。

刚到家,就听说部队大院通知"五一"期间一律不准外人留宿。其实就是要轰她走,这是下了最后通牒了。

婆婆没有问到自己儿子的死因,自然不肯走,也没有心思吃饭。我回到家后,给她炒了一小碗蛋炒饭,骗她说已经和大院商量好,今晚不走了。婆婆勉强端起碗,没吃两口,几个部队的人就来了,说:"已经买好今晚10点钟的车票了,今天必须走!"婆婆吓得手里的碗"当啷"掉在地上,又哭了起来。

我跟他们求情,说我从小跟婆婆长大,感情深,刚专门从顺义赶回来,希望和婆婆聚一聚,求他们再让婆婆住一夜。部队的人看了我几眼,没说话走了。那时候我太单纯了,以为感动了他们,不让婆婆走了。

没想到晚上7点钟刚吃完晚饭的时候,部队的干部就带着居委会的几个妇女来了,说今晚必须把婆婆送走。气势汹汹的一帮人,年幼的小妹妹吓得哇哇直哭。

我又苦苦哀求他们,婆婆有青光眼,在醴陵老家没有钱治,听老乡们说吃猪胆清火对眼睛好。正赶上老乡杀猪我带回来一个猪胆,给婆婆吃了。由于长时间没有好好吃饭,吃下猪胆之后婆婆就开始拉肚子,一下午不停上厕所。婆婆当年70岁,这样生着病,一路上又没人照顾,可怎么办?!

但那帮人根本不管我说什么,四五个妇女拽着婆婆就拉走了,婆婆右手扒着半扇关着的门,死活不松手。好几个人拉扯,最后有个妇女,把婆婆手指头一根根从门上掰开,才把婆婆架走,架到一辆吉普车上。我和妈妈不得已也上了车,送婆婆到火车站。婆婆臂膀被掰伤了,也不容去医院看，回到湖南之后也没钱治，从此留下了残疾，背佝偻着，一边胳膊耷拉着，一直到去世。

1970年秋天，社会形势发生了改观。在下乡劳动两年后，很多大学毕业生开始分配工作。当时艺术院团也都在下乡劳动，进行"斗批改"，不接受毕业生，艺术类的毕业生，最好的工作就是参军去部队的文工团、宣传队了。而我因为父亲的原因，很多军队单位也不能接收。

不过幸运的是，电视剧《渴望》的导演鲁晓威的姐姐鲁朋是我的好朋友，她的父亲当时是昆明军区文化部副部长。他们到装甲兵司令部外调，也因为文艺兵政审要宽松些，就将我招进了昆明军区国防文工团话剧团。

那年夏天，我把妈妈和弟弟妹妹送上去束鹿的火车，转身也坐上了去昆明的列车。

1968年年底，姬麒麟被下放到天津塘沽北塘"八一"盐场参加劳动锻炼，每天都是单调而繁重的重复性工作，根据潮水的起落而作息。同学们七八年锤炼出的唱念做打，初具成角儿的一身功夫都消磨在了晒盐场上。

直到1970年，姬麒麟劳动结束后，被分配到了北京京剧院。学戏曲的不同于其他学科的学生，需要从小坐科学艺，没有十来年的水磨功夫，很难打造出一个好角儿。"文化大革命"开始后，北京戏校也停止了招生，国家考虑以后再培养一批优秀的戏曲苗子，确实不易了，所以就将姬麒麟这一批苗子调到样板团，一来传承技艺，二来也能满足革命样板戏演出的需要。

北京京剧院演出的是样板戏《沙家浜》。院领导根据姬麒麟的形象气质，准备培养他演郭建光，天天安排他吊嗓子。这是组织的信任，也是一件十分光荣的事情，然而姬麒麟却有自己的思想顾虑。

姬麒麟是杨派武生的传人，主攻长靠武生，但"文革"中，传统戏曲被禁演，现代样板戏中没了长靠武生这个行当，而他的嗓子在倒仓（变声）时，由于没有经验没人指导，声音没有倒过来，唱腔方面是短板。所以出演样板戏，他自认为难以胜任，压力很大。

当时很多老师仍对他寄予厚望，著名武生李元春先生天天晚上督促麒麟吊嗓子，大师哥裘派花脸孟俊泉给他拉胡琴，希望他能把嗓子练开，逐步达到演出要求。孟俊泉师哥爱抽烟，李元春先生每次都给他中华烟抽；姬麒麟不爱抽烟，李元春先生就给他带几块巧克力吃。如此厚爱，让姬麒麟感动不已，但自家人知道自家事，姬麒麟知道自己的嗓子上不去，而在样板戏里，虽然也有武功动作，但若没有高亢嘹亮的嗓音，对于塑造人物来说则是起不了作用。学了八年的大武生，却不能有所施展，他不免有些灰心丧志。

我也知道，长靠武生在样板戏里已经没有了出路，便屡次劝他趁着年轻改行学舞蹈。京剧的基本功里面也有舞蹈的元素，他的扮相和身材学舞蹈最为合适，与其在京剧院里沉沦，不如狠下心来去开辟一片新天地。

那个年代都十分向往当兵，在他对我爱情的誓言中，不就是要当解放军，改变我的命运吗？于是他也萌生了参军去文工团改行学舞蹈的想法。

以姬麒麟的条件，去当兵也是十分受欢迎的。不管是总政文工团，还是他父母所在的广州军区战士文工团，都想要他。广州军区战士文工团领导赵京辉亲自来京与北京方面几次交涉，但被北京市政府一口回绝。北京方面放出话来："这一批'文革'前培养出来的戏曲苗子太难得了，一个也不能放走，更何况是姬麒麟这样的尖子学生。"

而姬麒麟也有自己的想法。他想参军，主要还是想去昆明国防文工团，和我在一起。我们俩虽然确认了恋爱关系，却因为连番变故，在一起的时间很少。如果工作不调在一起，相隔万里，以后怎么办呢？

可是北京市政府不放人怎么办呢？于是我又去向鲁威副部长和夫人段森

副政委求救，央求段森阿姨把姬麒麟也招到昆明来。巧合的是，当时北京市军管会的主任是鲁副部长的战友。段副政委亲自上门要人，他才勉强答应了，不过也说看看人再说。

于是，有一天北京京剧院正在排练《沙家浜》，突然接到通知说北京市的领导来视察，大家都十分紧张、高兴，加紧排戏。一行领导到排练厅之后，看了一会儿，为首的一位问剧团的领导："谁是姬麒麟？"当日，姬麒麟手上有伤，打着绷带，在一旁站着，那位首长上上下下仔细看了几眼，"嗯"了一声走了。他回去后给鲁副部长打电话："你还真会挑啊！也就是你，别人谁要也不能给啊。一个好苗子！"

正式程序走完了，姬麒麟还有一关要过，那就是侯老师。姬麒麟身上还背负着侯老师传承杨派武生的厚望，他一改行，侯老师的这一愿望也落空。姬麒麟不敢面对，但也不得不面对，去向侯老师辞行。侯老师伤心得痛哭流涕，叫着："麒麟啊麒麟，我教你那么多东西啊，你怎么就……"时也运也啊，后面话没说完，姬麒麟也是失声痛哭。

他和侯老师之间的感情如父子般真挚，他不止一次对我说，侯老师无儿无女，将来要给侯老师养老送终，我自然也是支持的。1977年全军会演的时候，我俩一起到北京，利用仅有的休息时间到大栅栏西铁树斜街找侯老师，结果打听到被他门头沟乡下的侄子接走了。1983年，我俩又去找侯老师，有心思接他来城里养老，不料，侯老师已经撒手人寰。不承想1970年那一别，竟然是永别。这是姬麒麟的一块儿心病，无论何时提起来，都会涕泪横流。

拜别了恩师之后，姬麒麟收拾好东西就奔火车站去了。他要走的消息特意没告诉大家，由于是要去当兵，且要离开梨园行，有点羞于向大家广而告之。可是当他到火车站时，惊呆了，没想到有好几十个北京市戏曲学校的同学来送他，有同班的，有同宿舍的，有师哥师姐，有师弟师妹，一群人在北京站抱头痛哭，洒泪分别。

1970年，不管过程多么曲折艰难，姬麒麟总算如愿参军，到了昆明军区国防文工团。我俩在北京相识相爱，终于在昆明真正走到了一起，共同携手面对时代大潮的波涛汹涌和生活中的纷纷扰扰。

爱巢

爱巢永远是安全的港湾,任狂风暴雨,它都会为你遮风挡雨,为你温暖御寒。

相识五年、相爱三载的我们相继入伍到昆明,才算真正走到了一起。现在回想起来,冥冥之中也很奇妙,"文革"期间我们虽然共同经历了那么多风雨曲折,此刻兜兜转转两人又都穿上军装进入了军营。如果说我们的相识得益于那场史无前例的运动,那我们的结合就得感谢昆明军区国防文工团。

姬麒麟是从北京京剧院入伍,我与同学王复生、郑泉宝、卢铁军、陈励是由于"文革"特殊时期按大专毕业分配入伍。部队的管理条例不允许战士谈恋爱。虽然自我去农村劳动、姬麒麟去盐场锻炼以后我们就一直分隔两地,全靠鸿雁传书,从未有过卿卿我我,我又早他半年单独来到西南昆明,两情相依在思念中度日如年。

晚上站岗放哨,万籁俱静,望着万家灯火,没有一盏灯是为我点亮的,没有一个窗口是我的家。想到老婆婆被赶回湖南老家孤独终老,妈妈和弟弟妹妹孤儿寡母在束鹿艰难挣扎,麒麟在盐场劳动磨炼,我的心就像被撕裂,心滴血、泪满面。我望着月亮面向北方,相信此时麒麟和我肯定同样都在仰望月亮,同时彼此思念,月亮是我们的纽带,她是我们的月老。现在麒麟来到了我的身边，我感觉双脚实实在在踏在了大地上，有了依靠，有了根基！只要知道他在身边，足矣。不见就不见，听话，按规章制度办！

一年半中，同处一个大院的我俩竟然没有单独接触过，顶多他到我们集体宿舍坐一会儿，跟大家一块聊几句；在大院里碰到了，也同其他战友一样点个头问声好；他妈妈寄了信或糖果，他就给我送来；我家来信了，我就给他送去，嘱咐他注意身体，仅此而已。

我从小爱看书，中外名著读了许多，对我的世界观、价值观、爱情观影响极深，我认为爱情是最神圣最崇高最美丽的，在我心中爱情至高无上，纯洁无比，我可不愿意我们的爱情被别人说三道四，所以我要维护好心中这片爱情的净土，克制住爱情炽热的烈火，严格遵守纪律、按规章制度行事，不逾越雷池半步。

战士待遇每月津贴费6元。我是老婆婆唯一的依靠，两三个月我要挤出10元钱给婆婆寄去。而在河北束鹿的弟弟妹妹正是长身体的时候，粮食不够吃。如果买黑市里的粮食，玉米面8毛一斤，如果有粮票，玉米面就是8分钱一斤。

我便时常将发的军装、内衣裤、袜子、球鞋寄给弟弟妹妹。而且在周日退伙一天，省出一斤四两粮票和四毛钱，寄回束鹿，给家里减轻点负担。

我深知自己在这当口能穿上军装实属不易，所以我对自己要求很严苛，敢挑重担，吃苦在前，无论是练兵、挑水、扫除、种菜我都抢着干，每次露宿我主动睡在门口或是最边上，尽量把方便让给他人。

我们在野战部队当兵锻炼，赶上了部队调防加拉练，我们12位女兵背着背包和干粮袋，与连队战士们一起千里拉练两个半月。

行军路上我总是冲在前，学校所学的东西全用上了，积极打快板唱歌谣，沿途做鼓动宣传。云南大山一座连一座，我们早上5点钟开始攻克一个

1974年，姬麒麟、张百灵在昆明结婚后留影

山头，爬到山顶了，前面又是一座，再咬牙往上爬，到了山顶前面还是山，在这深山中我们12位女兵是谁也不能掉队的，后来实在不行了，身体孱弱的女孩只得将背包卸下给别人，揪着马尾巴坚持往上爬，我人瘦体轻，加上在学校期间总练长跑，能咬牙坚持。真爬到山顶已经是晚上10点多了，老团长特地让炊事班煮了一锅疙瘩汤犒劳我们女兵班。

在当兵拉练中我和战友陈勤成了无话不谈的好朋友。她来自东北锦州，爸爸是质朴厚道的老工人，她为人朴实诚恳，公益的事抢着干，大家都喜欢她。渐渐地我把家事讲给她听，讲到悲痛处她与我一起抱头痛哭，同情我安慰我，让我孤独冰凉的心有了些许温暖。这两三年我家破人亡，与家人天各一方，我们像是巨石下的小草向着阳光拼命挣扎，我在经济上倾力而为，也特别希望政治上给他们些温暖，让他们在高压下有点快乐。所以立功心切便跟陈勤讲："选五好战士，我选你，你选我。"现在看来太无知可笑。隔墙有耳，好一阵子让人误解。

当得知我周日退伙给家里省粮票时，陈勤也在周日陪我一起退伙饿一天，把省下来的粮票给我，让我一起寄给家里，有时在发津贴前她先借给我两元钱，凑够10元以后我便给婆婆寄去。她给我的帮助和温暖，令我终生难忘。

按理说，当时麒麟父母的收入是高的，麒麟在经济上帮助我根本不是问题，但我只字不向他讲这些，我认为应该自己扛。几十年后我向他讲起往事，他肠子都悔青了，一个劲埋怨自己不懂事！说从北京来时还带了几十斤全国粮票呢！

姬麒麟参军入伍，开始了一段新的人生历程，心中也十分激动和新奇。他被分到了歌舞团，正式改行当了舞蹈演员。

他到昆明的时候，歌舞团正在贵阳、遵义巡演。他便立即赶到贵阳，在

1970年，昆明军区话剧团女兵整装待发（张百灵：左二）

1970年，在云南参加全军千里大拉练，女兵（左二）打快板者系张百灵

那里看到了歌舞团演出的芭蕾舞剧《红色娘子军》。虽然舞蹈队的领导十分看重他，准备让他顶替一个老演员出演赤卫队中的领舞，但他却高兴不起来，自己陷入了沉思，舞台上的舞蹈技巧——空转、大跳、二位转、蹁腿转、变身跳等高难动作也绝非一蹴而就。那些优美的舞姿，扎实的基本功，做不得半分虚假。自己虽有多年戏曲的功夫，但和舞蹈是两码事，完全是两种路子、两种范儿。俗话说，隔行如隔山，加上"文化大革命"又耽搁了四五年，没有练功，所以第一次进练功厅的时候，他连一些舞蹈的基本术语都听不懂。什么小跳啊，什么擦地、一位、五位啊，听得他一头雾水。即使是战友们无意识的笑，也会让他羞得满脸通红。

在姬麒麟到来之前，歌舞团内部就传开了，说要来一个"洪常青"，这样说的意思就是团里对姬麒麟寄予厚望，按照他在京剧上的造诣，来了肯定能演主角。可是第一次排练之后，有些人就在背后嘀咕："就来了这样一个'洪常青'啊，是骡子是马拉出来遛遛……"姬麒麟听到这些心中很是苦闷。

从一个受人追捧、让人称赞的京剧好角儿，到半路出家、舞蹈的门外汉，身份的转换，让他极度不适应。就好像双脚正常行走一下子倒过来用双手走路一样，并且他觉得自己年龄已经大了，恐怕再练也练不出什么名堂了。于是，他开始消沉，失去了原有的创作激情，每天按部就班到练功厅，大家练功，他也跟着比画，但一解散，他就和几个朋友吃饭喝酒，天南地北地侃大山。

见他这样，我心里十分痛惜，经常劝他："麒麟，你不能这样。你才二十三四岁，不能这么消磨时光啊。你学京剧时是什么样的？多么刻苦，多么拼命啊！你已经付出了这么多，不能就这么前功尽弃！我相信你的功夫，你的努力总有一天会用得上的……"

然而，我的这些话并没有激起姬麒麟的豪情壮志，反而让他更添了几分对往事的回味和转行的苦涩，他仍然经常借酒消愁，似乎在酒精中能得到慰藉和宣泄似的。庆幸团里几位与他同样是戏曲改行的战友焦光辉、张鹏翔、马家禄、朱桂珍等对他的帮助特别大，看似他们几个带有戏班的行帮义气，但他们真是处处仗义执言，坦诚相见，以自身经验开导他、安慰他，帮他说戏、排练。马家禄跟他一个宿舍，家里带来好吃的绝对有麒麟一份，他吃两个鸡蛋，麒麟绝对不吃一个。我和麒麟新婚前准备这个、规划那个，家禄给我起了个名字"张折腾"。直到今天我改造、布置房间，姬麒麟仍叫我"张折腾"。

我原来虽然没有亲眼见过麒麟的刻苦努力、疯狂玩命，但听所有同学都讲过他是如何优秀，如何在舞台上熠熠生辉、炫耀夺目，我相信他的才华，我心疼他，为他惋惜！我便经常开导他，鼓励他。

部队晚上都是晚点名或政治学习，晚饭后有段空闲时间，我便半劝半逼，陪他到练功厅，坐在大镜子前看他练功。有一次我偷偷地将他的闹钟往前调了一个小时，第二天早上闹钟一响，他便快步跑到练功厅集合。

可当他推开练功厅大门时，一下子愣住了，厅内空荡荡的，没有一个人。我看着愣神的姬麒麟，笑着说："麒麟，以后你每天多练一小时，肯定能赶上他们……"

姬麒麟渐渐体会到了我对他的殷切关心，为自己的浑浑噩噩感到十分惭愧。"悟已往之不谏，知来者之可追。"他开始拿出学戏时"拼命三郎"的精神，每天早起一小时，从绷脚、擦地、大跳、小跳、空转这些舞蹈基本功开始拼命练习。

功到自然成，老天不负苦心人。经过长时间的苦练，再加上他戏曲武生的深厚功底，他巧妙地将戏曲的基本功和戏曲表演的神韵，融入舞蹈之中，他动作刚柔相济，干净利落；神清气爽，眼到神到；表演大方，舞姿俊逸，他逐渐形成了自己独特的舞蹈风格。他的出场，总能给人耳目一新的感觉，很快便得到了观众和领导的认可。领导研究决定，让他出演《红色娘子军》中的"洪常青"。

他又在芭蕾舞剧样板剧《沂蒙颂》中扮演鲁英、方排长，并担任许多舞蹈节目的领舞。姬麒麟逐渐成了名副其实的"洪常青"，令战友们刮目相看。

他这样的努力，我看在眼里；他这样的成就，我喜在心里，比我自己取得了成就还高兴。

而我也不示弱，1970年9月一入团，我就参演了独幕剧《大字报》。连队当兵拉练中随写随演，连百岁老米涛（老奶奶）一角也让我饰演，老同志虽说我的脸蛋像是皮球上画了一些杠杠纹，但也证明我有可塑性，可胜任多面的角色。团里由黄天明、赵大宏、唐大贤原创的多幕话剧《前哨红旗》，三易其稿，我分别首稿饰演美国派遣回国的特务娜引；二稿饰演上海支边来修水电站的技术员小赵；三稿饰演民兵队长依果，参加了1973年全军广州片的会演。在团里虽说不上大红大紫，但一直受到重用，每部大戏中都饰演重要角色。

昆明军区国防文工团是20世纪30年代，由多个部队文艺团体经若干次整编、融合而成的，它诞生于抗日战争时期，成长于解放战争时期，辉煌于云贵高原。

1951年年初，整编为云南军区文工团，几经周折于1958年整编为昆明军区文工团，下属话剧队、歌舞队、杂技队。1959年恢复了三团建制。

20世纪五六十年代是国防文工团的黄金时期。话剧团白桦完成了《山间铃响马帮来》的电影剧本，由上海电影制片厂摄制，国防话剧团演员参演、彭华任副导演。1959年，洛水创作话剧《遥远的勐垅沙》，参加全军第

爱情婚姻

二届文艺会演，并由八一电影制片厂拍摄成电影。1964年，温昭礼创作了独幕剧《向北方》，胡萍创作了独幕剧《迎接曙光》，王奇执笔创作了独幕剧《胜利在望》，也由八一电影制片厂拍摄成电影。这期间话剧团还排演了大型话剧《红旗谱》《伊索》《甲午海战》《悭吝人》《胆剑篇》《哥俩好》《红岩》《霓虹灯下的哨兵》等。

国防文工团得天独厚，人才济济，创作班底雄厚，演员阵容强大。文工团一方面延续了二野部队及当地部队的文工队队员，如白桦、洛水、张少川、张弓等，同时又吸收了抗战时期活跃在大后方的演剧队队员，如王丹华、吴漾、钟跃群、吴南山等，他们当时已经是全国著名表演艺术家，文工团可谓群星璀璨。话剧《胆剑篇》在昆明、贵阳等地演出时，场场爆满，一

1977年，张百灵（右）在全军第四届文艺会演话剧《怒吼吧！黄河》中饰演冼星海夫人钱韵玲的侄女小茜

票难求，观众通宵排队购票，掀起了西南地区话剧热的高潮！

国防歌舞团同样成绩斐然。1959年，杨非创作的歌曲《有一个美丽的地方》、李航涛创作的歌曲《赶马人之歌》唱响了全国大江南北；杨正仁创作的歌曲《阿佤人民唱新歌》、马远敏创作的佤族舞蹈《春新米》，立马得以广泛传播，令全军文工团望而兴叹。1964年，歌舞团由中央文化部派遣赴非洲五国演出。我团创作的这些歌曲、舞蹈至今广为传唱、盛演不衰。同时歌舞团也排演了大型舞剧《五朵红云》《小刀会》和歌剧《红珊瑚》等。

这些多姿多彩、风格各异的演出，使得国防文工团在西南一隅独领风骚，是深受观众喜爱、欢迎的文艺团体；在全军各大文工团中也格外耀眼、令人瞩目。

1977年，全军第四届文艺会演，我团参演原创话剧《怒吼吧！黄河》，编剧王兴浦，导演张洋、雷英、李迦庠。这是全国首部反映与"四人帮"面对面斗争的戏，备受瞩目。我饰演女主角冼星海夫人钱韵玲的侄女、乐团演员钱小茜。会演中每台戏演出两场，该剧安排于会演的最后一台，在京郊军政大学三层观众席的大礼堂演出，当时一票难求，座无虚席，走廊上也坐满了观众。

后来又到军委大院、装司大院各演出一场。可喜的是，赶巧在装司大院演出时，我的婆婆、妈妈、弟弟、妹妹全来看了演出，从小他们就知道我爱演戏，今天，他们总算是在正式舞台上看到了我演出！后来该剧由八一电影制片厂拍摄成电影。

大型话剧《第二个春天》中，我饰演刘之华；大型话剧《沉浮》中，我饰演男一号东方骥骅的夫人冷若春；大型话剧《挺进中原》中，我饰演女主角来娣，该剧由峨眉电影制片厂拍摄成电影；话剧《阿梅》中，我饰演阿梅；话剧《光明路》中，我饰演钻营、走后门的XXX；话剧《主课》中，我

1978年，在话剧《挺进中原》中饰演来娣 　　1976年，在话剧《阿梅》中饰演阿梅

1974年，演出剧照剪影 　　1979年，在话剧《沉浮》中饰演冷若春（右）

饰演知青姐妹中的妹妹等。

好玩的是，打倒"四人帮"后，团里宣布排练活报剧，让我饰演江青，我瞬间跳起来喊道："我不演！"当时我根本没过脑子就喊出来了，只因那时候太恨江青了，是她害得我家破人亡，我可不演她！

但由此也可见，团里这种另类的角色均让我饰演，说明团里重用我，也说明我是可塑性强的演员。

我所在的话剧团，麒麟所在的歌舞团，加上一个杂技团，都属国防文工团。同住一个大院中，院中有条L形的河流，河旁是两排高耸的桉树，还有一片茂密的竹林，蓝天白云，郁郁葱葱，环境宜人，优雅浪漫。河中可以游泳、钓鱼，河边建有几处水泥抹的洗衣池，我最喜欢在河边洗衣服，观着美景、沐着微风。更主要的是我们同属一个总团，互通有无，我们排练、演出，麒麟绝对是我的第一个观众，他一来到话剧团排练厅，大家都说：女婿来了，欢迎欢迎。我更是他所有节目的第一观众。这种相互扶持、相互欣赏、相互捧场、相互帮助的感觉特别好，格外幸福！

1974年，我们结婚了。

这里面还有一个小插曲，在我们结婚前后，国防文工团里有近20对夫妻，都是话剧团的男同志迎娶歌舞团的女同志。当时是男方这边为新人提供新房。这导致话剧团的住房紧张，而歌舞团相对宽松。我是唯一一个从话剧团嫁到歌舞团的，所以歌舞团的领导说："姬麒麟好样的，我们歌舞团终于也拐了一个话剧团的。百灵你动员你们话剧团姑娘，一起嫁到我们歌舞团来，我们热烈欢迎！"

分配新房的同时，还配给一张双人床、一张桌子、两把椅子。

我一向是唯美主义者，十分爱美，又心灵手巧。我从小看电影，看古今中外的名著，对其中的剧情和人物烂熟于心，都可以一点不落地给别人讲出来。不仅如此，我还很注意小说、电影中的服饰、房屋的装饰，从小就自己织毛衣、改衣服、做衣服，十分漂亮。姬麒麟的四季穿戴一直都由我打理，所以他才总是给人留下儒雅大方、朝气阳光的印象。自从有了儿子，我们就买了一把理发推子，几十年他俩的头发全由我打理，后来还包括孙子。姬麒麟在影视剧中屡屡饰演大资本家、大收藏家、黑社会老大等，包括在港台拍摄的《今生今世》《侬本多情》《上海探戈》等多部剧中都留下了我的美发手艺。后来他饰演"父亲"的角色，被大家称为"国民之父"，其中的演出服饰大多也是我准备的。因此姬麒麟常对别人说："如果百灵搞服装设计，一定会成大师。"

我对于"家"的装饰也情有独钟。后来随着生活水平的不断提升，我们虽然多次搬迁，但家中永远是整洁干净而又温馨舒适的。每一处都收拾得高端大气、典雅美观，每一处都成为名副其实的幸福港湾。婚房的装饰更不必说。

我们俩布置新房时，和当时没有装饰意识的新人们就大不一样了。我们没有约定俗成地贴大红"囍"字，不用传统红色作为新房主题色。我别出心裁地把床离开墙一段距离，两边都可以上下，这在当时绝无仅有；把放东西的木箱改成了床头柜，很有现代风格。床单是浅蓝色与白色的大方格，上面织有西班牙大帆船。枕套是白底绣上简洁的淡蓝色图案。缎子被面是米色和淡绿色，整体看来十分淡雅。

姬麒麟的母亲还从广州寄来了一床当时昆明没有见过的白色尼龙大蚊帐。我们请美工师做了一副蚊帐架，刷上白漆，用尼龙绳在顶部绕一圈，将白纱般的尼龙蚊帐用小塑料圆圈挂绳子上。再用白布做了个套顶，四周一圈缀上荷叶边小围子，白天像拉大幕一样把蚊帐挽起，上面再系上一个鲜红的大蝴蝶结，既醒目又喜气、飘逸，浪漫极了。

团里发了一张三屉桌，我又买了一个可折叠的小圆桌，加上"床头柜"，都罩上淡色花边的白台布，摇身一变就成了高档大气的家什了。团里发的两把木椅子稍显破旧，我就用婚前部队发的、洗得发白的土布床单，正好做了两副靠背和坐垫一体的椅套，下摆也缀着荷叶边，而且所有立体直线条上都镶上了红布裹线绳的边。再加上两个棉垫，这下旧木椅子也变成美观大方的沙发椅了。

我们俩都是爱学习爱看书的人，所以特意花了 8 块钱买了一个简易的竹质书架，还细心地做了一个挂帘。把冷纱布漂白，然后用食堂的米汤浆一遍，硬挺后，用钩针钩出许多大小不一的梅花，参差地点缀在上面，影影绰绰，宛若满天星斗，十分雅致。

我们窗帘的色彩也很讲究。下部队演出时，我和战友王慧珠一人扯了一块儿准备做被面的人造棉。上面有各种各样的大小树叶图案，颜色有深绿、淡绿、浅绿、黄绿等，色彩柔和协调，很符合现代的绿色风格理念。我就把这被面改成窗帘。可是自己的一块布不够，就去找王慧珠商量，想把她的也要过来。到王慧珠那儿一问，不巧，她送给饰演《五朵金花》里扮演新娘子金花的朱一锦了。王慧珠又忙去跟朱一锦讨要，朱一锦听说是我俩结婚要用，爽快地送回了。这才做成了一副绿色典雅、惹人注目的窗帘。

我俩布置新房，处处求新。就连结婚照的摆放都别出心裁。别人的都是挂在墙上，我们却请美工师将石膏宽边镜框涂成米黄色，后面做了支架，摆在书架上。一切都很花心思，很有创意，原本简陋单调的房屋，被我们布置成了温馨而典雅的婚房。这在当时是不可思议的，所以很快国防文工团就传开了，说"姬麒麟、张百灵的新房像宫殿一样"，很多人专程过来看我们的房子。

爱情婚姻

当时结婚没有什么婚宴仪式。婚礼虽然简单，但婚后的生活是异常甜蜜的。平时演出任务重，排练紧张，但只要我俩在一起，就总有说不完的话，总是满足和喜悦。文工团的排练很辛苦，中午只有一个多小时吃饭、休息时间。饭后有个把小时的时间，就想躺下休息一下。但总是不知道谁起头说了一句话，就会没完没了地聊下去，再一看表，十分钟过去了。我俩赶忙笑着互相说："谁也不能说话了啊，赶紧休息一下，下午还得排练呢……"但常常是不经意的一句话，两人就又兴奋地聊了起来。直到号声响起，我们才相视一笑，匆匆赶往各自的排练场地。而下午的排练却也精神抖擞，一点儿也不觉得疲惫。

也许这就是爱情，配合默契，互为对方的兴奋剂，互相为对方驱走生活上的烦恼和工作上的疲倦。独处时，总觉得像缺了点什么；在一起时，才是一个完整的世界。

排演我团原创话剧《前哨红旗》时，要去阿佤山边疆地区体验生活，坐大卡车有6天的行程，再背上背包步行一天到达边防连。到阿佤山后，我们深入边防排，与边防战士们一起在边界线站岗放哨，在原始森林中巡逻。与战士们在山坡上掰棒子收玉米，在梯田中插水稻秧，半个月下来，别说脸被晒得黝黑，我们的小腿肚子也被太阳晒得全是水泡。卫生员说："这里是高原，阳光毒辣，这是七级烫伤。"每顿饭就是一锅水煮包心菜，然后蘸点盐巴就米饭，还有一碟烤干辣椒，我们谁也没觉得苦，反而觉得香得不得了，吃得津津有味。有一回我看菜盆里有一个青绿色小辣椒，就夹起来吃了，立马辣得胃和肚子火烧火燎地疼，疼得我在床上直打滚。班长急坏了，说："这是涮辣，别看个头小，在锅里涮一下全锅就够辣，你怎么一个人给吃了？！"

佤族住的寨子全在山顶上，除了边防站是砖瓦的平房，佤族老乡们住的全是简陋的窝棚，也没有窗户，与住在坝子上的傣族诗意般的、凤尾竹围绕的寨子和特色竹楼大不相同。寨子里到处是高大的菠萝蜜树，棵棵树上垂挂着冬瓜大的栗色的麻麻刺刺的菠萝蜜，远看像挂着一个个大鸟笼或是马蜂窝。给老乡一角钱就可以买一个，熟透了的菠萝蜜从中间一切两半，像奶油一样浓稠，大家用汤勺舀着吃，浓香四溢、满嘴流油，这一个大菠萝蜜足够一个班吃了。我们下山时，连部用毛驴给我们驮行李，我买了几个菠萝蜜，一心想带回昆明让麒麟也享受一下这诱人的美味，哪承想这熟了的热带水果根本留不住，随着我们行车路程，一天扔一个，没到昆明，全部熟透、烂了，扔光了。

当时有个规定，国防文工团各团一年至少有四个月下连队巡回演出。而且很多时间话剧团、歌舞团、杂技团的演出时间是错开的。所以经常是我巡演回来，他又下去了，他回来了，我又下去了。我们俩虽在一个文工团，但一年在一起的时间也是有限的。

1975 年，我怀孕了。

当时我们正在滇南沿线演出《第二个春天》，玉溪、大理、元谋、普洱、西双版纳首府景洪……走到哪儿演出到哪儿。在西双版纳，我们就住在最著名的植物园内的招待所里，植物园的各种奇花异草让我们大开眼界，园内最多的是一排排整齐高大的棕榈树，还有许多从未见过的鞭炮花、猪笼草、瓶子草、盆状的硕大睡莲，等等。我们还第一次喝到了糯米味道的香茶，每日夜晚演出归来，伴着花香、绕着萤火、仰望繁星进入梦乡。清晨，迎着缕缕晨曦、呼吸着清新甜润的空气，全体战友、无论男女老少就在大花园内喊嗓、歌唱、吟诵、压腿、练功。天然的氧吧、梦幻的仙境，大家说说笑笑，轻松愉快。西双版纳处处是美景，处处有诗意，当地榕树最多，硕大的榕树几个人抱不过来，它的枝干又不断垂下枝条，扎根于周边泥土之中，便造就了独木成林的景观。

那日清晨，隔着河面对岸的大榕树下，一对傣族姑娘，迈着婀娜步伐款款走来，像是去赶街。一位姑娘裹着紫红色金丝绒筒裙，上面是雪白的小褂子，肩挑着一根圆筒竹棍、两头插着圆形箩筐的小担；另一位姑娘下身是略显深绿的筒裙、上身是一袭淡淡浅绿小褂，手提一个精致的竹篮。因筒裙的限制，两人胯骨随着轻盈步态左右扭动，手臂也就必然随着身体前后自然地摇摆；身后是金色的道道晨曦霞光，身旁是茂密葱翠、枝条漫布的大榕树，河面轻雾迷漫、浮现出影影绰绰的倒影……画面美得让人震惊，美得让人窒息！

50年来，这幅画面始终挥之不去，深深地镌刻于我的脑海中。

沉浸在这么美的环境里，心情轻松愉悦。但我突然感觉到头晕恶心没精神，也不知是什么原因，每天强提着精神上台演出，后来在一个县城的小诊所有位老中医，大家都请他号脉问诊，我也请他号脉，老中医说："你是滑脉。"后面几位小姑娘也赶紧伸出胳膊："您也给我看看是不是滑脉？"老中医笑了，说滑脉是怀孕了，惹得大家哄堂大笑。不知道则已，得知这意外的喜讯，我即刻给麒麟打长途电话告之，通过他愕然的声音就感到了他那万分惊喜的程度。领导和全体战友都给我道喜，也把我格外保护起来。我自己也开始留心自保，处处小心翼翼、谨慎行事。想想也很后怕，因为我们行军都是坐大卡车，车上先摆放一层服装、道具、灯光箱，然后在箱子上面靠车帮两边，摆放各自的背包，大家就坐在背包上。因为我总恶心犯困，就横躺在卡车最后边，下面有箱子，我跟后车帮是平行的，又怕被甩出去，我就用腰带从腰部绑在车帮上。行走的都是山路，尘土飞扬，有时我被颠得老高，我只顾犯晕难受，根本不管这些，幸亏没被颠流产。

几位领队经商量，给我买了车票返回上个演出点的野战医院，与在那里做阑尾手术的石恩模大姐会合，然后两人结伴回昆明。

我一人坐在边陲省份的长途汽车上，颠簸摇晃，尘土相伴，人虽然不多，但汽车较破旧，汽油味道非常刺鼻难闻。我的座位是靠窗单座，突然斜对面双座上的一位女子吸引了我，年龄要比我小，20多岁吧，很清瘦单薄，脸色煞白，带有几分青涩。她五官精致，脸庞秀丽，弯弯的眉毛，妩媚的丹凤眼，却目光呆滞。身穿着一件一字翻领蓝卡其布的上衣，黑色偏窄瘦的七分裤，鞋子是当时最时兴的丁字皮鞋，一看便知是建设兵团的知青，是位出身较优渥的上海姑娘。让我揪心的是她双腿上躺着一个一尺多长的小孩，头也就有拳头大小，有小脚和细细的小五指，真不敢相信这是个活生生的孩子。孩子头和身子枕在她腿上，脚和手就随便地耷拉着，她一只手轻轻地扶压着孩子，免得被颠簸摔下去。

看得出这肯定是她的孩子，她不抱他，也不看他；看得出这孩子是不速之客，来得不是时候；看得出她对这孩子是多么的万般无奈，无以应对；看得出在她身上一定发生了不少令人心酸的故事。不知道她从哪儿上的车，也不知道她要到哪里去？我心疼她，小小年纪经受了多少磨难?！我欲哭无泪，这么可爱、娇弱的女孩子，被扔在这荒凉落后的崇山峻岭中怎么生活？在景洪街上我也曾遇见一位七机部宿舍大院里的小妹妹，比我小两三岁，小时候记得她胳膊上戴的是三道杠，肯定是品学兼优的好孩子！但现在见到她全变了，漆黑麻瘦，小脸变得硬邦邦的，没有了儿时的天真快乐，我身着军装有归属有依赖，看着她和同伴立即要返回路途崎岖的建设兵团，我没法帮她，心里很不是滋味。

一路上，我不敢跟这位姑娘说话，我无能为力；我总偷看她，她像座雕像，从不挪窝，也未有过任何表情。一天过去了，我到站下车，她仍一动不动坐在那儿，小婴孩也从未动过躺在她腿上，我无限惆怅……

直到怀孕6个月，不演角色了，我继续穿上外衣跑群众。

可以说儿子姬晨牧是在舞台上接受的胎教。

我第一次也是唯一一次当母亲，当得特别规矩。我听说怀孕要吃鸡蛋和红糖，补充营养，我就每天吃两个鸡蛋，都快吃吐了，但也要坚持。相信每一位母亲都理解这样的心情，这都是为自己孩子吃的。

只要是说对孩子好的，我一定会规规矩矩按照要求吃：怀孕几个月的时候要吃核桃，吃了核桃孩子头发特别好；几个月的时候要吃鱼，吃了鱼孩子眼睛特别好；几个月的时候要吃猪肚，吃了猪肚孩子肠胃特别好……只要是对孩子好的，姬麒麟就想办法弄来，我就努力地吃。我同学卢铁军喜欢钓鱼，每次都给我送来，杂技团郝兆宝、二愣子、小郭斌专程带我去钓鱼，这几个月中我可没少喝乳白色的美味鲜鱼汤。有孕吐反应的时候，见什么吃的都吐，吐得苦水都出来，但我就暗自告诉自己，今天没有吃红糖煮鸡蛋，没有吃猪肚，今天的任务就没完成，咬着牙、梗着脖子也要吃完。

可我们毕竟年轻，都是第一次生育孩子，没有经验，身边也没有个老人教教我们怎么做。我们俩一合计，还是回河北束鹿比较稳妥。于是在我怀胎8个月的时候，回到了我婆婆、妈妈身边。

我妈妈被赶到束鹿之后，在束鹿皮毛厂当工人，大弟弟在束鹿农村插队。小弟弟和妹妹还在上学呢，这期间又把婆婆从醴陵接来给弟弟妹妹做饭，操持家务。家里有两间平房，我就跟家人住在那里待产。

到河北后的一周，我们就听到一个振奋人心的大好消息，我家有望落实政策回北京生活。

当时8个月身孕的我还能走能动，如果落实政策批下来，我不能行动了再折腾着去北京就太不方便了。我们商讨后决定，我妈、大弟弟、妹妹和我四人先去北京，小弟弟陪着婆婆在束鹿等待。

到北京后，我们住在房山区的装甲兵科学院招待所。一直到11月22日，终于等来了装司的通知，批准我们全家回北京安置。我妈和大弟弟立即动身回束鹿办理搬家事宜，妹妹陪我在北京待产。

哪知他们刚走第二天我就有了生产反应，院办立即派车把我和妹妹送到301医院。因为听说孕妇要多运动多走路方好生产，这天也不例外，晚上我仍坚持在医院走廊里来回行走。我还记得走廊有一台电视机，上面播出的是师哥张连文主演的电影《创业》。我就这样偶尔瞅一眼电视，来回不停地走着，到了晚上10点开始肚子疼了，他们把我送进了产房。

之后宫缩的频率越来越快，疼痛越来越厉害，越来越持久。我离开昆明的家，下楼梯时，碰到歌舞团的老同志孙祖绶，她开玩笑地嘱咐我："百灵啊，这是人生的第二件大事，娘娘也得过这一关，到时候疼了别喊啊，喊了招人烦。"世间的事真有这么巧！我们批准了结婚回广州父母家，也是在下楼梯时碰到孙祖绶老师，她笑着说："这是你们人生的第一件大事，恭喜！"

要临产了，我牢牢地记着孙老师的话，不管多疼，我就咬牙忍着，不发出一声。

我认为我人生中最伟大的时刻到了。我要当妈妈了，我的孩子就要来到这个世界了！这是我们爱情的结晶，这是最神圣最幸福的时刻，我高兴，我不怕疼！多久我都能坚持！

巧的是临床也是一位装司的家属，她疼得一直在大喊大叫，甚至大声骂自己的丈夫。我听到两个值班护士在低声嘀咕，年轻护士对年长的护士说："哎，你看这个就不疼，她都不叫唤。"年长的护士说："生孩子没有不疼的，人家忍着不叫罢了。"

后来老护士问我，有没有准备什么吃的？一般产妇家属都会准备一根人参让含着，说这样补气、提气，生的时候才有劲儿。当时陪我在北京的只有14岁的妹妹，我们根本没想到这些。我回答没有，也没有家属陪产。

护士长人特别好，就垫了二两粮票两毛钱，给我买了一袋饼干："你要吃一点东西，要不然等会儿生产没劲儿就麻烦了。"整整疼了一夜睡不着，来回折腾，也没有吃东西，如果没那两块饼干垫着，说不定就更惨了。现在想来，还特别感谢那位负责任又热心肠的护士长同志。

早上天亮生产的时候，真是没了力气。产师让我使劲儿，我咬牙一次又一次拼尽全力，但一次又一次失败，最后我感到实在无能为力了、绝望了。

这时候早上换班的一个老产师来了，见我这种情况，赶紧对我说："你别着急，我说使劲儿你再使劲儿。"然后等我喘了口气之后，她让我把脚蹬在她的胸口，对我说："好了，朝我这儿使劲，使劲儿蹬我。"我就铆足最后一口气，朝着她的胸口猛地一蹬，孩子出生了！

幸亏旁边护士抄手接住，孩子才没掉地上。就这样，24日清晨，我们的孩子来到了这个世界上！

在昆明临分别时，麒麟叮嘱我："咱孩子是男是女，是丑是俊，都没关系。生下来你一定要看一眼咱孩子，别抱错了。"

虽然我累得虚脱了，但还牢牢记得麒麟的叮嘱，对护士说："让我看一下孩子。"护士就抱着孩子让我看。

人家都说，孩子刚生下来，眼睛也睁不开，满脸皱纹，像小老头似的，特别难看。但我的孩子一出生就特别好看，头发和眉毛都是黑黑密密的，眼睛是大双眼皮儿，特别明显。我最关心的是他的鼻子，就怕像我的鼻子，但一看，跟他爸爸的鼻子一模一样，眉骨间直立挺拔，鼻梁高高的，我放心了。小嘴唇轮廓特别明显，又红又润，几位护士都说："这小孩儿刚生下来

家·圆 —— 麒麟、百灵的艺海奇缘

1976年，姬麒麟和姬晨牧父子合影

就这么漂亮啊！"我住 24 床，所以当时 301 医院的整个妇产科一下子都传开了："24 床生了一个冠军"。大家都没见过刚出生的小孩儿就这么好看的。

护士们把孩子抱走洗了洗、称了称，七斤半，也算是个大胖小子了。包好后放在我身边。我靠着孩子，心里感到说不出来的幸福和喜悦。这是我的孩子，我当妈妈了，这是我一辈子最幸福的高光时刻。

我的预产期是 11 月 24 日，而出生日期正是 11 月 24 日早晨。此时，他爷爷正在广东连山县"五七"干校放牛，就给他起了名字叫"晨牧"。

24 日下午，表舅和妹妹一起来探视，妹妹一见我就哭了。我不知道怎么回事儿，问她怎么了，她说："姐姐，你的嘴怎么了，怎么都破了。"原来昨晚一宿不管多疼，我都咬着嘴唇不出声，最后把嘴唇都咬破流血了，也浑然不觉，但结痂的伤口把妹妹吓哭了。

这里不得不说一下我的又一个好朋友——骆湘范。她是我的中学同学，又是湖南老乡，爸爸是早期参加革命的知识分子，她特别保护我，处处给我拔刨。我们也有共同的爱好，都喜欢文艺，碰到电影院播放难得的好电影，我们逃学也要去看。后来虽各自考入不同的学校，但我们一直保持着友谊。1970 年，我们全家被迫离开北京，我未分配前，就在她家落脚。

她知道我生了孩子后就忙活起来。24 日一大早就给我熬了一锅鸡汤，装在铝锅里，用网兜提着，从白广路转两次公交车，大老远赶到西郊 301 医院来看我。但那时候医院管理严格，不允许家属送饭，看她提着锅不让进！她硬磨烂缠，死活进不来。然后只得又返回家，把鸡汤灌在暖壶里又辗转到医院，才瞒过了门卫，让刚生完孩子的我喝上了鸡汤。

我是顺产，生完孩子第三天 26 日，301 医院就通知家属接我出院。当时妈妈他们回河北搬家还没回来，我就给装司安置办的姜叔叔打电话说明情况。

安置办当即派人到公安局办理全家5口人的入京户籍手续，直到当晚10点了，才拿到了5个人回京的准迁证。第二天早晨6点发了两辆解放牌大卡车开往束鹿接他们回京。出京不久还撞了一个老头，于是留下一人处理医治事宜，两辆卡车继续前进。

就在27日早上汽车驶出后两小时，8点上班不久，装司来电话，说接到军委指示，之前落实政策，已经回北京的就落实、安置好，还没有办理手续回北京的，一律就地妥善安排。

后来姜叔叔说，幸亏早上6点就出发了，要是等到8点，新政策传达下来，他们这户口也就迁不回来了。

儿子是我们的福星，在命运关键的时刻，他助力一把！

话分两头表，科学院安置办派车把我和儿子、妹妹还有好朋友湘范接回了房山。部队将原办公筒子楼给我们家安置了两间向阳的大房子。我妈妈回北京安置的工作单位是装甲兵科学院幼儿园，幼儿园的阿姨们热心帮忙把我家的房子打扫了一遍，连地面都用水刷洗得干干净净。等我们回家时，地板还是湿漉漉的。忙活一整天，到了晚上别人都回家了，湘范陪着我。晚上儿子一直哭，哇哇地哭，我俩怎么抱着怎么哄还是哄不住。忽然湘范说：“他是不是饿了？"我俩顿时恍然大悟，从早上出院到晚上，一整天忙忙活活，没给孩子喂一口奶或者一口水。他一天没喝水没喝奶了。当时我没奶水，也没有牛奶和奶粉，只有湘范给我买的炼乳，就给他冲了水喝。结果，小孩子可能消化不了那东西，拉出来的全是绿屎！初为人母，真是手忙脚乱。

姬晨牧满月快40天的时候，正赶上要过春节，麒麟参加全军独舞双人舞会演也来到了北京。本来一家人团聚是开开心心的事情，我却得了肾结石，三天滴水不进，疼得我直撞墙。小弟弟参军学了点针灸，就试着给我扎针，把我两条小腿前面都扎烂了，仍不起效，疼得要命。有一个医生说喝中药金钱草能治肾结石,在房山买不到金钱草,医生说只能去同仁堂看看,那里肯定有。

那天是大年三十,湘范就从房山出发,坐着长途汽车,几次倒车辗转才到大栅栏的同仁堂。因为过年放假,已经提前闭店了。湘范砰砰砰敲门,里面的店员说:"下班了,放假了。"湘范就在外面喊:"你们还有没有革命人道主义?!人家生病了,你们还下班了,放假了!"最后磨得店员没办法,只得开门把金钱草卖给了她。

第二天是大年初一,一大早她就将药送到房山,婆婆和妈妈赶快煎了给我喝。当天夜里我就喊姬麒麟,说要尿尿。坐在痰盂上,只听得"当啷"一声,结石出来了。我轻松地直起了腰,不疼了,一点事也没了,我跟麒麟说饿了,要吃东西。好像那几天疼得要死要活跟装的似的。

我从小就珍重友谊,友谊是我生命中的重要部分。直到现在我还是感慨世界上怎么有这么好的朋友!

人生所有的磨难都可以说是一种考验,经受不住考验,就是失败和挫折;经受住了,便是成功和喜悦。我和姬麒麟经受住了生活的各种考验,患难时不离不弃,风雨同舟,终于成就了一个幸福的三口之家。

1976年"文化大革命"结束以后,被压抑了十多年的中国文艺开始逐渐复兴。许多被禁演的传统剧目开始重新排练,恢复了演出。

1978年4月的一天,姬麒麟到团部看电视,当时正转播中国歌剧舞剧院演出、赵青主演的民族舞剧《小刀会》,他受到了深深的震撼!

中国舞剧是在继承发展戏曲舞蹈与借鉴苏联芭蕾舞剧的经验中产生的。以舞剧《宝莲灯》为起点,中国舞剧创作进入了第一个辉煌期。

而《小刀会》是继《宝莲灯》后,由上海歌剧舞剧院创作的又一部影响

1994年，结婚20周年纪念照

非常大的中国舞剧作品。它运用戏曲舞蹈、武术、江南民间舞蹈、西方华尔兹等多种舞蹈元素,并打破了以往舞剧神话题材的窠臼;《小刀会》也同样可以说是中国古典舞剧的奠基之作。

《小刀会》在姬麒麟眼前打开了一扇闪烁着理想之光的大门!像一团烈火燃烧起了他的希望,令他激动不已,彻夜难眠。

八年戏曲,八年舞蹈,戏曲加舞蹈不正是中国民族舞剧吗?冥冥之中姬麒麟觉得他十六年的努力,十六年的拼搏,不正是在为民族舞剧打基础吗?他终于看到了自己的真正方向。

他无比兴奋地对我说:"百灵,我学八年戏曲、八年舞蹈,正是民族舞剧的需要,这等于打我手背上了,我要是出演这种舞剧绝对没问题!这是我的归宿!"

我一向都是支持姬麒麟的,只要是他想的,对他好的,我都尽力去帮助他。但调动工作、再次转行谈何容易?!何况我们远在西南边陲,人家是国家大剧院,怎么够得着?再说咱也一点不知道中国歌剧舞剧院的情况啊,人家需不需要人?

歌舞团的程煜教员恰巧与中国歌剧舞剧院的舞蹈艺术家方伯年相识。她听说了姬麒麟的想法后,便写了一封引荐信,让他带着信去找方伯年。后来又听妈妈讲50年代她和方伯年一起在小汤山疗养过,有了这个由头,就看姬麒麟自己的表现了。

我们便以将要下部队巡演、要把姬晨牧送到父母身边为由,给姬麒麟请了一个探亲假。然后姬麒麟绕道广州,又北上到中国歌剧舞剧院,与名家方伯年、刘德康、邵关林等取得了联系。他们听到姬麒麟的经历,很感兴趣。但当时中国歌剧舞剧院正准备赴美演出,让姬麒麟一个月后再来考试。

这可让姬麒麟叫苦不迭,昆明到北京可是千里迢迢,在军队里请一次假就很不容易，根本不可能再有第二次。回到昆明后，这件事情就渐渐淡忘，完全消失了。

6月初的一天，姬麒麟突然收到赵青丈夫刘德康老师的来信，信中讲：中国歌剧舞剧院准备复排《宝莲灯》，让姬麒麟到北京饰演二郎神一角。真是喜从天降！我们万分高兴！

姬麒麟拿着信向领导请假。歌舞团的领导直接告诉他："不可能，军队和地方不是一个系统，我们凭什么借？不借！"

我几次找到时任昆明军区文化部部长的毛烽。毛烽部长是著名电影《英雄儿女》的编剧，是从延安时代过来的老革命了。我诚恳地向毛部长讲述姬麒麟在学校的优异成绩，经过文工团八年实践，目前太合适中国舞剧的需求了，可以完全发挥他的特长，这也是对文艺事业、对社会的贡献啊！毛部长却怎么也不松口，他又是急脾气，那天在国防剧院广场上，指着我说："张百灵，你怎么这么无组织无纪律？这样的要求怎么能提？我把姬麒麟放走的话，上面得说我，下面也得说我，大字报不得贴到我脑门子上？这样吧，你要有本事，就去北京找总政，要是总政下命令我就执行。否则让我同意是不可能的，谁来说情也不行！"

毛部长这话有所指，因为其间我找过毛烽部长的战友、酒友、棋友，包括歌舞团团长、体工队队长等，请求他们帮姬麒麟说情。上上下下我找过二三十人。

回到宿舍，我带着几分苦笑说："毛部长说了，除非是总政下命令，否则怎么都不行。"

"除非总政下命令……"姬麒麟几番思索之后，我们连夜给中国歌剧舞剧院发了一封长长的电报。当时发电报是一个字三分钱，而这份电报有百余字，把自己这边的努力情况都说明了，并请中国歌剧舞剧院那边试着走走总

爱情婚姻

1976年，一家三口在昆明合影

政的路子，只能这样了。

这封电报发出去后，我俩又重新回归到了平静的生活，演出，排练，开会，学习……

过去了近两个月，7月底的一天，舞蹈队队长、指导员等四五个人突然来到家里，说："姬麒麟，有一个重要的任务交给你。中国歌剧舞剧院要复排《宝莲灯》，借调你三个月，你要配合他们完成复排任务。"

姬麒麟听完之后一愣，心咚咚直跳，全身汗毛都竖起来了，看来是成了，接着马上表态说："领导放心，我一定完成任务！"

领导走后，姬麒麟兴奋地飞奔到话剧团，找到了正在排练的我，语无伦次地说："那个……来了来了……成了……"我说："什么来了，什么成了，看你兴奋那样儿，慢慢说。""借调的命令来了，让我去中国歌剧舞剧院……"

我抓住姬麒麟的手，高兴得跳了起来："真的呀！那真是太好了！"

我高兴一阵儿之后，突然想到了1975年我们家安置户口的事儿，赶紧说："麒麟，快去买票！"

姬麒麟说："这么着急干吗？"

我压低声音说："夜长梦多，迟则生变！"

姬麒麟一拍脑门儿，连连称是，立即骑上自行车到火车站买了第二天一早去北京的火车票。

当天晚上，我们收拾行李，我指着他的皮箱说："这次走了，你就回不来了。"

姬麒麟下意识地问："为什么？"

我笑着说："你爸妈南下的时候，给你留下了这个皮箱，你上戏校的时候带着它，你下放到盐场带着它，你去京剧院带着它，你来昆明还带着它，这次去北京你又带着它,你肯定回不来了。我知道你的实力,你去了之后再也回不来了。"

姬麒麟听了也笑了,但笑过之后,心中却又有了别样的情绪,悄没声儿地流眼泪了。我问他怎么了?他说一是对自己前途未卜有些担忧,二是看着我和这个小家,心中五味杂陈。原本我俩幸福地生活在一起,但他认定了民族舞剧之后,我也不遗余力地帮他跑关系。知道他一去北京就回不来了,还把自己的丈夫一个劲儿地往外推。我说:"麒麟,没事儿,只要是对你好,就是对咱们家好,我都支持。"

纵横驰聘

挑战

八年前姬麒麟为追随相爱的人，放弃了样板团的荣耀，放弃了北京人的身份，23岁冒着改行的风险，只身南下昆明；今天他为了心中的梦想，离开爱巢告别妻儿，31岁迎接再次翻越的挑战，只身北上回京。

他坐上62次北上的绿皮车，火车缓缓启动，姬麒麟的心里却越来越发毛了。到北京两眼一抹黑——"我去找谁？""我能干什么？""如果考试考不上怎么办？"这些念头在姬麒麟心里翻腾着，他只觉得前方像火车穿过的幽深的隧道，一片漆黑，一片茫然。

结果果然不出我所料，火车刚发不久，毛烽部长就坐车到了文工团的舞蹈队，见人劈头就问："姬麒麟呢？"

"已经坐火车走了。"

"走了？这么急，我还想找他谈谈话呢。"毛烽部长悻悻道，"总政的命令来都来了，还怕我不放他？"

晃荡三天四夜，姬麒麟终于到了北京。团里不但派了辆小汽车，副团长邵关林还亲自去火车站接他。这让姬麒麟受宠若惊，要知道当时有辆自行车都不得了。

不过两人一上车，邵关林团长一句话就浇了姬麒麟一头冷水。他说："麒麟啊,你怎么来这么晚啊,昨天名单刚宣布完,'二郎神'定了四个呢。"

姬麒麟听了脑袋"嗡"一下子蒙了,自己费了那么大劲,排除万难来到北京,却要落得一场空吗?不过姬麒麟不是那么容易放弃的人,他跟自己说,既来之则安之,只能先这样了。

到了中国歌剧舞剧院之后,他谁也不认识,每天像客人一样就是坐在旁边看着别人紧张地排练。他断绝了自己一切退路,追寻着自己的梦想,来到北京,又抛弃一切杂念,专心致志地"看"别人排练。他看得很认真,一举一动、一颦一笑,每一节拍每一动作,都暗暗记在心里。但此时他似乎成了一个透明人,别人排练,他在旁边看,也没人跟他交流,也不知道会有什么结果。

过了一段日子,姬麒麟也有些松劲儿了,戏也"看"够了,觉得自己肯定没问题,只有更好。但时运不济,如此待够三个月回去了事吧,反正在剧院里也没人管没人问,于是经常去北京京剧院看师兄弟们练功,聊天。突然有一天,刘德康老师骑着摩托车到北京京剧院找到姬麒麟,拉着他就走:"麒麟,快点快点,排'二郎神'的演员脚骨折了,院领导想看看你能不能演。你赶紧回去准备准备,晚上为你响排(全剧用乐队)'二郎神'。"姬麒麟奇怪地问道:"'二郎神'不是还有三个吗?"

"哎呀,领导不是看你从大西南跑来,给你一个机会嘛!快走快走!"姬麒麟充满兴奋,心里咚咚直跳,没想到机会终于来了。

晚上,姬麒麟登台一试身手,让在场人都为之一震。他一板一眼,如流水般自然俊逸,就像是排练许久了一样娴熟老到,毫不生疏。每个眼神、每个动作、每个节拍都丝毫不差,既威严霸气,又英武飘逸,还有自己鲜明的风格,获得了满堂彩。

排练结束后,副团长邵关林对姬麒麟竖起了大拇指,笑着说:"明天中午，趁着排练休息的时间，对你进行考试。好好准备准备吧！"

等了这么久，终于等来了入院考试。还能考什么呢？杨派武生呗，姬麒麟拜托师兄弟关鸿基和王铁峰二人，用自行车从北京京剧院驮来了武生的靠衣、大枪，帮自己扎上靠，然后穿上厚底靴子，稳步登上中国歌剧舞剧院的舞台，表演了一段《挑滑车》。起霸，走边，枪花，摔叉，动作简洁明快，干净利落，动静结合，扣人心弦，将杨派武生艺术演绎得淋漓尽致，台下一阵阵喝彩声。

这时正是中午休息时间，由于前一晚惊人的表现，很多院里的舞蹈演员、歌唱演员、乐队演奏员以及行政人员，都来看姬麒麟考试。除了院领导晏甬、李波、乔羽、李刚、汪曙云、何其融等，就连郭兰英这样的名家也都来了，有的搬着小板凳，有的还端着饭碗，可谓济济一堂。这样的满堂彩，含金量非比一般，这让台上的姬麒麟更增了几分自信和骄傲。

《挑滑车》演罢，晏甬院长一边鼓掌一边说："好哇，麒麟，演得好！我可是个戏迷啊，好久没有看到这么棒的武生了，过瘾！长靠武生很好，再来一段短打好不好？让我再过过瘾，也让大家开开眼。"

姬麒麟说："好，那就再来一段《连环套》黄天霸的走边吧。"其实姬麒麟扔下这些京剧功夫也有13年了。

下面又是哄然叫好。懂行的都知道，黄天霸的走边是最难的，最吃功夫。只见姬麒麟在台上不停地翻舞，圆场、云手、飞脚、扫堂、翻身、铁门坎、踢鸳带、飞天十响、亮相……既让人眼花缭乱，又节奏感十足，缓急有致。表演完毕，姬麒麟在舞台上喘着气，笑对掌声和喝彩声。

郭兰英看完，搬起自己的小板凳就走，走前扔下一句话："这样的小伙子不要，还能要谁啊！"

就这样，姬麒麟只表演了京剧武生的两个片段，就考进了中国歌剧舞剧院。紧接着，他正式参加了大型民族舞剧《宝莲灯》的排练，饰演"二郎神"。该剧于1978年10月1日在工人俱乐部公演，中央电视台10月3日进行了转播。

这下子，《宝莲灯》火了，姬麒麟也火了，在全国都火了。

此前姬麒麟住在同学家，现在每天演出实在太累。院里也招了一批舞蹈学院毕业的学生，就是赵安、叶建平他们那一批，宿舍里已然没有床位，院里暂时让姬麒麟在四个床铺之间铺一张席子，还好当时是夏天，能凑合睡觉。晚上他就席地而卧，旁边有人出去上厕所，就从他身上迈过来迈过去，他也浑然未觉。

第一轮演出后没多久，饰演男一号的沈迪才老师腰扭了。但演出的票已经售出，如果停演，观众们不答应啊。领导又找到姬麒麟，问他能否接演"刘彦昌"一角？

姬麒麟为难道："我是为接演'二郎神'的任务来的，所以一直留心着，'刘彦昌'的角色压根没有在意过，这一下子换角色，不行啊。"领导说："救场如救火，你先排练着，两天后行就演，实在不行也只好退票了。何况武的'二郎神'你演了，再把文的'刘彦昌'拿下，你文武双全，剧院不要你要谁？"

只有两天时间，"刘彦昌"在剧中可是男一号啊，一大堆的谱子要记牢，一系列的动作要练熟。除了自己的独舞，和其他演员的双人舞、三人舞、群舞及舞台调度都要配合好，姬麒麟真是忙得焦头烂额，急得火烧眉毛。可是时间不等人，分分秒秒都在流失。他是乐盲不识谱，抱着沉重的老式录音机强记乐谱，默着动作时，音乐过去了，找到音乐忘了动作，急死人！大家各有各的事，他只能凭记忆在无实物中，与剧中各个角色配舞，甚至连吃饭和

1978年，大型舞剧《宝莲灯》剧组全体演员合影，姬麒麟（左一）饰演男主角刘彦昌

睡觉的时间都忘记了，饿极了就草草吃两口，困极了就歪着打盹儿，就这样他度过了异常艰难而紧张的两天。

第三天上午，文化部领导来了，院领导也全来了，在天桥剧场，全体乐队到场，舞美、灯光就位，全体演员上台，只他一个人化了妆，穿上服装，进行一次合成，能通过当晚就演出，通不过只得退票了。

众目睽睽下，他紧张得不知所措。他上了舞台，伴随着悠扬的乐曲，他渐渐沉浸在舞剧的情景之中，舞得酣畅淋漓，舞得潇洒生动。直到大幕缓缓合拢，台下掌声雷动，领导和同台的同事们都纷纷向他祝贺，他才意识到，自己真的在两天之内，走过了最艰难的行程，完成了几乎不可能完成的任务。

在随后的几年间，在民族舞剧的天地中，姬麒麟春风得意，坐上了中国歌剧舞剧院男主演的头把交椅。除《宝莲灯》外，他还先后主演了舞剧《剑》《梁祝》《霸王别姬》《红楼梦》《刑场上的婚礼》《海之诗》等等。

姬麒麟冲破重重险阻，千里迢迢来到北京，追求民族舞剧的梦想，终于成功了。

姬麒麟在北京的成功，我在昆明看在眼里，高兴在心里。但我在国防文工团的日子却不好过。

姬麒麟是以复排《宝莲灯》的名义借调走的，期限只有三个月，但期限到了之后，姬麒麟却一直回不来。国防文工团屡次打电话、发电报要人，甚至还两次专门派人去北京找姬麒麟谈话。姬麒麟在中国歌剧舞剧院的演出任务一个接一个，根本回不来。

于是，国防文工团便断了他的工资、粮票、军装及一切应得的待遇，一断就是两年多。我曾经跑去向歌舞团的领导理论。"团长，劳改犯也得给饭吃是吧？姬麒麟犯了什么罪，为什么连粮票都不给？"

团领导说:"百灵,工资呢都给他攒着,只要他回来,所有工资、粮票一分不少都给你们。"

这一下子可苦了我。我当时一个人的工资每月只有60多块钱,得分四份。第一份给婆婆、妈妈她们10块钱。第二份要给在广州的公婆寄去15块。因为儿子在那里寄养,虽然二老根本不缺这个钱,但我觉得自己该尽的抚养义务必须尽,这一份钱,我生活再艰辛也从来没有省过。第三份要寄给北京的姬麒麟。最后留给我的只剩下11块钱,处处都节省着用,也可能我习惯了吧,就这样我还订了一份刊物《中国戏剧》。

不只是经济上的压力,姬麒麟进京对我的事业也有很大的影响。

"文革"后,昆明军区国防话剧团排演了原创话剧《怒吼吧!黄河》。这是全国话剧舞台上第一个反映"四人帮"恶行的话剧,比北京人艺的《丹心谱》和中国青艺的《枫叶红了》都要早。1977年7月,第四届全军文艺会演的时候该剧获得巨大成功。

1978年,八一电影制片厂准备把这个话剧拍成电影。女一号是张瑞芳,我在话剧舞台上扮演的重要角色小茜由刘尚娴出演,沈剡导演让我出演小茜的闺密谢玲一角,但昆明军区不放人。

同时,峨眉电影制片厂也将国防话剧团李林木、温兆礼、汪遵熹创作的话剧《挺进中原》搬上银幕。我在话剧中饰演女一号来娣,但昆明军区仍旧不放人。毛烽部长说:"姬麒麟已经走了,再放走张百灵,两人肯定回不来了。"

经济上难以为继,工作上受影响,但若仅仅如此,我还是不在意的,在我心中,姬麒麟的成绩就是自己的成绩。随着时间的推移,有一些风言风语开始时不时地传入我的耳中。

姬麒麟在中国歌剧舞剧院的优异表现,让许多人心里很不舒服。分到剧院的多是舞蹈学校历届毕业的高才生,而姬麒麟是半路出家,却在他们之中

家·圆 —— 麒麟、百灵的艺海奇缘

1983年，中国舞蹈家协会主席吴晓邦（左）前来观看赵青（右）、姬麒麟（中）"双人舞蹈晚会"连排

脱颖而出，这让有些人觉得很不是滋味。加之当时还残留着"文革"以来的派性问题，很多事情是说不清道不明的，但各方又都在暗地里较劲儿。所以，姬麒麟这个"外来户"就成了活靶子，不管生活还是工作上，对他时不时有所刁难。姬麒麟已经是舞台上的台柱子了，回到宿舍仍然没有一个正经的床铺，还是打地铺。最让他烦恼的就是如暗箭般的流言了。

姬麒麟和赵青老师搭档以后，两人少不了在一起排练、编舞，创作新舞剧、舞蹈，一起出出进进找编剧、作曲、舞美、服装等，基本上是形影不离。而且因为演出的大都是感情戏，这让有些闲来无事和别有用心的人，开始在大家茶余饭后最感兴趣又是最毁人的男女作风话题上制造事端。

但我信任姬麒麟，我知道姬麒麟那颗正直的心。何况自己在最危难之时，他是那样无怨无悔地、义无反顾地帮助我。不单此一事，在那个特殊年代，这位山东汉子为坚持正义坚持真理，不畏强势不惧威逼，硬骨头、敢担当，可以说是泰山压顶不低头！我们是生死之交，我们血肉相连，任人说啥我就不信！

鞋穿在脚上只有自己知道合不合适，夫妻俩只有自己知道感情是否真挚，我知道在这个世界上他最爱我，我是他的同学，他的朋友，他的"妹妹"，他的妻子，他的"女儿"。另外我也想过，如果他是我儿子，我会是什么态度？现在正是他需要我的时候，我支持他，他和赵青老师的事业继续蒸蒸日上，我若听信谗言闹腾起来，他和赵老师的事业都将毁于一旦。我怎么能拖后腿呢？这就是我张百灵的心声，这就是我张百灵的爱，别人谁都体会不到的。

我从来没有因此责问过姬麒麟。我总是鼓励他，我写信给姬麒麟说："麒麟，哪怕全中国都在议论你，只要我相信你，就没事儿。你在北京放心大胆地干，该排练排练，该演出演出，不要受那些人的影响。我永远支持你，永远跟你站在一起，永远是你坚强的后盾。"

姬麒麟说他收到信之后，感动得热泪盈眶。他回信说："百灵，要不然我回去吧。这样就都安生了，我们也就不用承受这样的压力了。"

"麒麟，我跟你说，你要真回来，就上了他们的当了！越是这样，你越要在那里好好工作，站稳脚跟，闯出一片天地，给他们看看！"

一个成功男人的背后总有一个默默支持他的女人。我就是姬麒麟背后的女人。

在不堪烦扰之下，我就提笔给中国歌剧舞剧院的党委书记何其融老师写了一封信，说出了自己的心声：

我是姬麒麟的妻子，更是他的老同学、老朋友和老战友，没有人比我更了解他，也没有人比我更相信他。我们共同经历过多少风雨的磨难和考验，是别人不能体会的，所以我相信姬麒麟。而现在所流传的言论，我认为是别有用心的人在作祟。现在他在你们单位，如果确有此事，请你们对姬麒麟进行处罚，该处分就处分，该清退就清退，我们都无话可说。如果查无此事，我不允许任何人伤害他！请组织正本清源，给当事人一个清白，制止这种泼人脏水的歪风邪气，让那些暗地里作怪的人也无话可说。

何其融书记接到信之后，也给院领导李刚、乔羽等看了。后来我到北京探亲时，何其融书记还专门跟我谈了话："大家那么传，也没发现什么事儿。"

1979年5月我休探亲假，带着儿子姬晨牧来中国歌剧舞剧院看望姬麒麟，我俩出双入对，心无芥蒂，许多同志说："见到你俩朝气蓬勃，一股青春、阳光之气扑面而来。"大家也才知道原来姬麒麟还藏着这么一个漂亮可爱的儿子啊。

姬晨牧当时虽只有4岁，却是一个知名的童星了。1979年大年初一上午9点，中央电视台播放的电视剧《他们走向哪里》中，他有出色的表演。

丈夫优秀，妻子优秀，儿子也优秀，我们这么优秀的一家人，夫妻恩爱，家庭幸福，就是最好的事实佐证了。

然而在不明真相的人心中，似乎谣言比事实更加根深蒂固。时隔40年后，2017年国防文工团老战友聚会的时候，还有一些老同志小心翼翼地问我："你和小姬现在怎么样了？"引来我俩一阵哈哈大笑。

流言蜚语又如何，只要我俩心心相印，便是一方天地，能敌八方风雨。

姬麒麟长期借调不回，昆明军区也多次交涉。1981年，事情有了转机，中国人民解放军开始进行大裁军。

我俩趁此次机会，再次提出脱下军装转业地方。我俩虽都是北京入伍，他是北京京剧院，我是毕业分配、北京有家，末了昆明军区也没给我俩进京名额，而是给了去广州的名额。所以我俩转业没走转业军人安置办，而是由国务院特批了两个进京名额，才最终正式调入中国歌剧舞剧院。

而我的工作调动，也是几经波折。由于姬麒麟的原因，我在昆明的发展受到了很大限制。而且丈夫在北京，儿子姬晨牧在广州，自己在昆明，一家三口天南地北，各居一方，着实不是长久之计。所以我也急盼着调回北京，把孩子也接过去，如此一家三口就能团聚了。

起初，中国歌剧舞剧院准备把我安排到资料室管理资料档案，姬麒麟一听就急了："那可不行！让张百灵改行，不让她演戏，等于要她的命！"就如同他自己对民族舞剧的不懈追求一样，姬麒麟也了解我对话剧事业的热爱。我从小开始在少年宫演话剧，又考入北京艺术学院表演系，这20多年来倾注的心血，早就把话剧融入了自己的生命里。所以组织的这个安排，姬麒麟连提都没跟我提。

其实我固然十分热爱话剧事业，但作为一个女人，我更爱自己的丈夫和孩子，更爱自己的家庭。丈夫是演员，儿子姬晨牧虽然小小年纪，也开始拍戏了。他因主演《小活佛》《应声阿哥》《为什么生我》等，获了很多奖项，也是一位名副其实的小演员了。我如果再坚持做演员，谁来照顾他们，谁来照看家？所以等到第三年，我对姬麒麟说："麒麟，我想好了，只要能回到北京，只要咱们一家三口能在一起，就是让我卖白菜我也干。"

1981年年底，国防文工团批准了我俩转业，我们急于结束三人分居生活，要立马把家搬回北京，但麒麟正处于大型舞剧《剑》即将搬上舞台的攻坚时刻，我不能耽误他工作，决定独自南下把家搬回来。

我是团里大裁军后离队的第一家，这就全靠了战友们的帮忙。昆明木料多，我一人在昆明三年买木料、打家具，做了一套样式时尚的实木四门衣柜、大书柜、大沙发床和沙发。路途遥远，到郑州还有一次中转站，包括箱笼及锅碗瓢盆，都得装箱打包，用草绳缠裹好。杨文、小项帮我打听到《云南日报》每日卖的白纸，是高一米多紧裹成直径两米宽的圆盘，外围用草绳一层层缠紧，用时拿利刀一划，草绳便迎刃脱开。他俩借炊事班的采买三轮车，吭哧吭哧大老远地跑了两趟，两车草绳堆成了小山，团里的姑娘们小梁、小谢、小曾、马英等用了整整两个下午才将这堆剪断的草绳一一接上。杨文、小项用草绳又一一将家具打捆、缠绕好。

托运那天好热闹啊，歌舞团、话剧团各派出一辆大卡车，话剧团的小伙子们及家属不在身边的逊生、学功、文英、春迎、老孙、大隆、于凡、李伟、小戴、小蔡、杨维新等全来了，他们有装台的经验，这点活儿不在话下。

办完手续，共计30多件，每件物品要挂两个纸牌，姓名、地址，并标明总件数之一、之二、之三、之四……

1981年，我转业时，有很多单位都愿意接收，比如海政话剧团、电影局等等。去海政能继续演话剧，去电影局在事业上可能会有更大的发展，

纵横驰聘

一家三口合影

但两个工作都不可避免地要长时间出差，所以我都放弃了。

最后还是赵青老师通过董锡玖老师、梁化群老师介绍，让我到中国艺术研究院话剧研究所从事研究工作。从事这个职业，既不离开话剧，也没有很多出差任务。我权衡后，选择了这个工作。

然而我毕竟离开舞台，走向了幕后，中断了自己的演艺事业。何况从事研究工作我也是从零开始，面临着新的挑战！

1986年，中国艺术研究院、中国戏剧家协会、中央戏剧学院、上海戏剧学院联合举办"中国首届莎士比亚戏剧节"，共演出莎士比亚戏剧16台，北京地区演出8台，上海地区演出4台，辽宁等地区演出4台。我作为中国艺术研究院话剧研究所成员也参加了这个中国话剧界的盛会。我受命带着摄像师，录制话剧《威尼斯商人》等剧目。架好机器后，我在台下，看着演员在台上进行着演出前的最后准备，走走台位，喊喊嗓子。这一幕紧张而又有序，熟悉而又亲切，长期埋藏在心底的对舞台的那种眷恋和热爱，一下子迸发出来了。不知不觉中，我流下了两行热泪。个中滋味，我说不出来，别人谁又体会得出来？

触电

《宝莲灯》的演出获得圆满成功，无论姬麒麟饰演的二郎神还是男主角刘彦昌，都获得了专家与观众的一致称赞。就像俗话说的也就是在中国歌剧舞剧院踹开了前三脚，为今后工作打下了一个良好开端。

这阶段紧张的救火、排练、演出在戏剧中的行话叫"钻锅"，就是别人排练好的角色临时演不了了，你临时按排练好的程式框架排练演出，自己创作、发挥的地方很少，也体现不出自己的风格。

《宝莲灯》的成功演出，开始令剧院的同志们对这位生疏的外来户刮目相看。曾经戴爱莲先生的舞伴、舞剧《盗仙草》的编导王平老师找姬麒麟让他饰演鹤童。这时，赵青老师和她的丈夫刘德康老师也找到了姬麒麟，让他和赵青老师搭档排演舞剧《梁祝》。这对姬麒麟来说，何尝不是一个机遇，他8年戏曲和8年舞蹈，16年的厚积，正等待一个薄发的机会。而这次改行和赵青老师的合作，正好给了他一个展示才能的平台。

因此，当两位老师找到姬麒麟时，他欣然应允，开始与赵青老师搭档排练演出。

舞剧《梁祝》是赵青老师"文革"前在上海养病期间，经过何占豪、陈钢同意，以小提琴协奏曲《梁祝》为蓝本，将梁山伯、祝英台二人的凄美爱情悲剧用舞蹈行动、肢体语言，以舞剧形式再现出来。

　　她反复聆听乐曲，揣摩《梁祝》的心路历程，体验两人世界的心理情境，将 25 分钟的乐曲切分为七段——同窗、游春、定情、抗婚、思念、哭坟、化蝶，七段舞蹈与乐曲水乳交融、丝丝入扣，剧情随着乐曲流动，形象地将乐曲的灵魂展示在舞台上。包括暗转、置景、四次抢妆，融为一体，准确到一个音符一个停顿，均嵌入人物的心情、性格之中。连舞美设计师陈永祥先生，也是统一理念，以突出人物、突出音乐为宗旨，舞台要空灵、宽广。

　　天幕、边幕均采用黑丝绒，置景以象征、写意手法体现：或是垂下的几条婀娜柳枝，或是一座昏暗、高大、恐怖的墓碑，或是明媚、自由、温馨的并蒂莲……寓意深刻，简洁明了，加之灯光的烘托、五彩的转化，舞台上无论是青春的美丽绽放，刻骨铭心的爱情，生离死别的扎心，还是自由相拥的飞翔……画面诗意流淌、美轮美奂；舞蹈柔情似水，澎湃悲壮；音乐催人泪下，寸断肝肠。完美的结合，完美的艺术，完美的享受！赵青、姬麒麟演绎的《梁祝》，堪称舞剧艺术的经典，是舞剧艺术长廊中一颗璀璨的明珠！成为中国歌剧舞剧院的保留剧目之一，始终是剧院歌舞综合演出中的压轴大戏。

　　经过了《宝莲灯》《梁祝》的合作、磨炼，赵青了解到姬麒麟的艺术天赋及扎实的艺术功底和对艺术严谨认真的创作态度，决定让姬麒麟担任她的长期合作舞伴，和自己一起完成她的艺术梦想。

　　姬麒麟常说，赵青老师的舞蹈理念境界，已经跳出了舞蹈程式的窠臼。一般演员在台上都是计划好几个串翻身、几个平转、几个大跳，而赵青老师演出时，则一举手一投足都是全身心地、自然而然地融化在剧情、人物中，她情绪饱满奔放，激情四射，非常有感染力。在舞台上她经常会忘记自我、即兴发挥，很容易让对手措手不及，须紧急适应，但同时也感染着对手爆发出炽热激情，共同将债张饱满的激昂澎湃传递给观众，共同将剧情推向高潮！

1979年，舞剧《梁山伯与祝英台》剧照

1982年，大型舞剧《剑》被摄制成电影，姬麒麟饰演男主角王子

1982年，姬麒麟在大型舞剧《剑》中饰演男主角王子

与赵老师的多年合作，姬麒麟也学习到了赵老师身上的许多优秀品质——勇敢坚韧、拼搏奋斗、开阔眼界、博采众长、对艺术精益求精的精神等等，成为姬麒麟终身受益的宝贵财富。他一进入民族舞剧领域，就和这样的名家搭档，对于自身的发展是极具促进作用的。

1980年，赵青又与丈夫刘德康创作了反映西域地区远古传说的大型舞剧台本《剑》，讲述了铁匠带着女儿来到一个祥和、友好的国度，女儿喜悦之余在人群中翩翩起舞，微服在外的王子对她一见钟情，两人相约月下湖边定情，王子将随身佩带的短剑赠予女儿，作为定情之物。外族敌人偷袭掳走女儿，王子只身前往营救被掳的女儿，外族敌人在王子眼前鞭笞、污辱女儿，逼迫王子在投降书上签字，并放出毒蛇欲噬咬女儿，王子不忍心爱的女人遭此毒手，无奈之下在投降书上签字，随后带领外族敌人回到祖国，但整个城池惨遭屠戮，国破家亡。敌人为王子、女儿举行了婚礼，新婚之夜女儿用定情短剑刺死王子，自杀身亡。

在剧院编导组的通力合作下，该剧圆满搬上舞台，赵青饰演女主人公铁匠的女儿，姬麒麟饰演男主角王子。同时，姬麒麟也参加了所有双人舞的编舞创作，由于从创作开始就一直深入人物内心世界，直到后来的舞台演出，一招一式更达到了与角色所有原始的、美化了的、升华了的舞蹈语汇、形态、动作，都糅合在跌宕起伏的人物情感中，舞得情真意切、如泣如诉。

在那原创舞剧极少的年代，一部新剧的上演会引起极大的轰动效应，电视转播、媒体宣传、四处海报……《剑》剧从北京演到杭州、广州，从上海演到长沙、武汉，处处好评不断，处处一票难求。赵青的艺术造诣攀登新顶，知名度又迈上了一个高峰，姬麒麟也成为全国知名的青年演员。

在一两年的时间内，赵青、姬麒麟又编演了小型舞剧《霸王别姬》《黛玉焚稿》，革命浪漫题材小舞剧《刑场上的婚礼》。

1979年自卫反击战胜利之时，各中央慰问团赴广西和云南前线，中国歌剧舞剧院以郭兰英、赵青、孙玳璋、姬麒麟等为主的慰问团奔赴广西法卡山慰问演出。有一次只有郭兰英、赵青、姬麒麟几个人去前沿哨卡演出，司机开错了方向，马上就要进入敌人阵地，幸亏被军首长及时发现，派摩托车火速拦截，急转掉头，有惊无险！赵青、姬麒麟演出《刑场上的婚礼》和舞剧《小刀会》片段，款款深情，斗志昂扬，台上台下热血澎湃，演出受到了全体指战员的热烈欢迎。

国家有难，迎难而上是我们的责任；祖国需要，就是我们的冲锋号角！

纵横驰骋

1979年，郭兰英（前排右四）、赵青（前排右三）、孙玳璋（前排右二）、何其融（前排右一）、姬麒麟（后排中）赴广西前线慰问演出

1979年2月，自卫反击战一打响，我们昆明军区文工团随野战军第一时间奔赴老山前线。1979年3月，我作为东道主陪同中央慰问团再次来到老山前线。

在数十年的舞台生涯中，每逢春节、假日，剧院都会组织各大演出，为人民群众送去节日的欢乐和祝福，展现文艺工作者的风采。20世纪80年代初，中国歌剧舞剧院组织了一台群英荟萃的歌舞晚会，集结了表演艺术家郭兰英、赵青等，以中央慰问团的名义赴内蒙古进行春节慰问演出，沿途受到热烈欢迎。一个多月的演出，从呼和浩特演到包头，再演到二连浩特，虽然天寒地冻，但艺术家都倾情演绎，展现出最好的演出状态。当时，姬麒麟与赵青表演的舞剧《梁祝》作为压轴节目，一上演便打动了现场观众，将现场气氛推向高潮。姬麒麟说，虽然当时演出条件艰苦，但所到之地都得到了"最高礼遇"，艺术家与人民群众双向奔赴，相处融洽，结下了深厚的友谊。一位老大姐听说麒麟爱喝奶茶，每天吃完早餐都为他备好两暖壶奶茶，让他带回住所，边练功边享受，他深受感动。醇香浓郁的奶茶唇齿留香、回味无穷，至今再也无缘喝到那么纯正香甜的奶茶了。

二连浩特，当时还是座很小又很破旧的海关边界小镇，剧场、后台设施年久失修，破烂不堪。白雪皑皑、天寒地冻，阻挡不住观众的高涨热情，观众冒雪迎风几十里地、扶老携幼赶来剧场，两场演出座无虚席，走道上也站满了人。演员们同样备受鼓舞，激情满怀，高胡演奏家汪炳炎等乐队老师们怕因天冷而手指僵硬，每人怀中揣上一个玻璃瓶的热水；郭兰英等歌唱家返场多次，唱完一首再献一首。演出结束掌声经久不衰，全场观众谁也不肯离席，谢幕多达数次。

姬麒麟的好朋友老高随巴金先生出访欧洲，从法国带回一盒音乐磁带《海之诗》，他认为乐曲非常有舞动感，便推荐给了赵青、姬麒麟。他俩一听立马激起了创作灵感，依据乐曲展开想象：出海、踏浪、渔歌、晚舟……一部精彩的情景舞蹈很快面世了，蓝蓝的海水、朵朵的白云、渺渺的仙雾、柔柔的金沙……一对年轻渔民夫妇劳作、嬉戏、荡桨、撒网、收获……是那样轻柔、流畅、自然、甜美、浪漫。轻歌曼舞，天人合一，如诗如画，美到了极致，堪为艺术中的上上品！

在大型舞剧《剑》全国巡演后，1981年，赵青、姬麒麟又将精力放在了整理、编排一系列小型作品上，共计编排了七部小型舞剧和舞蹈作品：根据李焕之作曲《节日》编演的舞蹈，情景舞蹈《海之诗》，赵青独舞《长绸

纵横驰骋

1983年，姬麒麟在"双人舞晚会"上表演情景舞蹈《海之诗》

舞》，小型舞剧《霸王别姬》《黛玉焚稿》《刑场上的婚礼》《梁祝》。七部作品中《长绸舞》《梁祝》《节日》是赵青原有创作的剧目，其余四部作品均是姬麒麟参与，与赵老师一起编排、演出的。

在当时的1981年搞一台双人舞晚会还是首创，人们的观念也没有那么前卫，姬麒麟还属于中国歌剧舞剧院的新人，所以是定义为"双人舞晚会"还是其他叫法，领导一直举棋不定。

赵老师本人也犹豫不决，姬麒麟虽然也知道这些作品中包含了自己的心血，何况两人共同上台演出是事实，但那时候讲究论资排辈，讲究谦虚谨慎，他也认为自己别跟赵老师平起平坐，放弃自己的头衔虽然心里别扭，但他还是主动向赵老师提出叫"赵青舞蹈作品晚会"吧，这样只谈创作、避开了演员的出演。

难题就这样解决了！

世间真是有许多冥冥之中说不清道不明的东西，赵青、姬麒麟的双人舞晚会一经问世，便引起极大的关注与反响，中央电视台将晚会七个节目全部录制成文艺片，邓在军导演，晚会演出请的是老艺术家孙道临先生主持，请黄永玉先生做说明书的封面设计。因两位演员在每个节目中间要从头到脚换装，在节目中间便均安排了一段解说词，或是介绍演员，或是介绍剧情，或是介绍创作背后的故事，以挤出演员抢装的时间。广东电视台也将《梁祝》《黛玉焚稿》《刑场上的婚礼》《海之诗》拍成文艺片，还专门搭建了豪华场景，制作得非常精细完美。如此一来，借助媒体得到广泛传播，全国观众都目睹了他们的风采！

1984年8月7日，电视台直播洛杉矶奥运会中国女排和美国队冠亚军决赛。孙晋芳、郎平、周晓兰等中国女排姑娘们在袁伟民教练的带领下，过五关斩六将冲进了冠亚军决赛，我国健儿团体项目冲进世界决赛是首次！激

1983年,姬麒麟与赵青演出"双人舞晚会",孙道临主持(右一刘德康、右二赵青、右三孙道临、右四姬麒麟)

动人心，万人瞩目，万人空巷。每家每户都静静地坐在电视机前，紧张而又兴奋，目不转睛地盯着电视机。比赛间中场休息有近半小时，没想到孙道临老师出现了，这正是双人舞晚会的现场，正是《梁祝》前的幕间，孙道临老师用了几分钟时间介绍演员姬麒麟，介绍他从小戏校的学习、大武生的成功，多部舞剧演出的骄人成绩……接下来是舞剧《梁祝》的全部录像。

欢呼！中国运动员首次参加奥运会，中国女排首次夺得奥运会大球团体冠军！全民举国欢腾，敲锣打鼓，上街游行，彻夜无眠。

顺带，大家也记住了青年舞蹈家姬麒麟。

姬麒麟有幸与赵老师长期合作，使他在舞剧事业上有了长足的进步，不断取得可喜的成绩。赵青选择姬麒麟为合作伙伴，她也获得了旺盛的艺术生命力，使得她的艺术生涯又获得了第二个春天，迎来了又一次艺术高峰。两人合作的这些年捷报频传、佳作连连，推出一部又一部的新作品好作品！

如果没有意外，姬麒麟也将和赵青老师一样，追寻着艺术的脚步，将民族舞剧作为终生事业，一直跳到跳不动，一直演到演不了为止。然而人生从来不缺少意外。

那是1982年春节前，中国歌剧舞剧院赵青、姬麒麟双人舞晚会在天津演出。当时天津的演出剧场是新落成的，没有吊顶。虽然有暖气，但那点热气都被冷风抽到屋顶消散无踪了，观众们身着棉大衣、棉毛窝，座无虚席。由于一直处于寒冷状态，人体的肌肉都是收缩紧绷的，怎么热身都无法将肌肉拉伸开，运动型演员在上场前不将肌肉活动开将有致命的隐患。

当晚姬麒麟和赵青老师共计七个舞剧、舞蹈节目，刚刚演出第一个舞蹈《节日》，姬麒麟的腰就扭伤了。他咬牙坚持到演完，大幕拉上，姬麒麟就疼得躺在后台动不了了。领导对姬麒麟说："小姬，现在有两个办法，一是现在我们就跟观众说明情况，退票……"姬麒麟没等领导说完，便说："继续演！观众都是冲着咱们表演来的，咱刚演一个节目就退票，对不起大家，也说不过去。"

在姬麒麟的坚持下，领导赶紧让随行医生给他打了三针封闭针，然后用板带把他的腰死死缠上，姬麒麟忍着剧痛，紧咬牙关坚持演完了七个节目。演出之后，姬麒麟整个人就瘫了，大伙儿用担架将他抬上火车送回北京。

春节过后，姬麒麟虽然能够起身了，但身体并未完全恢复。而剧院则按计划要到广州、深圳演出，临出发前，团里领导对他说："小姬，你先跟着去，到时候恢复好了，能上台了就演，没恢复好就安排别的节目，不用你上场。"

可到了地方，一看节目单，上半场压轴是《刑场上的婚礼》，下半场的压轴是《梁祝》。无奈之下，姬麒麟只得按照安排，完成了演出。但他的腰从此就彻底坚持不住了，腰椎第四节与第五节严重错位，从此留下了腰椎间盘的病根儿。

同年底立冬，在香港艺术节主演完大型舞剧《宝莲灯》，又在广州、长沙演出大型舞剧《剑》，姬麒麟又添了新伤。长沙冬天阴雨连绵，又湿又冷，姬麒麟又扭伤了半月板，膝盖积水，肿得跟碗口一样，但没办法，票都卖了，又是靠打封闭针演了两场。到第三场时，实在坚持不住了，就让B组的两位演员进行演出。

可观众们不买账："我们是看赵青、姬麒麟来了，这不是！"姬麒麟见此情况，连忙上台，把腿上包裹的纱布打开，向观众们解释："实在演不了了，对不住大家了。"观众们这才逐渐平息。

几年下来，随着频繁的演出，姬麒麟腰腿积下了不少暗伤。而在民族舞剧的舞台上，男演员少不了托举、大跳、空转等腰腿十分吃劲的动作，姬麒麟每次演出也都认真对待，咬着牙也要为观众呈现最好的表演。京剧武生演员、舞蹈演员都是吃苦耐劳陪伴终身的，一日不练自己知道，二日不练同行知道，三日不练观众知道，他们没有节假日，他们没有星期天，我们节假日游玩、聚餐，他和赵老师都是在练功厅度过。连儿子姬晨牧给爸爸留下的印象都是：爸爸每天就是顶着块破毛巾，搭着件破练功衣，端着个破脸盆，趿拉双破拖鞋……姬麒麟克制伤痛仍要坚持，他说："我一进练功厅，抓着把杆就想哭，这已经成了条件反射。"

我看在眼里，疼在心里。

1982年春，姬麒麟和赵青老师的大型舞剧《剑》，由上海电影制片厂拍成了电影，舒适导演。

电影很快制作完成，首先送到北京天桥剧场，给中国歌剧舞剧院全体同事进行首映。因我了解姬麒麟的腰伤、腿伤，观影过程中凡见到他的跳跃、托举我的心就揪紧，更多想到的是他犯病了没有？他是怎么坚持的？

电影艺术的叙事手法和舞台又不一样。舞剧表演在舞台上讲究奔放、夸张，而电影将观众拉到近距离，放大了百倍千倍，讲究含蓄和自然。我看姬麒麟在电影中的表现十分灵动自然，丝毫没有做作、夸张的感觉，尤其在大特写中很上镜，五官很漂亮，浓眉大眼，鼻子高挺、轮廓分明，眼睛有神也有戏，还特别动情，不仅舞姿优美，潇洒倜傥，而且很有激情、很能表现人物性格。

放映结束，同事们都热烈地议论着慢步走出剧场，尤其是参演的演员们，都互相议论着感想。我挎着姬麒麟的胳膊边走边说："麒麟，我觉得你的表演比你的舞跳得还好，有人物，以后有机会你搞表演吧。"我根本没走心，也可能我是搞表演的，会侧重这些方面，姬麒麟也只是听一听，一说一

1982年，姬麒麟（左）在故事片《泥人常传奇》中饰演乾隆

笑就过去了。

没过多久,一次跟北京电影制片厂导演都郁闲聊,他讲与李文化联合导演的影片《泥人常传奇》,准备拍摄乾隆皇帝微服私访,找好了当红小生饰演乾隆,我脱口而出:"让姬麒麟演呗,他学过戏曲,那范儿肯定更好。"都郁讲:"你跟李文化说说,他一句话的事。"我便找李文化去了。

1981年,内蒙古电视台拍摄《小活佛》,都郁导演,剧组全部演员、工作人员都是蒙古族人,唯有"小活佛"是汉族人,最后内蒙古广电局局长朱兰老师同意由姬晨牧饰演。朱兰老师主演过《草原晨曲》等影片,21世纪初担任中国电视艺术家协会副主席。李文化的女儿李妮任《小活佛》场记,我饰演小活佛的母亲,我们关系非常好,她考中央戏剧学院导演系时,我辅导她表演、做小品。我们还约定她有了对象,一定得先带给我看,果然她将同班同学李六乙带来了,小伙子红光满面,眼睛炯炯有神,透着睿智机敏,通过了!李六乙后来成为北京人艺的著名导演。

李文化是执导过《泪痕》《海囚》等影片的著名导演,我向李文化导演推荐了姬麒麟,李导演觉得也很合适,就应允了。姬麒麟扮上乾隆皇帝,还真有那帝王相,尊贵潇洒、气场十足。戏演得也很松弛自然,还有不少即兴的表现和反应,两位导演非常满意。

人的好运气就是挡不住,此片拍了很多天也没见有记者采访,今天"乾隆"来了,记者们全来了,中央电视台也来了。当晚电视新闻中就播出了录像,主要奔着这位影视剧上的第一位乾隆皇帝,他镜头最多,人家还以为有多少戏呢,其实就这么一个场景、几场戏,微服私访被泥人常现场在袖中捏出雕像。皇上、太监身无银两,便以黄缎题字为报偿,由此引出泥人常的传奇故事。当时电视只有一个台,节目也少,所以电影还未播出,姬麒麟就在电视上成功亮相。等播出时,他儒雅中透着雍容的气质,一下子就获得了观众们的认可。后来电视剧《渴望》的导演鲁晓威到台湾学术交流，在台北看电视，还看到了他们将姬麒麟与郑少秋作为大陆、台湾两位"乾隆爷"来做比较。

所谓万事开头难，姬麒麟进军影视的第一炮算是成功打响了。紧接着就是第二部影片《大刀王五》。

一天，西安电影制片厂《大刀王五》的副导演于琦突然来到坐落于恭王府的中国艺术研究院找我，开门见山自我介绍，说是因观看了《泥人常传奇》，邀请姬麒麟饰演光绪皇帝。她介绍自己是解放军艺术学院（简称军艺）毕业，又从广州军区战士话剧团转业到西影厂，我马上介绍自己是北京艺术学院毕业，从昆明军区国防话剧团转业到此，我俩又都有一位共同的好朋友徐雅雅，是她的战友，也是我的同学。嚯，更近了，两人一见如故。她立马约我跟她一起去中国京剧院找预选好的演员，我欣然允诺。

来到预选演员的家，我们两人都一愣。演员本人比之前消瘦了很多，精神状态不佳，已经不适合角色形象了。

从他家出来，于琦愁眉不展。二号人选没了着落，她还得重新考虑选角的问题。这时候我就对她说："于琦，你干脆让姬麒麟演谭嗣同算了。"

"虽然光绪是皇帝，但光绪窝囊，我觉得姬麒麟并不完全适合这一形象。不是我说，姬麒麟形象端正，气质儒雅，外柔内刚，同时他练武出身，骨子里有股刚直不阿的侠义气质，这不正和谭嗣同的形象契合吗？"

于琦听后眼睛一亮，可她和导演毕竟都没见过姬麒麟本人啊，对于全剧二号人物这样重要的角色，她还是要请示一下导演。全剧许多内景已经在西影厂拍摄完毕，只将谭嗣同的戏甩下，马上要转战长春电影制片厂清明街的外景地，必须拍摄六君子就义了。迫于时间紧急，于连起导演听了于琦介绍后，在连面都没见过的情况下，拍板二号人物起用姬麒麟。

1984年，姬麒麟在电影《大刀王五》中饰演谭嗣同

此时，中国歌剧舞剧院正在广州、深圳录制一部上下集的小戏，赵青是艺术总监，姬麒麟是制片人，他俩担任男女主演，谢添老师、杜彭老师也参与其中。西影厂方面说只等三天，三天不到就别来了。但是姬麒麟怎么着也得将手头的工作完成啊！我每天电话询问广州工作进展情况，每天答复西影厂这边，是百般解释拖延，最终拖了十天。

十天结束后，姬麒麟由广州坐飞机到北京，然后转机到长春，中间根本没时间回家。广州天热，穿的都是单衣，我赶到机场给他送了两身秋、冬衣装，说了几句话，他便匆匆转机飞去了长春。

长春一落地，他来不及吃饭，立马剃头、试妆到拍摄现场，正赶上拍摄戊戌六君子慷慨就义这场戏。导演就位，摄像机就位，灯光就位，其他五位君子、六位彪悍杀手就位，两三千人的围观群众就位，这阵势好威严好紧张啊！

第一个镜头便是谭嗣同就义前的特写，"我自横刀向天笑，去留肝胆两昆仑"，谭嗣同变法失败，他可以逃亡，但他不逃亡，他要以死祭我中华，他要以血唤醒民众！镜头围着他的脸庞360度大特写，他想到灾难深重的中华，想到白发苍苍的老母……愤恨、无奈、眼噙泪水，血脉偾张！导演非常满意，稍顿，"停"！一条过！

《大刀王五》播出后，反响十分强烈，上座率空前，前门大街东南角竖立着影片巨幅的宣传海报，电影频道后来也反复播放此片，《流金岁月》等栏目还为该片做了两三期专题片。姬麒麟在剧中成功塑造了谭嗣同心系祖国、力求革新、豪情壮志、文武兼备、勇于为国捐躯的英雄形象。这也说明我的眼光没有错，他是适合演戏的。

《大刀王五》还没放映的时候，影片《白龙剑》就开拍了，导演是北京电影学院导演系党总支书记田金夫，是我师哥。该剧副导演小桐与我朋友婷

家·圆 —— 麒麟、百灵的艺海奇缘

1995年，姬麒麟（右二）在台湾黄金档电视剧《今生今世》中，饰演反一号马松年

1997年，姬麒麟（左二）在电视剧《燕子李三》中饰演掌门人李显

婷是同住北京军区大院的发小,一次在婷婷家玩,小桐聊起了工作,说男一号不好找,婷婷说:"哪里不好找,找张百灵她丈夫姬麒麟啊。"

于是小桐邀请导演田金夫到我家,与姬麒麟见见面。我上班去了,田金夫师哥等一行人一进门就瞧见了我和姬麒麟的结婚照,田金夫师哥叫道:"哟,这不是我小师妹嘛!"

不出意料,姬麒麟又顺利出演了北京电影学院青年电影厂影片《白龙剑》的男一号杜保杰。

他的第四部戏是电视剧《海灯法师》,现在说起来也有一个故事。

我在昆明军区国防话剧团与战友李伟很聊得来,后来他考入上海戏剧学院导演进修班,与电视剧《篱笆·女人和狗》的导演陈雨田、《燕子李三》的导演王新民,还有一位四川人艺的朋友是同班同学,他们拍摄毕业实习作品《百合花》,经李伟介绍来北京选角,我热情接待,并带他们找到我的老师、时任电影学院老师,推荐了一位姑娘,很合适。

《海灯法师》开拍的时候,那位四川人艺的朋友任谢洪的副导演,他来到我家找姬晨牧演小海灯。但当时姬晨牧刚演完《为什么生我》,加配音历时七个月,我要让他缓一缓,全力补习功课,一年中谢绝了李翰祥的《火烧圆明园》和黄健中的《良家妇女》。

所以我就对导演说:"你们别带姬晨牧了,把他爸爸带走吧!"谈话间,麒麟回来了。他们一看,姬麒麟条件果然不错,第二天就带他见了该剧艺术顾问、北影的著名演员赵联老师。最终确定让他饰演剧中反一号胡纯副官,该人物仪表堂堂,能文能武,但巧舌如簧,自私自利,工于心计,狡诈多疑。这让姬麒麟的演技又有了新的突破。那时期的电视连续剧比较稀少,该剧在全国播出后引起极大反响,翻过年的春晚,中央电视台还将老海灯法师请来现场表演了"一指禅"。胡纯这一反派人物,塑造得更是深入人心,给大家留下了深刻印象。

麒麟进入影视圈前四部戏，从配角到二号到一号又到反一号，都是我这个"经纪人"的关系为他牵手，从此也为他进军影视圈打下了良好基础。

姬麒麟转行影视表演，是他艺术生涯中第四次从零开始。由于之前舞台上 20 多年的舞台演出经验，让他迅速适应了影视的表达方式，找到了镜头前的表演感觉。20 世纪 80 年代的电影和电视剧产量不是太高，但质量都非常精良。姬麒麟有他独特的气质和多面的才艺，文武昆乱不挡，前四部戏的成功演绎，让他在影视界中也崭露头角，赢得一席之地。从此，我这个"经纪人"也完成了历史任务，他的片约自然就络绎不绝，他在影视圈中也逐渐站稳了脚跟。

姬麒麟在影视圈逐步驾轻就熟，他干脆利落的性格和认真负责、吃苦耐劳的作风，深得摄制组制作方和同事们的喜欢，尤其是与港台联合拍摄的那些年，不仅自己片约不断，中影合拍公司还数次邀他做中方导演，负责遴选二、三类角色的演员。

在电影《书剑恩仇录》《飞狐外传》《倚天屠龙记》及电视剧《长城故事》《倚天屠龙记》中，他介绍、推荐、起用了大量的师兄弟，由此也令某些师兄弟另辟蹊径，改变了他们的"命运"。

至今这些师兄弟对他仍是心存感激，每逢节假日各种拜访、聚会不断。

求索

子女考上大学后是女人的第二个春天。

1994年是我工作、生活的分水岭。这一年儿子考上了中央戏剧学院表演系。

自1981年转业,我来到中国艺术研究院,这是中国艺术最高的学术研究单位,集中了每一艺术领域的高端理论研究人才,如张庚、郭汉城、黄宾虹、杨荫浏、王朝闻、葛一虹、李希凡、冯其庸等,人才济济、群星璀璨。1978年本院又招收了首批各艺术学科的硕士研究生。

我去的话剧研究所,前辈们均是剧院和高校调来的资深戏剧理论家,令我高山仰止。与我年龄相仿的中青代也是中央戏剧学院、上海戏剧学院戏文系,或是北京大学、复旦大学、北京师范大学中文系的毕业生,均是师从谭霈生、黄会林等戏剧理论名家。

我1964年入北京艺术学院表演系,因"文革"原因,学业未能按部就班完成,并且我学习表演、实践于舞台演出,文字的基本功是空白。这要感谢梁化群老师破格接收我,给了我边学习边工作的机会。

面向研究工作我也是从头开始,当时所里上下正齐心协力筹备撰写《中国话剧通史》,葛一虹老师主编,左莱老师副主编,我便分配帮左莱老师查

1984年，结婚十周年留影

找、收集资料。对于高深、神秘的理论研究，这倒是为我提供了一个切入口，我天天泡在国图、首图以及北京大学、中国人民大学等各大学图书馆里，翻资料、找资料、做影印件……从20世纪二三十年代的《晨报》《新华日报》，到新中国成立后的《人民日报》《光明日报》《文汇报》，一摞一摞的大装订本，几十斤重搬上搬下，虽然脏、累，但也让我见到了许多听说过的没听说过的史料。加之"文革"前我虽年龄不大，但我生活在这个圈子里，"十七年"中的许多戏我看过，话剧界的风风雨雨我经历过。

所里为筹备《中国话剧通史》，多次邀请各方人士如解放区的刘佳、阮若珊老师等，国统区的凤子、李超老师等，《人民戏剧》《剧本》月刊的主编颜振奋、王育生等，召开了多种形式座谈会收集资料。话剧的起源、发展、壮大，各条线路的脉络，各地域的纷繁，各院团的历史，各领军人物的风骚……我慢慢看见了，摸清了，熟悉了，了解了。加之我从小就在这个圈子里摸爬滚打，现在深入梳理工作，我更加融入其中，我更加热爱话剧艺术事业。

20世纪80年代初，全国拨乱反正，各行各业百废待兴，一片勃勃生机，欣欣向荣。话剧事业也迎来了她的第三次高峰！

第一次高峰是抗战时期，全国人民抗击日寇，齐心协力同仇敌忾，话剧艺术首当其冲，推出了《屈原》《北京人》《天国春秋》《风雪夜归人》《上海屋檐下》等众多脍炙人口的好剧。

第二次是新中国成立十周年前后，新中国斗志昂扬、大展宏图，全国各话剧院团也推出了一系列优秀作品，如《茶馆》《关汉卿》《万水千山》《马兰花开》《甲午海战》等。

而第三次的话剧艺术高峰期，正值我在话剧所，有幸天天观摩，观看了大量的优秀作品《于无声处》《丹心谱》《一个死者对生者的访问》《明月初照人》《红白喜事》等。这是我的课堂，我的补养，加之老师们的点拨提携，

家·圆 —— 麒麟、百灵的艺海奇缘

1984年,张百灵在重庆"雾季艺术节"上,与张瑞芳老师(右)任晚会主持

工作在一起有机会聆听他们会上会下的讲座、言谈,拜读他们的论文、剧评、史述。我身边随时有老师,处处是课堂,在这样的环境中熏陶、学习,为我从事话剧研究工作打下了坚实的基础。

我的文字工作是从剧评开始。记得当时观看了青艺白峰溪老师创作的《明月初照人》女性题材三部曲,女主角自强自立,不愿意做男人的附庸,不想让别人讲:这是XX的夫人;为什么就不能做到:这是XX的丈夫。所以在婚姻上她一直没有找到理想人选,最后选择了自己的导师,但他恰恰是母亲年轻时违心拒绝的对象,从而引爆了母女两代女性价值观、爱情观的戏剧冲突。我认为女性追求独立自强,但大可不必这样偏激,夫妻两人互爱互生,取得的成绩不是两人共同的收获吗?何必这么分彼此呢?我以此撰文与白峰溪老师商榷，刊在《戏剧电影报》上。后来我同学告诉我，编辑说看了我的文章爱上我了。

后来陆续撰写一些篇幅不长的评论或是采访，如《搭积木》《天地人心》等剧评，采访舒强老师的《铁窗大学》、采访方掬芬老师的《童真、童心、童趣》、采访卓玛的《她让舞蹈说了话》等，均散见于各报纸、刊物。

渐渐在大型刊物上也发表了一些文章，如在《人民戏剧》上发表《香港剧坛的常青藤罗冠兰》、在《中国电视》上发表《舞台与银幕的互补——论话剧表演和影视表演》、在《教育研究》上发表《论儿童艺术启蒙教育》、在《戏剧理论》上发表《新时期舞台艺术的理论研究与趋势》、在《传记文学》上发表《香港剧人李援华》等。

后来也在丛书中撰写了不少文章，如在《中国当代剧作家研究》（第二辑）上撰写了《勤于探索勇于拓新——论沈虹光的艺术创作》，在《中国话剧研究》上撰写了《只有小演员没有小角色——谈北京人艺舞台上的小角色》，在《中国话剧艺术家评传》丛书中撰写了《幽香兰草——于蓝评传》《童心永隽青春常在——方掬芬评传》《中国第一母亲——王玉梅评传》，在《中国当代剧作家研究》上撰写了《黑土恋比翼情——房纯如、杨舒慧的创作道路》。北京电视台录制、播放文化名人系列之《贫民艺术家——于是之》，我是撰稿人。当然其中也有不少刊物如《大舞台》《戏剧电影》等，主动向我约稿，索要姬麒麟、姬晨牧的报道，我也撰写了《精彩人生——姬麒麟的艺术生涯》《我的京京》等一些报道、纪实文章。

科学技术文献出版社出版了我撰写的《儿童艺术智能培养》，吉林人民出版社出版了我撰写的《千万个怎么办——艺术教育篇》；为文化部各话剧院团职称考级，撰写了表演艺术考试专用教材《综合文化艺术基础知识》；北京市教育局为使戏剧教育进课堂，请我撰写中、小学戏剧教育的教材。北京市关心青少年学会吸纳我为会员、理事。

在边工作边学习中，我潜心钻研，逐步提升。但我更多的还是要坚守着家庭、妻子、母亲的岗位，麒麟和儿子基本片约不断，经常是儿子在家时爸爸巡演或拍戏去了，爸爸在家时儿子又外出拍戏了，那时候一部戏都要拍三四个月，一家三口团聚的日子很少，我就是固定在家留守的那位，不管是爸爸还是儿子回来，总有老婆、妈妈在家恭候。我们话剧所里有外出观摩、开会的机会，年轻些的同事们都特别愿意前往，我是能躲就躲尽量推辞。

家住金台路时，中国艺术研究院、中央戏剧学院、中央工艺美院共住一个宿舍区，9路汽车总站一下车便能看见我家窗户，每当晚上我外出归来，总习惯性地远远望一眼我家窗户，但每次都是黑的，每次心里都难免有些失落，如果窗户是亮的多好，如果家里有人等我多好，那脚步肯定是急切的、欢快的……

1994年，儿子考上中央戏剧学院，我作为母亲天天陪伴他的职责可以卸任了，于是我无顾忌、全身心地开始做起了自己的工作。

9月15日孩子开学，10月我便应昆明朋友蒋晓荣之邀，赴昆明帮她筹备拍摄电视剧事宜。我相约单位同事老孟，老孟是著名戏剧理论家，担任了数届"飞天奖"及"五个一工程"奖等奖项评委，多届央视春晚的策划，《三国演义》《水浒传》等电视剧的艺术顾问。同时相约了我的铁哥们师哥老于，他是中央台影视剧部的资深编审，那时候只要央视审核通过的剧本，可以与央视联合摄制，央视会出40%的拍摄资金。

重将出马一个顶俩！我们到昆明后，晓荣带我们见了建水锡矿老总，给钱！带我们见了云南省宣传部部长，老孟从宏观到微观，从意识形态到观众喜好走向，等等，分析得头头是道，实施可行。宣传部部长，开绿灯！

此行立即就帮晓荣与央视立项，合作一部上下集电视剧，聘请郑洞天导演，沈丹萍、田少军主演。在央视一套播出后，我专门为此撰写了一篇影评，发表于《中国电视报》《云南日报》。

后来晓荣与央视有了密切的合作，拍摄了《木府风云》《狼毒花》等多部优秀作品。蒋晓荣也获得了"中国十大制片人"的殊荣。

央视电视剧制作中心的王健老师，是位演员前辈，她先后推荐我参加了央视少儿部的多部系列儿童剧的拍摄。1995年参加了李金熔老师编导的百集儿童短片《孪生天华》，饰演妈妈、老师、解放军教官等。拍摄后不久，李老师给我来电话，说"银河艺术团"戏剧班停办了几年后，现在又恢复活动，请我来执教。

我既意外又惊喜，也很忐忑。我到了台里，李老师向我讲明宗旨、交代任务后，让我先写出前十次课的教案，每次为两个课时共一个半小时，由少儿部审看。

接到这个任务，我心里开始盘算，此前虽然写过一些关于表演艺术的解析，将表演艺术的元素细化、分类化、条理化了。何况我写于蓝、方掬芬、王玉梅等几位表演艺术家的评传，着重就是将她们的艺术创作深入、具体地进行分析、归纳、总结。

首先我明确总结出作为一名从事表演艺术的演员必须具备：1. 感性的认识力，2. 丰富的想象力，3. 敏锐的观察力，4. 良好的记忆力，5. 当众的控制力，6. 灵活的模仿力，7. 情绪的感受力，8. 热烈的表现力，9. 维度的创造力。

所以在挑选表演艺术的人才时，除外部的条件如五官长相、个头身材、嗓音条件等外，更主要的要考核其内部素质，基本上就是要具备以上讲的这几种素质了。

面向 8 岁到 14 岁的孩子，用什么方法让他们明白、理解、掌握这些素质呢？这对我来说是个要思考琢磨、下功夫的课题。银河艺术团一方面要完成央视春晚及各种大型晚会上对儿童演员的需求；另一方面，全国各影视剧摄制组也将银河艺术团作为寻找儿童演员的首选。

谢铁骊导演的《海霞》就是在银河艺术团找到了蔡明，李俊、李昂导演的《闪闪的红星》在银河艺术团找到了祝新运，著名演员蔡国庆、石富宽、洪剑涛、姬晨牧、沈畅、王春子等都是银河艺术团出来的。我考虑到银河艺术团是有着悠久历史、全国闻名的少年艺术团体，一方面要向演艺界输送人才，另一方面也要考虑到学习两年后，孩子们都得有所收获，要提高他们的艺术潜能和聪明才智，提高他们的思维、交往、表达、适应、应对能力，今后无论在哪个岗位上，都能很快适应并终身受益。恰逢此时，我在《参考消息》上见到一篇关于美国对白领们开设表演课的报道，这更加强了我的信念、更明确了我授课的方向。

我总结归纳的这 9 种表演艺术元素，光凭我跟孩子们讲解不管用啊，他们理解得了吗？得让他们看得见、摸得着才行。于是我琢磨每单元每节课，要用游戏的方式让孩子们做起来、动起来、玩起来才行。

我回忆起上学时，为培养我们的舞台信念感和真实感，结合观察生活，我们做了大量的无实物练习，有位同学做削萝卜花，剔刀和萝卜在他十指间上下飞舞，反刀正刀、刀尖敏捷、悬腕握力、旋挖颠转，结合他专注的眼神、心里的感受，表演得栩栩如生，最后让我们看到一个精致漂亮的心里美大萝卜雕花。其实他手中恰恰啥也没有，只是个无实物练习。这时儿子也刚入学不久，正是解放天性、模仿练习阶段，学疯子学傻子、学老板学老叟，我也向他偷艺，请他给我介绍他们课堂上的训练；我妈妈落实政策回北京后，任幼儿园园长，家里有许多幼教的教学大纲，各种幼儿的游戏范本，我想，表

中央电视台银河艺术团演出后合影（张百灵：右三）

演其实不就跟小孩玩过家家一样吗？你演爸爸我演妈妈他演孩子，小孩子没有杂念，他们在游戏中极其投入，成人的表演恰恰需要这种信念和投入，达到纯粹的真实感；同时我也翻阅了大量有关表演教学的资料，融汇借鉴。

最后我整理了一套付诸行动的少年艺术教材。

如训练想象力单元，我就利用实物、景物、环境、音乐、绘画、人物、事物来调动孩子们的想象，简单地把一个易拉罐放在讲台上，让大家根据它的形状、质感、韵类，想象这会是什么，同学们一下就炸锅了，是笔筒、烟花、糖盒、炸药、电灯、花瓶、木墩、擀面杖、压路碌、万花筒、存钱罐……一下子说出100多种。如放一首轻音乐，让同学们跟着音乐的感觉编故事，嚯，千奇百怪的故事全来了，活跃的思维大大超出你的想象；让一位同学坐在台上，大家围绕他的神态、坐姿、发型、穿戴等等，展开想象编故事讲给同学们听，大家兴趣盎然，古今中外、上天入海的故事全讲出来了。又如训练记忆力，同学们围圈坐下，从1号开始，说一个词语，接下来重复1号说的，自己再补说一个，依次往复，按顺序强力记录再增添新词……又如大家观察好教室前面每一处摆设、每一处细节，然后全体向后转，立即将教室所有布置一一描述出来，越细致越好。又如感情的记忆、情绪的记忆，大家自告奋勇单独到教室前面来，无实物喝杯水或吃碗面，每喝一口，你要调动你平时的味觉记忆，并表演出烫的、凉的、冰的、酸的、苦的、辣的、甜的、涩的、麻的、臭的……你记忆得准确，也得让观众信以为真。

尤其是感情的记忆，对演员来说至关重要。因为演戏时剧本中都有喜怒哀乐，虽然此时在舞台上一切都是假的，但演员就是要以假为真，在最短时间便要激发出喜怒哀乐的各种情感，这就需要你快速从自己的情感记忆库中，借鉴曾经经历过的悲欢离合的感情，并立即迸发出来。

比如感受力，原以为对涉世不深的孩子来说，调动他们的感受能力难度要大些。于是先让全班同学将身边发生过的，无论学校还是家里，同学、老师、家长，或是在马路上、社区里、汽车、飞机上，或是在书画、影视剧中，见到的、听到的可笑的人和事都讲出来，结果所有人争先恐后，绘声绘色，幽默滑稽，搞得人人捧腹大笑，整个教室人仰马翻，滚到了地上。

更令我意外的是，布置每个人讲一件难过、悲痛的事，先是静静地让大家默默酝酿，我在一旁慢慢地启发带动大家，我的奶奶……我最要好的朋友……孩子们在感恩、在思念、在忏悔中一个接一个上台讲述故去的深深怀念的奶奶、姥姥；讲述爸爸、妈妈对自己无微不至的呵护与疼爱；讲述亲密的小狗、小猫的丢失……营造的气氛、相互的感染，拨动了他们心中那根柔软脆弱的神经，孩子们讲着讲着泣不成声，台上台下哭成一片。

针对表现力，我是通过朗诵来表现、挖掘。首先是集体诵读绕口令和四声的成语，训练孩子把声音放出来，要吐字归音、字正腔圆。要求朗诵以情带声，以字达意。所以教授表演的老师都知道"只要一开口就知道有没有"。

又如创造力，我便任意命题一个动作：台中央摆放一把椅子，同学即兴地"坐"，但要求有不同的规定情境、不同的心理状态，不同表现的坐法。可能是打球回来，大汗淋漓，口渴难耐，无力瘫软地坐下；可能为抢座坐下、可能在火车站察看时刻表慢慢坐下；可能坐在了猫咪身上；可能拿着考试卷无奈坐下；可能是约会坐下……有不计其数的"坐"的方法。

又如"敲门"，可能后面有人紧急追赶；可能这是导师的家；可能按图索骥寻找而来；可能为借钱而来，可能为催债而来；可能这是离了婚的母亲的家……再如"蹲"，"举手""过泥潭""过悬崖"等等，孩子们都要积极表现自己，都会绞尽脑汁拿出千种办法来。

再如老师随意指出三样实物或景物或人物，同学即兴将三样指定的对象有机地、有逻辑地、有情节地串起来编讲故事，当然越生动越曲折越动情越

家·圆——麒麟、百灵的艺海奇缘

张百灵（后排中）与中央电视台银河艺术团周一围（前排左）、代乐乐（二排左二）等同学合影

好；或是老师指定一句短语"你回来""吃饭""拿着""什么时候走"……让孩子以无数种人物、年龄、情景、情绪、口吻、语速等表达出来。

我在"银河"授课的同时，也参与少儿部录制节目，与孩子们同台排练演出，并在李老师编导的系列短剧中编写一些短剧剧本。

"银河"的孩子们是一拨一拨地成长，如蔡明等一拨，蔡国庆等一拨，姬晨牧等一拨，我执教的这十来年，培养了周一围、代乐乐、刘超、吴晓丹、柳都都等众多的优秀演员，那些没有从事文艺工作的孩子们在各个领域也都是出类拔萃的人才，有的身居高位，有的是著名企业家，有的拳打脚踢独创一片天地。孩子们经常相约聚会，念念不忘那段生活。

我70岁生日时，师生们专门为我筹办生日宴会。各种祝福各种爱意，我喜上眉梢，无比幸福。

知足！

圆梦

姬麒麟转行到影视剧之后，一直耕耘不辍，文戏武戏，正派反派，年代戏古装剧，亦邪亦正，当代题材、文化综艺都有值得称赞的表现。其中有两部作品是非常值得一提的，一部是黄蜀芹导演的电影《人·鬼·情》，另一部是郭宝昌导演的电视剧《大老板程长庚》，两部作品都和戏曲有关，姬麒麟出演可谓又圆了一次戏曲之梦。

巧的是，黄蜀芹导演和郭宝昌导演是同学，都是北京电影学院1959级导演系的。当时就有人说，北京电影学院59级会出一男一女两个大导演。这话就应在他俩身上。

黄蜀芹毕业以后跟着大导演谢晋当副导演，为她以后崭露头角打下了扎实的基础。《人·鬼·情》是1987年黄蜀芹导演的被称作中国第一部女性主义电影。

用现在的话来说，《人·鬼·情》是一部被低估的电影，它经常会被拿来跟六年后陈凯歌导演的《霸王别姬》相比。两部电影的确有很多相似之处，同样取材于戏曲演员生涯，《人·鬼·情》是女扮老生，《霸王别姬》是男扮女旦，《人·鬼·情》里的秋云回敨同伴，"我不是假小子，我是真闺女"。而《霸王别姬》里的程蝶衣执意要说"我本是男儿郎，又不是女娇娥"。两部影

家·圆 —— 麒麟、百灵的艺海奇缘

1987年，电影《人·鬼·情》剧组合影，前排右起：黄蜀芹、裴艳玲、徐守莉，后排右起：姬麒麟、李保田

片同样深入细腻地刻画了人的本性与无奈，在残酷、冷漠的现实生活中他们被扭曲了心灵，苦苦挣扎，但无论男人女人都无法抑制对自由、对爱情的渴求。两部影片均震荡影坛，直拷灵魂，是这时期的上乘之作。

《人·鬼·情》来源于作家蒋子龙的报告文学《长发男儿》，写河北梆子名伶裴艳玲从小苦练到成才的经历。黄蜀芹捕捉到一位女演员饰演男人，本来就是一个奇迹；又是女人去演一个男鬼，其中有很多故事可以想象。于是黄蜀芹长期跟随裴艳玲演出、生活、交流，深入她的生存状态和内心世界，体验、挖掘出了更多饱满的故事和细节，重新写成了影片

《人·鬼·情》剧本。

其中，黄蜀芹请裴艳玲饰演剧中舞台上的钟馗，与生活中的角色"秋芸"有一段蒙太奇的对话，穿越时空，人鬼交流，道出理想与现实，黑夜与光明，欢乐与悲怆的交集，表现手法新颖独特，深邃至远，不但令人百转回肠，豁然开朗，更将中心思想大力升华，是该剧的经典，成为教科书级的桥段。

对于剧中秋芸恩师"张老师"的选角，黄蜀芹导演也十分严格，要选出一个既有表演功底又有戏曲基础的人来出演。据说在选角之初，大型舞剧《剑》的剪辑师刘嘉林就推荐过姬麒麟，但黄蜀芹一看照片说："不行，他太漂亮了。"后来她在北京、天津、上海、湖北等多地的剧团里选角，都没选到理想的，最后又来找姬麒麟。

当时我们住在金台路红庙北里，那天姬麒麟不在家，有人敲门，我打开门，站在眼前的是黄蜀芹导演和一位中年男人。因为1985年文化部、团中央、教育部、全国妇联共同创立首届儿童优秀电影"童牛奖"时，黄蜀芹执导《童年的朋友》、李亚林执导《为什么生我》，同获最佳导演奖，姬晨牧主演《为什么生我》获最佳表演奖，我们一同参加颁奖活动，并住对门，我什么也没带，早晨还敲门跟她要擦脸油。我本能地以为她是找姬晨牧的，就问："黄导，您是不是找姬晨牧？"黄蜀芹笑着说："我不找姬晨牧，我找姬晨牧他爸。"

和黄蜀芹导演的合作，让姬麒麟很有感触。他经常对我说，黄导特别注意保护演员的创作情绪，在现场她总是以演员的表演为主，这既是对演员的尊重，也是她电影语言表达的高明之处。

剧中有一场张老师和秋芸分别的戏，两人的位置会有互动，试戏的时候，姬麒麟走着走着，摄影师就喊："麒麟，别往那边走了，出镜了，拍不

家·圆 —— 麒麟、百灵的艺海奇缘

1987年，电影《人·鬼·情》中的戏中戏《挑滑车》剧照

到了。"黄蜀芹会马上制止摄影师："他们是演员，他们找到感觉了你喊什么喊？你不会跟一下？你得配合他们！"回头又对姬麒麟说："你们该怎么演就怎么演，怎么演状态好就怎么演，不要管其他的。"是啊，演员表演的时候进入了人物状态，如果他再顾及着灯光音响、镜头效果，那他就不能完全进入人物状态了。这个道理非常浅显易懂，但真正能做到非常不容易。

同时黄蜀芹拍戏十分灵活，兼容并蓄，只要有好的东西立刻吸收过来，也很注重听取演员们的意见。剧中张老师有一段戏中戏，原本剧本定的是《林冲夜奔》，姬麒麟看了剧本之后，就向黄蜀芹建议换成《挑滑车》。

戏曲里行话叫作"男怕《挑滑车》，女怕《扈家庄》"。大武生戏是《挑滑车》里的高宠最吃功夫，张老师出演《挑滑车》更能显出他的扎实功力。在宾馆的房间里，姬麒麟就给黄蜀芹导演比画了一遍。黄蜀芹欣然接受了姬麒麟的建议。

所有在舞台上的戏中戏都是在保定的一个剧场里集中拍摄的。那是在七八月的夏天，请了四个剧团200多位演员一起搭戏，第一场就是张老师的《挑滑车》走边。

拍摄之前姬麒麟发现靠旗上的小旗有些松动，就对大衣箱的师傅说："师傅，这靠旗太松了。"师傅坐在道具箱上叼着烟说："嚄！怎么？你还打算真来一出儿啊？"（如果从"文革"开始算起，姬麒麟已经有20年没有正式登过戏曲舞台唱戏。其间改舞蹈，改舞剧，又改影视，知道他戏曲出身的人不多，他们以为姬麒麟就是个影视演员，哪懂戏啊。即便懂戏，没有10年的功夫，也演不了《挑滑车》啊。就是上去比画两下子，糊弄一下观众得了。）说着，把一条红彩裤丢向姬麒麟。姬麒麟抄手接过来一看——一条开裆裤，戏谑和嘲弄的意味表露无遗。

姬麒麟也不是个好脾气，"啪"的一下把裤子摔在地上，找到黄蜀芹导演说:"黄导,这戏还想不想拍?"黄蜀芹赶紧问:"麒麟,怎么了?"姬麒麟说:"这靠不行,没法拍!"黄蜀芹也看了看靠说:"那怎么办呢?"

现场有四五个天津京剧团的年轻人,他们说:"黄导,我们团里有几副好靠,出国演出配的新的,棒极了!""能借来吗?""您写个条子,没问题!"黄蜀芹立马写了条子,让他们连夜开车回天津借靠。

第二天一早,他们不但借来了全新的靠,还有盔头、靴子,还跟过来一位师傅,专门给姬麒麟扎靠、戴盔头。等姬麒麟顶盔掼甲化上妆往那儿一站,那精神头儿看着着实不凡。他对黄蜀芹说:"黄导,你让摄像师傅把机器架好,我把《挑滑车》给你们来一遍。"

黄蜀芹连忙说:"这大热天的,你扎这么紧实,再来一遍,别中暑了。"姬麒麟说:"黄导,没问题,你瞧好儿吧。"

台下200多人,都是各个剧团和艺术院校的,闹哄哄地摇着芭蕉扇,说是看戏,其实都是想看热闹。却不料,台上姬麒麟动作干净利落,节奏明快,轻松自如,一招一式规范漂亮,动静有致,没有丝毫停顿,一气呵成。让人不禁也屏住呼吸收敛心神,随着他的动作一眼不眨看到最后。举手投足之间,分明威武雄浑,当镜头俯视时,时卷时舒的靠旗有如蝴蝶穿梭于花间,灵动自然。走边、起霸流畅舒展,随着锣鼓经的高潮打点切住,他一个跺埂如同钉子一般稳稳亮相,造型刚健,炯炯有神!

台下鸦雀无声,霎时间掌声雷动:"原来他是北京戏校的高才生!孙毓堃、侯海林的徒弟,杨派武生!"

姬麒麟一下台,有人赶紧搬椅子请他坐,有人掀开靠牌子给他扇风,有人递毛巾有人递水,再也不复原来轻慢的态度了。包括各团的几位团长,也热情地发出邀请,让他来团里演几出戏。

黄蜀芹看到这一幕,便将其都加入戏中:张老师台上演出下来,边幕旁几位爱慕他的年轻女演员争先给张老师递水、拿毛巾。烘托出人物又很生活化。

剧组转到石家庄郊区拍摄，正值暑假，我带着儿子来探班，黄导特意安排刘嘉林剪辑师将粗剪的戏中戏专场放映给我们。我和麒麟相识是"文化大革命"开始时，我也从未看过他杨派武生的演出。在银幕前，我看傻了，震惊了！果然是名不虚传的高才生，他果然没骗我。我也才真正领略到了杨派武生的艺术之美。

《人·鬼·情》影片获得了巨大成功，先后荣获第8届中国电影"金鸡奖"最佳编剧奖、"华表奖"、巴西利亚国际影视录像节最佳影片、第11届克雷黛国际妇女节公众大奖等奖项。对于姬麒麟来说，这部影片不但是给他的演艺生涯增添了浓重的一笔，也让他和戏曲产生了交集，稍稍弥补了他多年不登戏曲舞台的遗憾。

然而真正要说圆梦，还得是《大老板程长庚》这部电视剧。

程长庚是安徽省潜山市人，清代徽剧、京剧表演艺术大师。幼年在徽班坐科，道光二年(1822)随父北上入京，以《文昭关》《战长沙》的演出崭露头角，后为三庆班老生首席演员。同治、光绪年间，历任"精忠庙"庙首，三庆、春台、四喜三班总管。同行尊称其"大老板"。在京剧第一代人物中，与四喜班的张二奎、春台班的余三胜并称为"老生三杰""老生三鼎甲"，程长庚为"三鼎甲"之首。程长庚为京剧艺术的形成做出了重要贡献，被誉为"徽班领袖""京剧鼻祖""京剧之父"等。

1990年，四大徽班进京200周年之际，安徽省委宣传部与中央电视台筹备拍摄一部《大老板程长庚》，演绎四大徽班进京、形成国粹京剧的这段历史。姬麒麟有幸参加了该剧的拍摄。

1994年，姬麒麟在电视剧《大老板程长庚》中饰演程长庚

1994年，拍摄电视剧《大老板程长庚》时，姬麒麟（左）与厉慧良（中）、郭宝昌（右）合影

起初，郭宝昌导演在《大老板程长庚》里给姬麒麟写了一个角色——章京行走闵七爷，这位闵王爷鼎力支持、成就了程长庚。同时在全国各大京剧院团寻找"程长庚"。郭宝昌导演同样对主角的遴选十分严格，这一人物既要懂戏曲，又要懂镜头，还要有银幕表演经验和感悟力，这就不好找了。所以一直到剧组人员入驻北京电影厂，马上要开机了，"程长庚"还没定下来。

有一次大家在楼道聊天，又说到主角定不下来的事情。这时北京电影厂一个导演张世濬说："你们找姬麒麟啊，他京剧科班出身，有戏曲底子，这些年又改行拍影视剧，找他演程长庚最合适。"

于是此后不久，郭宝昌导演和安徽宣传部领导就一起找到姬麒麟。麒麟心里有点赌气："都要开机了，一直让我准备闵七爷，现在又要换，我哪来得及啊！"就一口拒绝了。郭宝昌导演和一众领导一个劲儿做工作，姬麒麟才松口，答应出演程长庚。

其实姬麒麟内心也想演程长庚，他喜欢这个角色。他对祖师爷程长庚充满崇敬与仰慕，能饰演这个角色是他最大的荣幸与幸福，但他心里确实也很忐忑。正是出于对戏曲的热爱和对程长庚的崇敬，如果演不好，怎么对得起京剧界前辈们？怎么向自己的老师们交代？怎么面对自己的同学们？所以他向剧组要求，给他几天时间，他要用这几天尽快熟悉人物，去了解程长庚的一生经历、挫折、努力、成就和贡献，潜心体验人物，进入人物。他不满足于剧本提供的信息，到图书馆去借阅历史资料，查找有关程长庚的书籍，还让我到中国艺术研究院戏曲研究所帮他查资料，甚至还通过他的母校北京市戏曲学校去拜访戏曲界的老前辈，了解梨园行里传说的关于程长庚的故事。在这样临阵磨枪的短短几天内，他心中渐渐有了一个清晰的形象，慢慢摸到了他的脾气秉性和志向追求。他这才有底气重新回到剧组开始拍摄。

郭宝昌是位才华横溢的导演，他绝顶聪明好学，为人耿直热心肠，热爱艺术热爱生活，尤其酷爱京剧艺术，是戏曲艺术的铁粉。拍摄间隙他居然借了戏服，请了裘派师哥孟俊泉与麒麟回家拍造型照片。屋子不大，只见他把双人床靠墙竖起来，桌椅搬到屋外，把窗帘挂上，请孟师哥给他勾脸，一会儿拍照姚期，一会儿拍照诸葛亮，一会儿拍照包公，洗了化，化了洗，他不厌其烦。麒麟说他："你缺姿武像，太老斗！"他急眼了："我怎么老斗？！"简直就是个老小孩。溜溜地折腾了一天，拍照完毕他高兴得不得了，请哥俩吃涮羊肉。郭宝昌非常爱才惜才，对艺术家们敬重有加。

郭宝昌接到剧本，他全部将框架结构重新调整，环环相扣，流畅自如，笔下的人物个性鲜明、血肉丰满，并总带有他本人的影子。他花费了心思理顺了剧本，但也不署编剧名。他是位很坦荡、大度的人。

剧组开拍了，程长庚的授业恩师——米喜子这一角色还没有选定。

历史上，米喜子是一位著名的红生，演关公戏出了名、盖了帽地棒。后来被程长庚的执着和真诚打动，最终把自己看家的红生戏传给了程长庚。这个角色也非常具有专业上的挑战性。

姬麒麟对郭宝昌导演说："这得请厉慧良厉先生。"

郭宝昌导演一听，略有迟疑："厉先生……请得动吗？"

姬麒麟说："那不得试试？兴许就请动了。"

郭宝昌导演将信将疑，派人去天津请厉先生，最后厉先生还真答应了。

这让整个剧组都振奋了。要知道厉慧良厉先生是京剧行里泰斗级的人物，把他请到剧组拍戏，是会为电视剧增光添彩的。

厉先生出身梨园世家，家学渊源，天赋甚佳，5岁开始练功学艺，7岁登台演出，在上海等地演出时被誉为"神童"。他是一位唱、念、做、打全面精通的演员，尤以武戏的做打更为突出。他基本功扎实，程式娴熟，注重以武打程式刻画各种不同人物，善于探索，根据剧情灵活运用程式，在吸收各家所长基础上大胆革新，深受称赞。由此他和李少春、高盛麟被称为"三大武生"，并开创京剧武生的厉派，至今仍让人称道。

厉慧良也是姬麒麟的偶像之一，他经常到北京演出，姬麒麟只要有时间一定要去看厉先生的演出。由于和厉先生搭戏的配角，大多是姬麒麟北京戏校的师兄弟，所以演出后，姬麒麟总是去后台跟厉先生搭个话混个脸熟。时间长了，厉先生也知道有姬麒麟这一号人物，但并不十分熟悉，没有过多的来往。这次能请到厉先生，两人的一段戏里戏外师徒情也由此展开了。

刚开始时两人不算十分熟识，厉先生还存着考教姬麒麟的心思。程长庚作为一个开派宗师级的人物，非常具有开拓创新的精神，他跟米喜子学习关公戏《古城会》时，在程式动作上不完全因袭米喜子，同时加入了自己的理解，这在剧中有一段矛盾冲突。

而在拍戏过程中，郭宝昌导演让厉先生不仅自己设计米喜子的表演，还请他帮助姬麒麟设计程长庚的创新。

晚上姬麒麟就去找厉先生请教，当时厉先生拿着一根小木棍，既当马鞭又当大刀，"锵锵锵……"就来了一段。

前辈亲自演示，身上功夫漂亮至极，厉派武生果然有独到之处，姬麒麟看得入迷了。厉先生一段舞罢，冷不防地把小棍扔向姬麒麟："来，来一遍！"

姬麒麟赶紧接过棍子，照着厉先生的动作就也"锵锵锵……"来了一遍。看姬麒麟一个动作不差演完，厉先生乐了："你小子，还真行！"从心底便认可了姬麒麟。

拍戏过程中两人形影不离，发生过许多趣事。有一场戏是在虎坊桥湖广会馆拍摄，但为了节省时间，在北影厂化好妆后再去现场。化妆的时候，姬麒麟就硬要厉先生给他勾脸："厉先生，这个我不会呀，您得给我勾上。"

厉先生提着笔说："麒麟，我这辈子可没给别人勾过脸。"

姬麒麟笑着说："老爷子，您破回例，给我勾一回吧！"

厉先生耐不住姬麒麟央求，就拿笔给姬麒麟勾了左半边脸："小子，那一半儿自己照着镜子勾吧！"

姬麒麟笑着应了一声，接过笔"唰唰唰"把右半边勾好，并且在下巴上打了一个叉。这是旧时戏班的规矩，扮演关公的演员勾完脸在下巴上要点个点或者打个叉，俗称"破脸"。意思是我是演关公不是真关公，要和关公有所区别，以示对关公的尊重。厉先生一看就乐了，知道姬麒麟是懂规矩的。

到了湖广会馆，可以说是场面火爆，各剧团的演员，也包括群众演员都要挤进来一睹厉先生的风采。厉先生演完，郭宝昌导演就请他先回去休息，天挺冷的，怕老爷子熬不住。结果厉先生指着姬麒麟说："我不回去，我得看看他呀！"

等姬麒麟拍摄完卸妆时，厉先生兑了盆热水"噔噔噔"跑过来："孩子，来，洗脸。这是我的毛巾，还有香胰子，赶紧把脸洗了。"姬麒麟非常感动，甚至有点受宠若惊，老爷子什么人哪，给自己打洗脸水。姬麒麟赶紧接过来擦洗，等洗完头遍脸，水还是油乎乎的，就准备去换盆水。厉先生在一旁赶紧喊住他："孩子，别动，那边门口有风，你别过去吹感冒了。"这时候身边有人反应过来，从姬麒麟手里接过脸盆去门外把水倒了。

摄制组在北京拍完去天津，天津拍完又去安徽，几个月下来，天气转暖了，厉先生和姬麒麟他们爷儿俩的感情也升温了。拍戏之余总爱待一起聊天。厉先生就给姬麒麟讲他一些有趣的往事。

抗战时期他在重庆演出，蒋介石就经常来看厉家班的戏。

有一次，厉先生表演绝活戏《八大锤》，蒋介石就在台下观看。舞台上，厉先生一个转身，左手把枪抛出台口，不偏不倚，正巧扔在了蒋介石的头顶上方，然后，他探身右手用另一支枪勾回来，还暗暗地盯了蒋介石一眼。

蒋介石知道是他特意设计后，还哈哈乐起来了。

演出结束后，厉先生的父亲厉彦芝，将他狠狠打了一顿，并责问他："你怎么还扔那一手！"

厉先生解释说："我本来就在正场上扔呀！"

厉彦芝气坏了，说："万一失手，掉在他的头上，说你行刺委员长，你怎么办？"

可是"世事难料，因祸得福"。不久，厉彦芝收到了一本蒋介石亲笔写的"慧良艺术超群"的纪念册。从此，厉先生在重庆名声大噪。

1945年国共重庆谈判期间，厉家班还受邀在一次茶会表演节目。

晚会上，蒋介石致欢迎词，毛主席致答谢词。听说当晚毛主席来看戏，戏班的人都翘首以盼,以期一睹威仪。厉先生也隔着幕帘往台下看,看到毛主席后,很是兴奋,说:"哦!原来他就是毛泽东。"

那晚的演出是厉先生挑大梁,先后饰演《三国志》中的鲁肃、《借东风》中的诸葛亮、《华容道》中的关羽。这些大戏,演员阵容十分强大。那晚观众的阵容在中国现代演出史上也是绝无仅有的。而这绝无仅有的独特经历,也成就了厉先生的传奇坎坷曲折人生。

厉先生没拍过电视剧,所以心里有些忐忑。他在私下里跟姬麒麟说:"麒麟,我从来没拍过电视电影,我英名一世,可别栽在这上边喽。"姬麒麟说:"厉先生,您放心吧,您栽不了。而且您拍完这个戏以后,全国观众都能看到您,您更有名气了,英名远扬!"也因此,姬麒麟在拍摄期间对老爷子就更照顾有加,虚心向老爷子学习。

剧中有一场拜师的戏,程长庚上门要拜米喜子为师学习他的红生戏,米喜子不愿意收这个徒弟。程长庚"扑通"跪在米喜子面前,说:"今儿个您要是不收我,我就跪在这儿不起来了。""这谁不会呀,你今儿要是不走啊,我就跪这儿不起来。"米喜子边说边慢悠悠地跪了下去,程长庚无奈起身出门却不离开,在门外亮起嗓子唱起戏来。米喜子听出他是可造之才,才又让程长庚进门磕头拜师。

那时候条件差,剧组只有一台摄像机,不像现在好几个机位可以同时拍摄。那时拍两人的戏,每个镜头都是从不同机位切换拍摄,后期再进行剪辑。需要多镜头时,只能先拍一个人,另一个人的戏换机位再重复拍一遍,最后剪辑成完整的镜头。

先拍厉先生时,镜头里没有姬麒麟,姬麒麟也在旁边跪着,站着,给厉先生搭戏,以防厉先生找不到感觉容易出戏。

等厉先生拍完,到姬麒麟的镜头时,姬麒麟有拍戏经验,能自己完成,便让厉先生去休息。结果厉先生不干了："那不行，刚才你陪我了，现在你拍我也得陪着你。"老爷子还真是一个仗义的人，本来累得满头汗了，还是陪着姬麒麟把戏拍完。

拍戏之余，爷儿俩总爱聊天，话题多半也离不了京剧。有一次厉先生说："麒麟，我也听说过杨派，也喜欢杨派，但没真格地看过杨派，你给说道说道？"

姬麒麟说："好嘞！老爷子，我看过您的《长坂坡》，也看过许多人的《长坂坡》，我跟您说说杨派的《长坂坡》？"

厉先生叼着烟卷，笑呵呵道："别光说呀，比画比画。"

姬麒麟说："那我就给您比画比画'陷马坑'这一段，杨派跟其他的流派不一样。"随即拉开桌椅，边做边说："别人的'陷马坑'，都是两边两把椅子，中间一张桌子，赵云被张郃诱惑来到陷马坑，从一把椅子上到桌子上亮相，观看，又扳腿、又摔叉，再来上一段表演，显示赵云武艺高强。对吧？"

厉先生说："对啊，要不呢？"

姬麒麟说："错矣！赵云被曹营众将追着，哪还有时间在陷马坑上炫技。今儿让您瞧瞧杨派的赵云！"

说着，他把两把椅子背靠背放在一起，然后嘴里哼着节奏，比画着左手提靠，左脚蹬上后面椅子，右腿跨过两个椅背转身蹁左腿，脚掌点击前面的椅子，正面向前飞出摔叉，抓住张郃刺来的一枪直接跃起跺坭亮相，寓示勒马跃出陷马坑扬长而去。这套连续完整的惊险动作，如同一只白色蝴蝶在空中飞舞，观众欢呼雀跃，满堂彩！

姬麒麟："七进七出多么紧急的情况，赵云马失前蹄摔到陷马坑中，要一下子纵马再跳出来，根本由不得有半分犹豫，饰演张郃的演员如果来得慢了，不等他一枪扎来，赵云就跳出陷马坑走了。"

姬麒麟边说边做，厉先生边听边看，显然是被杨派的东西震撼了，他瞪着眼，烟头一扔，拉住姬麒麟说："孩子，再来一遍！"

两人在演戏时互相切磋琢磨，惺惺相惜，相见恨晚。有一次在厉先生宿舍，两人谈到高兴处，厉先生感叹道："孩子，我要早遇见你十年，我一定收你当徒弟。"

姬麒麟起身就往地上跪："您这么说，我就得磕头了。"

厉先生连忙拦着："麒麟，头就别磕了，我也到这年纪了，你也有这成绩了，以后叫我一声师父就妥了。"

姬麒麟就此改口叫师父了。厉先生一身的本事，却一生坎坷，也没收徒弟，老了遇见姬麒麟，两人虽然师徒相称，却可惜了厉先生的能耐，只能说是造化弄人。

饶是如此，两人都十分珍惜这段师徒情谊。从此厉先生总是在剧组叫："我徒弟呢？我徒弟呢？"有一次，姬麒麟演完戏在卸妆盥洗，就听见副导演朱德承急急忙忙叫他："麒麟，麒麟，别磨蹭了，赶紧过来吃饭吧！"

姬麒麟说："你们先吃吧，不用等我。"

"快来吧，你不来，老爷子不让开饭。"

姬麒麟赶紧擦擦手去食堂一看，大家都整整齐齐坐着，厉先生坐中间，郭宝昌导演在一边儿陪着。郭导看见姬麒麟过来，骂骂咧咧就埋怨起来："你小子干啥去了，吃饭呢不见人影儿，你师父见你拍戏辛苦，自己掏钱买了整鸡整鱼，一桌子好菜，还有古井贡酒，你不来不让我们动筷儿。你跑哪儿去了，可馋死我们了。"

姬麒麟受宠若惊，连忙四处告罪，不防厉先生一把拉住他，坐在自己身边："徒弟，好好吃好好喝，演戏辛苦，多吃点儿。"

厉先生就是这样的人，对你好就一门子心思对你好，一点私心杂念都没有。他还说要在自己的回忆录里加上一章：临了临了出了个姬麒麟。

当时厉先生有一个遗憾，姬麒麟没有满足他，现在回想起来总是耿耿于怀。

在歙县拍戏时，离黄山很近，厉先生没上过黄山，一直心心念念想上去一下，就跟姬麒麟商量："麒麟，我知道黄山有索道，你就带我坐索道上去，到上面拍张照片就行。"

厉先生已经70多岁了，姬麒麟实在是担心他的身体，就一直推托劝解，没有带他去，只说以后有的是机会。谁料却再也没了机会。

拍完《大老板程长庚》，姬麒麟去天津看望他，他兴奋地拉着姬麒麟说："徒弟，我给你看个好东西，受你的启发，我把戏曲改成独舞了！"

影碟机播放着老爷子将《挑滑车》的片段编成的"独舞"。在舞台中央立一杆大纛，老爷子扮上高宠，在旗下舞着自创的十项绝技，虽再不复年轻时的惊才绝艳，却一直在创新一直往前进，令人慨然不已。姬麒麟看着沉浸在艺术里的厉先生："师父啊师父，这哪是我启发您，是您启发我了。如果早十年二十年，我一定把《挑滑车》改成舞剧了。"

《大老板程长庚》电视剧播出的前夕，厉先生猝然离世，享年72岁，终究没有过去这道坎儿，他没能见到自己的影像。

著名剧作家黄宗江先生曾撰写一篇文章《拜程长庚 祭厉慧良 赞姬麒麟》以作纪念。文中称："程长庚过去了200年才赶上这么一部全传。姬麒麟练了半辈子功——武功、演功、唱功，终于演上了这么一出。厉慧良临走还露上这么一手，得大好于谢幕：好！"

若说遗憾，对一生痴于戏的厉先生来说，其实也无遗憾了。

影片《人・鬼・情》《大老板程长庚》圆了姬麒麟的京剧梦，了却了他此生夙愿，他学校的恩师侯海林先生，是杨小楼的嫡传弟子，一生无子女，收了他这位关门徒弟，像对待自己的孩子一样，将全部绝活、玩意儿倾囊教授，姬麒麟也豁出全力拼命苦练。但世事捉弄人，他一身本领却全部撂搁荒废了，也未继续收徒传授。每每想到这些他深感痛苦，觉得对不起学校的全力培养，对不起自己这身功夫，尤其对不起他的恩师！

要改行的那一刻，他哭了，老师也哭了……

《人·鬼·情》影片中展示了《挑滑车》片段；1997年，已告别戏曲艺术30年，中央电视台戏曲春晚，他受许玉琢导演之邀，有幸在舞台上演出了杨派《挑滑车》，他就是觉得老师在台下看他呢，他在给观众演出，他在给老师演出。

1997年，中央电视台"春节戏曲晚会"演出《挑滑车》，姬麒麟（中）与许玉琢（右三）导演等合影

1987年，姬麒麟、张百灵在武当山拍摄电视剧《绿叶不再凋零》

1997年，姬麒麟主演话剧《钟馗》，与张百灵演出前合影

家·圆 —— 麒麟、百灵的艺海奇缘

2002年，姬麒麟在电视剧《关中匪事》中饰演商会会长许云卿

纵横驰聘

2002年，姬麒麟在电视剧《倚天屠龙记》中饰演白眉鹰王

《大老板程长庚》放映后，姬麒麟感到踏实些，他认为这是对老师的回报，对学校的回报：老师，您的心血没有白付出……

其间，1997年姬麒麟也主演了话剧《钟馗》，该剧是香港方出资制作，由马征编剧、导演，煤矿文工团话剧团的全部班底为依托，白玉娟饰演钟馗妹。

那年夏天是最炎热的夏天，麒麟每天中午顶着烈日，骑着自行车由城东前往和平里煤矿文工团，有一天室外温度高达46摄氏度，儿子讲感觉鸡蛋掉地上就能煎熟。剧组以为麒麟今天不会来了，做好排别的场次准备，没想到下午2点，晒得通红、浑身湿透的麒麟蹬着自行车准时到达。

该剧在北京长安大戏院演出、在上海逸夫大舞台演出，掌声、叫好声此起彼伏，受到观众热烈欢迎。

姬麒麟领衔主演的影视作品还有《岳飞》，岳飞是他从小崇敬的民族英雄，忠孝节义、文武双全。能饰演心目中的历史英雄，是他的夙愿。刚拍摄完五集，中央电视台就迫不及待反复播放，尤其是寒暑假。姬麒麟非常盼望该公司能继续拍下去，可因资金问题无法继续。姬麒麟本人多方找合作伙伴、找资金、请编剧、请导演，忙活了两三年，最终未果。

后来他又参演了多部广受观众好评的《燕子李三》《关中匪事》《倚天屠龙记》《侠客行》《五女拜寿》《武当》《梅兰芳》《台湾1895》《密战峨眉》《虎山行》《欢天喜地七仙女》《碧血剑》《乱世女儿红》《镖行天下之龙骑禁军》《聊斋》《天下第一媒》等等，他饰演的李显师傅、许云卿会长、白眉鹰王等人物非常深入人心。

他还加盟了港台影视公司多年，拍摄了《今生今世》《上海探戈》《侬本多情》《新龙门客栈》《美梦成真》《神医侠侣》《原来就是你》等多部电视剧，

1988年，姬麒麟在电影《红楼梦》中饰演贾琏

也有不少电影作品如《飞狐外传》《倚天屠龙记》等。

北京电影制片厂摄制、谢铁骊执导的电影《红楼梦》历时5年，共分8部，姬麒麟饰演贾琏。

老天爷真眷顾姬麒麟，央视制作电视剧《雾里看花》，原定了麒麟的角色，到快开机时剧中一位港台归来的大收藏家仍未有合适的人选，导演在国话、人艺、北京市有关院团找了个遍，也未找到。后来跟麒麟商量，请他由原来戏份多的那个角色，屈尊换为这个有身份但戏份少的角色。姬麒麟同意了。没想到刘江导演的《媳妇的美好时代》很快又找到了他，请他饰演因前妻和妻子引发了一系列矛盾的画家余洪水。麒麟对他们讲已经接了戏了，好在刚换了戏份少的角色，制片主任说："没关系，都在北京拍，我们给你调。"

该戏开创了家庭伦理剧的先河，戏火爆了，导演火了，几位演员火了，姬麒麟也跟着火了。

此后，找他的现代戏就一发不可收，如《三十而嫁》《天真遇到现实》《第三种幸福》《岳母的幸福生活》《诱惑》《妈妈向前冲》《找好男人嫁了吧》《养个孩子不容易》等。他跟观众更贴近了，观众也更加熟悉、喜欢他，电视台多次请他做访谈节目，誉他为"国民之父"。

他今年76岁，仍多次参加中央电视台摄制的大型文化节目《典籍里的中国》，在《尚书》中饰演姜子牙，在《楚辞》中饰演舜帝，在《周易》中饰演姜太公。在2022年中秋节晚会关于歌咏月亮经典诗词节目中，饰演辛弃疾。

《中国书法大会》之《吴昌硕临石鼓文》由姬麒麟介绍、解读，他以稳健潇洒的气质、苍劲雄浑的嗓音、饱满真挚的感情，解读得韵律生动、激情澎湃。导演十分满意，说："姬老爷子有一种意外的好！姬老爷子和石鼓文/吴昌硕形成了一种意外的对应，精神上的悠远和古朴，为咱们的节目奠定了稳

2022年，中央电视台一套播出《典籍里的中国》之《周易》，姬麒麟饰演姜子牙

2023年7月1日，中央电视台一套播放《中国书法大会》，姬麒麟介绍、解读吴昌硕临石鼓文

家·圆——麒麟、百灵的艺海奇缘

电视剧《岳飞》，姬麒麟饰演岳飞　　　　　《媳妇的美好时代》剧照

厚的基石。让观众心生敬意赞叹不已！"

一位九十几岁高龄的书法大师刘琍评价他自带文人墨客的儒雅高贵气质，好一个李白在世！潇洒、风流倜傥又不失旷世正气！

"老骥伏枥，志在千里。"

躬行

1995年春天，老天爷好像知道我从家庭解放出来了，牵着我的手带领我走向了更广阔的天地。

我刚应了"银河"执教的任务，一次和老孟、老于坐车去讨论剧本，那天正好老孟夫人李秀明老师搭车，她原单位"妇女干部管理学校"刚搬到新院址，升格为"中华女子学院"，她是系主任，她知道我在于是之老师手下成立了"中国戏剧表、导演艺术研究学会"，我任秘书长。她说女性和艺术是不可分的，咱们应该合作，成立一个艺术系。

1992年，北京人民艺术剧院成立40周年，话剧所所长田本相牵头与人艺合作召开了"北京人艺演剧风格国际研讨会"，首次邀请了国际剧协主席及欧洲、日本等地的戏剧界朋友和全国各地戏剧界代表参加，这是戏剧界的一次盛会。田本相老师在会上首次提出了：在焦菊隐先生奠定的基础之上，北京人艺风格是具有中国气势的演剧学派，于是之是学者型演员。我们在和平饭店召开了三天的研讨会，每天晚上是观摩演出。

《茶馆》的告别演出就是这次举行的，演出结束观众久久不肯离去，高喊："于是之，于是之！"三位老人深深向观众鞠躬，于老慢慢走向前，将鲜花抛给了观众，在一位观众的T恤后背上写下"感谢观众的宽容"，所有观众为之动容。

此后我们与人艺的合作更加密切了，不但研讨、出书，经于是之、李希凡、田本相、刘锦云、林兆华、朱琳、苏民、林连昆等反复商讨，还成立了"中国戏剧表、导演艺术研究学会"，旨在鼓励、扶持、创作好剧目，举办作品演出、评选等。会长于是之，常务副会长林兆华，副会长田本相、郑邦玉、杨绍林，三位是理论界、部队系统、上海方面的代表，我任秘书长。

于老当时是全国人大主席团成员，学会成立那天，全国人大常委会副委员长马文瑞、卢嘉锡等也前来出席祝贺。

有了合办艺术系的萌动，我便找田本相、林兆华商量，南方谢晋导演创办了"恒通艺术学校"，我们在北方也应该创办一个。他们两位都模棱两可，我极力说服，最后他们同意了，于老也点头认可，并办理了公证，立名为"于是之戏剧学校"。我反复跑中国文联备案，北京市社会力量办学许可证。李希凡、田本相、林兆华出面更是与"中华女子学院"院长等多次商谈，最后确定以"于是之戏剧学校"和"中华女子学院"合办艺术系。

学生为大专的学籍教育，学制两年，由女子学院向教委申请名额，学籍备案，颁发女子学院毕业证。招生、教学由我们负责，女院辅助。在学院内分配我们三间办公室，四间专业课教室，与学院共同上文化课和公共课。收取的学费40%给女院，60%给戏剧学校，我们负责教授们的授课费，包车接送老师，专业教室的装修，教学设备钢琴、灯光、录音录像，实习演出等。1995年年底女院招生简章上刊登了艺术系招收40名戏剧导演、表演男女学生。1996年3月开始招生，秋季入学。

"于是之戏剧学校"法人为林兆华，我是教务长。林导聘请了他戏剧学院同班同学梁伯龙老师前来坐镇主管教学，梁老师时任中戏表演系主任，他曾教授了瞿弦和、张筠英这个班，陈宝国、赵奎娥这个班，巩俐、史可、江珊这个班，时下正教授着夏雨、房斌、田雨这个班。因为是于老办学，梁伯龙老师将中戏最强的老师们聘请来了，有颜冈、李月、吕文铮、田正坤、肖敏、朱军萍等，连"艺术概论"课都是请的大专家、学者晏学老师，组建了全中国最强大的教学班子。也因为于老的号召力，这些老教授诚心诚意、义无反顾。

9月9日，开学典礼在中国戏剧家协会礼堂举办，将话剧界在京的院团长及著名演员、编剧、导演能请的全请来了：在主席台上就座的是于老，中央戏剧学院院长徐晓钟，中国艺术研究院常务副院长李希凡、话剧研究所所长田本相，北京人民艺术剧院院长刘锦云、副院长林兆华，中华女子学院副院长。还有实验话剧院、中国青艺等院长赵有亮、石维坚、瞿弦和，部队八一厂、总政、空政、海政团长郑振环、郑邦玉、商学峰、周振天等，还有朱琳、苏民、林连昆、王贵、王铁成、郑洞天、陈薪伊、姜文、李保田、肖雄、柏寒、徐松子等。并邀请了中央台文艺部、北京台文艺部及文汇报、人民戏剧等报刊的记者们。我担任主持人。主席台上的嘉宾和台下的王铁成、姜文、李保田等老艺术家们都发表讲话，热烈祝贺，积极鼓励同学们努力学习。当天晚上北京文艺台就播放了报道。

有件事至今我仍懊恼，中华女子学院挂牌后的第一届开学典礼，全国妇联主任陈慕华、国务委员何鲁丽，还有教委等一众领导前来参加，于老也坐在主席台上，当时他已经深受阿尔茨海默病的困扰。9月初的太阳仍是相当毒辣，主席台正对着太阳，近中午时我看见于老的脸色越发红紫，满头冒汗，他可能犯病了，他在坚持着。在这场合我又不敢上台把他搀下来，我也揪着心紧张地一分钟一分钟地挨着，直到散会，我立马上去将他搀扶到阴凉地饮水透气，我真后悔不该让他这么长久坐到主席台上来。

于老很自律，他特别不愿意给别人添麻烦，记得成立学会开筹备会时，

家·圆 —— 麒麟、百灵的艺海奇缘

1988年,随北京人民艺术剧院赴上海演出,张百灵与杨竹青(左)在谢晋(中)导演家采访合影

定好于老、田本相、林兆华、郑邦玉、刘锦云，星期天在饭店碰头，我们都到了，就差于老。该开饭了，他还没来，菜全部上齐了，他还没来。大家害怕老人家犯病别走错路了。于是赶快打包回到人艺，到传达室一问才知道，他上午十点钟就到了，还到刘锦云的办公室找了一圈，没人，又回到传达室坐着等，刚刚走了。我和田老师、林导赶快打车去紫竹苑于老家。果然他刚刚到家，记不得在哪家饭店碰头了，但他就老实地在剧院一直等着。

　　从学生报到，于老就经常到学校来，还去宿舍观看孩子们的住宿情况，在电梯间碰到学生，还笑着跟孩子比个儿。有时候于老不通知我，自己打着车就来了，期中、期末考试，于老、田老师、林导都来观看，特别肯定孩子们的进步，感谢梁伯龙等老师的教学，他讲话已经有很大障碍了，他说得最清楚的一句是：演员没有星期天。老师同学们都听清了。迎接1997年元旦，

1996年，于是之（前排中）与学生们在宿舍楼前合影（张百灵：前排右二）

我们举行了联欢会，于老也来了，与大家同迎新年。几位表演老师还一同做了个小品，三男三女为三对，于老跟李月老师，梁伯龙、吕文铮老师，我跟颜冈老师，大家上台都是即兴一句话开始演起来，把师生们的联欢会推向了高潮。

我们没有任何办学经验，也不知道这样运作一年应该花费多少。林导从他的工作室那边拨过来20万元启动资金，用于青岛、武汉、北京三个考点招生，开学前又装修、购买钢琴等设备。他请一位朋友办的文化公司来合作，如果我们费用不够了由他们托底，加上每位学生每年收18000元学费的60%，一切经济大权由他们管理，两间办公室由他们支配，还给女会计找了一间宿舍住宿。我心里挺感谢他们，能给我们兜底了，经济上不用我们过问。

我们40名学生由三位表演老师分三个组上课，台词、声乐分两个组，两位老师分别上课，形体课还专请钢琴老师现场伴奏，比中戏还规范还认真。上课时我基本都在教室里，或是到现任艺术系主任李秀明老师和总支书记谢茹娟这间办公室。我看到文化公司那几位经常玩麻将，我不爽。"十一"长假后他们跟我说去北戴河玩去了，玩呗。

可没想到，到11月底，副经理跟我讲："百灵老师，咱们没钱了，下月12月就发不出课时费了，你得跟女院要钱去，要不然得停课！"我一听就急了，这怎么可能?! 还有12月、1月的课呢，还有明年3月到7月的课呢，这可是"于是之戏剧学校"! 你说没钱了，我跳到黄河里也洗不清啊！这怎么对女院说，对学生说，对家长说，对社会说？

我急得直哭，还不敢让李老师、谢老师知道，十万火急给林导打电话，他什么也没讲把电话挂了。我如同热锅上的蚂蚁，紧张得手脚冰凉。第二天一大早我骑着自行车早早地就来了，方知昨晚林导自己赶到女院，让会计把

"于是之戏剧学校"的大章、财会章、他的名章及账本全交了。让他们立马走人！

他把人艺的刘会计请来了，接管财务账目。一查账才知道，他们公司这几个人的工资全在这儿开，还都比我们高。教务、教学、总务、管理、对外联络、跟女院的沟通协调于一身的我，工资是最低的，他们每月的手机费都在这里报，汽车的汽油费、修理费在这里报，他们去北戴河的食宿交通在这里报，包括游泳健身卡，还有餐饮等等费用全在这里报。哎呀，原来是他们那边维持不下去了，到这里来安身的。我们还感谢他们呢，可悲可悲，傻到家了！！！没办法，林导自己掏了6万元，我也掏了2万元，一分钱也不敢再花，更别说我们三人的工资了，维持了第一学年课时费，才稍稍松口气。

女院有几百个学生，唯独我们这里有17个男孩。乱套了，每个男孩后面有一串追随者，于是在这届学生毕业后，我们联系到"中国文联文艺学校"，校长顾老师是资深的新闻工作者，小说《第二次握手》就是在她的奔走呼吁下平反的。她极平易近人，对待学生就像对待自己孩子一样，她吃什么学生吃什么，什么事都身先士卒。这里除了离城里远些外，环境、条件都挺好。第二届学生在这里平静地度过了一年，可好景不长，他们要重新装修做他用，我们只得在天通苑找到一个中学校园搬了出去。

后来通过实践，我深深感到我们的办学理念与女子学院截然不同，再加上还有一些现实问题，我就跟梁老师商量，能不能跟中央戏剧学院合作，他们只负责给我们办理学籍，进行学籍管理、毕业考核、颁发毕业证。教学、管理、演出全是我们负责，他们也会有收入，这是好事啊。梁老师同意我的建议，他讲那得让林兆华去找晓钟老师。于是我跟林导商量，请他去试试。他找了中央戏剧学院，审核了我们的师资，中央戏剧学院同意了。

2000年是千禧年，我们与中戏招收了第一批学生40人，我跟梁老师带这个班。这个班里同学们的素质、条件相当不错，他们报考时有人就是冲着于是之、冲着我们的教学班子来的，后来确实也出了好几位很有影响的优秀演员。但是他们这届的办学条件是最差的，学生后来跟我熟了说：在中戏报到完，上了车，往北走啊，还不到，再走啊，进了一座中学大门，是一座教学大楼，还行。可是拐弯了，拐到大楼后面一排平房前，我们这心啊，哇凉哇凉的。我们租的教室就是一排平房，女生宿舍在楼里，与中学的孩子同住，男生宿舍就是操场另一边的平房。学生中有中央歌舞团来的，有从辽宁艺术剧院、天津儿童艺术剧院、大连话剧团、山东吕剧院来的，见到眼前的场景，跟他们心目中的最高学府反差太大了。

学生中有些人产生了情绪，开学典礼上，林导很严肃地说："我们为你们提供了学习的机会，我们就这条件，你们谁愿意留就留，不愿意留就走人！"梁老师也讲："你们是来学习的，不是来享受的！"他俩的话把我吓着了。

一开课，同学们就踏实了，各科老师果然名不虚传，个顶个都是高手，他们很快进入了状态，师生很快打成一片，非常融洽，我保证两星期学校买票包车进城观摩一次看演出；戏剧学院出了一套剧本大全，定价400元，总院都是个人购买，我怕他们腰买腿不买的，后来几届学生，我都是学校统一买了，一人发一套；我又请人联系中国人民解放军军政大学，带领全班去演出；春天包车组织全体师生去远郊住宿春游。

2001年春季，教育部举行北京高校歌咏比赛，每校80人。中央戏剧学院参赛由声乐资深教授肖敏任指挥，因肖老师在我们这里任教，我们又有好几名声乐非常好的男女学生，肖老师就以我们班的40名同学为各声部的基础，在中戏本部表演系选够80人参加。比赛的舞台上各高校精彩纷呈，都表现出最佳的状态，也体现出了各高校重视的程度，资金的雄厚，做的演出服一身比一身漂亮、高档。中戏学生的演出服装最简单朴素，女孩子穿红色翻领T恤衫、齐膝盖的白短裙，男孩子穿白衬衫黑西装裤。在操场候场时大家嘻嘻哈哈，学生处老师让学生按顺序排队掉头进场，学生注意力不集中，掉头时有些人就乱了。我毕竟当兵出身，见大家这样松懈我着急，于是跟学生处老师说："我来吧。"我站在观众席方向一边，让同学们按台上演出队列面向我，我喊部队口令："全体注意！立正！向右看齐！向前看！该我们上战场了，大家拿出最佳状态来！向左——转！"四排同时齐步走！上场！我们以最快的速度上台，迈上阶梯站好位置，肖敏老师精神抖擞地挥起指挥棒。我们几位老师飞快跑下台去观看。灯光一打，最简单的红白服装最醒目打眼。果然是中戏学生，一上台个个拿出了精气神，像打了兴奋剂似的，精神饱满，声音宽广洪亮，一首毛主席诗词《七律·人民解放军占领南京》，唱得威武雄壮，气势磅礴，同学们果然不负众望，这次比赛拿下了头奖！

严谨认真的办学态度，丰富多彩的校园生活，同学们越来越热爱这所学校，热爱老师们。但我心里一直很内疚，我知道这里环境不好，觉得特别对不起这两届学生。

在这阶段的工作、合作中，有个有趣现象，在单位田本相老师是顶头上司，他有魄力，讲话冲，拿得起放得下。

1995年，我们话剧所举办"首届全国小剧场研讨暨展演"大会，其中邀请了李默然先生的封箱戏《夕照》，奚美娟主演的《留守女士》，熊源伟儿子和前妻王佳纳各导演了一台《泥巴人》等。著名导演丁荫楠的侄子帮我们找到17万元的赞助，那天上午青艺副院长，也是我老师的丈夫余林老师陪同他来送第二笔款，田老师外出了，让我和副所长王卫国接待，但在交谈中，双方产生了一些误会，我耐心协调，并将一摞观摩戏票交给了丁先生。

中午田老师回来，笑眯眯地问："他们把款送来了？"王卫国回答："没有，百灵把戏票给他了。"田老师一听急了，"咣当"推倒了椅子说："完了完了，这下完了！"我急忙解释："田老师您听我说。"田老师喊道："你别说了，我不听！"摔门走了。

下午余林老师果然把支票拿来了，人家说是冲百灵给的。后来余林老师又说了两遍："这事亏了百灵了，要不就吹灯了。"田老师急了："你什么意思?！你老表扬她，不就是批评我吗？"

学会、办学有事我要向林兆华导演汇报，基本上是通过电话，我正讲述某件事，他经常不耐烦打断："事情发生了，你再讲有意义吗？"有时候还把电话挂了。

我爱人姬麒麟也是属于一根肠子通到底不会打弯的，也是说着说着就急了，两人经常爆发激烈争论。我纳闷怎么这几位暴脾气的男人全让我碰上了。

1998年第一届学生毕业时，因老师们年纪大了，精力有限，就让我给他们导演了毕业大戏《城市女儿》，在人艺首都剧场小剧场对外公演。这个班的杜华南、杨大力、冯印果等几位同学还自筹资金，自编自导自演了一台戏《这个冬天不太冷》，我帮助他们联系舞美设计，也联系了首都剧场小剧场演出。

2000届40人，毕业时共排练、演出了两台大戏，梁老师导演了他改编的《谐语〈西厢〉》。我导演了晏学老师编剧的《边缘》，该剧描写一位满族遗少北京大爷，虽说是以修自行车为生，但他穿的、吃的、喝的全是大宅门里的排场，讲究！他祖传的四合院里，有外地来京准备参加高考的，有政府部门公务员，有做生意的，也有失业染上毒瘾的，矛盾冲突一步步在这些人物里层层展开。晏学老师的剧本紧凑，环环相扣，冲突强烈，高潮迭起，人物性格鲜明。瞿弦和团长给我们提供了煤矿文工团的剧场，我们每出戏演6

场。《边缘》场场爆满，现场观众反响强烈，许多观众愣是站着把戏看完的。

2001届，北京电视台主持人胖哥曹扬他们班毕业时，赶上了"非典"，遗憾没排成毕业大戏。

我在中国艺术研究院话剧研究所是支部书记，2003年4月中旬的北京，是"非典"肆虐最疯狂阶段，所有单位所有居民住所全部封闭，马路上没有一位行人也没有一辆汽车。没想到我们话剧所的一位老同志老康去世了，在全国谈"非"色变时，老康遗体要送到八宝山火化，他家里只有老伴和一位瘦瘦小小的女儿。

因1岁的小孙孙跟我居住，我内心很纠结，自己倒无所谓，可别传染给小孙孙，爱人和儿子也不太情愿让我去。但我想到我在这个位子上，不是代表我自己，而是代表了组织，说什么我也得去，即使被传染了也得去！这样让老康爱人和女儿能感觉到组织的温暖。于是我按照大家通行做法，穿上了带帽子的呢绒外衣和不透气的呢绒裤，把裤脚用绳子绑紧，穿上高帮五眼鞋，每个鼻孔塞上一瓣大蒜，戴上两个口罩，一大早就与老干处的老于处长赶到定点医院，我们4人都是这样全副武装，先去太平间办好手续，接上遗体，送往八宝山火化，然后接收骨灰，在陵园的两名仪仗队员陪同下，跟在两旁矗立松鹤的灵车后面，举行了告别仪式。之后又将骨灰送到八宝山公墓，办好寄存手续。然后送母女俩回家。回家后我从头至脚反复淋浴，与孙儿暂时隔离。

老康夫人也是实验话剧院演员，后来反复跟我同学讲我的好，我认为在其位谋其政，我必须这么做。

学校事务繁杂，可艺术研究院本职工作是主项，样样工作不可松懈。我们话剧所与美国、日本、新加坡及中国港澳台地区的戏剧同人联合举办了"华文戏剧节"。两年一届，届时各方均选派优秀剧目参演，印象较深的剧

家·圆 —— 麒麟、百灵的艺海奇缘

2002年，中央戏剧学院表演大专班毕业演出话剧《边缘》，张百灵（前排右一）导演，林兆华（前排右三）、梁伯龙（前排中）前来观看

目有《暗恋桃花源》《鸟人》《领带与高跟鞋》《商鞅》《生死场》《德龄与慈禧》《蛐蛐四爷》《天下第一楼》等，每一届均是精彩迭起、佳作连连。每一届均同时举行了海内外戏剧精英、学者研讨会，论文汇成专集出版。

国内戏剧精英众多，每届均组织一个由全国各省市话剧院团的著名编剧、导演、演员组成的代表团赴会。我是代表团的召集人、组织者、出访领队。有幸与全国各话剧院团的编、导、演精英们成为朋友。同行业的女同胞们性格更为融洽，志趣相投，有共同语言。我们一行七位女性便自然地结成七姐妹，山东省话剧院著名演员王玉梅是大姐，二姐是四川人艺院长席旦，三姐是广东话剧院著名导演王佳纳，四姐是湖北省话剧院著名编剧、省文化厅副厅长沈虹光，我是老五，老六是福建人艺院长胡小玲，老七是四川人艺著名编剧、院长李亭。巧的是我们七姐妹虽担任不同工作，但都是演员出身，无论到哪里无疑是一道亮丽的风景。在台湾、澳门、香港街头、校园、剧场都会被人围观，问起："你们是内地来的演员吧？"

在台北，同行朋友专程为我们七位姐妹接风，姐妹们个个能言善道、豪爽大方、气概非凡。巾帼不让须眉，貂裘换酒也堪豪。酒过几巡，我们七位声色不变，安然无恙，十来位男士早已脸面通红，东倒西歪了。

会议期间的晚上休闲时间，我们往往齐聚一堂，欢歌笑语。大江南北的女性艺术家，敞开心扉、口无遮拦，把闺密间的私话来个竹筒倒豆子，一点不剩。引得大家时而顿足捶胸，时而欢呼雀跃，时而仰天长叹，艺术家的心地最善良，艺术家的心胸最坦诚。

为办学我四处托人寻找新校址，我们中国艺术研究院管理食堂的马科长认识朝阳区定福庄中学的总务长，他们新盖了教学大楼，可以将二层楼的半层租给我们，它的上下是实验室或资料室，并且还可以再租几间平房教室上声乐课，与中学的教学就丝毫不会互相干扰了。他们原来的办公室小楼也租给我们当宿舍，楼梯中间加道铁栅门，一层当服装道具库，住男生，二层住女生。请的三位班主任老师每人每周值2天夜班，保洁陈阿姨值1天，我时不时也住一晚。

我们搬过来，定福庄中学隔壁就是北京广播学院，那年正更名为中国传媒大学，梁老师的学生王丽娜应聘为该院影视艺术学院的表演教师，她小姑子就在我们学校上学，她在电视剧《妈妈拉我一把》中演姬晨牧的姐姐。所以我们就一起聊天玩起来，我突发奇想：干脆我们和你们合作得了，咱们离得这么近多方便呀。我跟梁老师商量，梁老师也认可，于是让丽娜邀请了影视学院刘书亮副院长一起商榷，刘院长回去做了汇报，院部经过讨论研究我们的师资力量和办学资质，认为可行，通过了，并将我们所有执教老师的职称、政治面目立档备案，为专业老师们颁发了授课聘书。表演系主任李立宏

家·圆 —— 麒麟、百灵的艺海奇缘

2000年,"戏剧七姐妹"参加第三届"华文戏剧节",在台湾花莲东海岸合影(张百灵:后排左二)

老师是两校的联络人。

艺术类本科生每年学费10000元，大专生18000元，住宿费1200元，这是全国统一的。中国传媒大学的学籍，我们负责教学、管理、实习。这一合作就是十几年。

近20年的办学历程，搬了4次家，每次都要重新装修，刷墙、换地板、安镜子、安把杆、安大幕等，光是学生们的被褥行李就不知要租多少辆搬家车。我买了绳子给学生们，让他们把被褥枕头打包捆好，结果还没抱到操场上全散架了，我带着班主任挨个捆，手都勒出了血印。我爱人讲话："我老婆在家吃苦，在外面也不舒服啊。"

我就这性格，记得20世纪80年代，我和爱人，加上他一位同学，甩开膀子给我家房间贴壁纸，我们艺术研究院一位研究员找我，我蓬头垢面，脏了吧唧，他诧异地说："百灵，想不到你在家还干这个啊！"还有一回，上高中的儿子班上来了二十几位同学，在家喝酒吃饭，我做完饭躲出去了。回来一看两间屋子吐得哪哪都是，我里外打扫，正好王潮歌和她爱人来了，她瞪大了眼睛："百灵，你在家是这个样子?！"

学校搬家再加上办公桌椅、沙发、钢琴、服装道具等，搬一次我头大一次。关键是这一切一切都是我一人张罗指挥，没钱啊。我们只有这60%的学费，要交房租，要包车接送老师，每月两次观摩，来回包车，因为校址离市中心还有很长的距离，万一出点事，将是灭顶之灾，虽说这样费钱，但心里踏实。还要买办公用品、宿舍用品，还有消防用品、卫生用品，要请清洁工，请班主任，最少得三位吧，晚上要值夜班啊，人家也有家有孩子有丈夫，一周两次夜班可以了。加上每届学生毕业大戏的制作费、场租费……我守着这个家真是恨不得每一分钱掰成两半花。难啊，真是难，我只得硬着头

家·圆 —— 麒麟、百灵的艺海奇缘

2000年，在西单图书大厦广场举办朗诵会，朗诵《走向新世纪》

皮坚持！所以老师们都说：百灵是穷人的孩子早当家啊！

  让人钦佩的是我们请的所有老师们，他们从1996年开始就是4节课200元，后来一直如此，因学费不变课时费也无法改变，换了后来的中青代老师们仍是如此，他们只能是外面拍戏挣钱，到这里就是半尽义务了。

  经济上就这样，关键是学生管理上，我本性是位温柔谦和的女人，一般不会跟人戗戗或是吵吵、嚷嚷什么的，但此时逼得我必须得三头六臂、拳打脚踢，鼓足最大气力独当一面，应对一切风风雨雨。

  女院第二届学生，因第一年后有的考入中戏、北电、上戏、军艺等本科，第二学年只剩17名学生。有位东北女生开学前，来电话讲开学交不了学费，过阵子再交。我答应她先来上学，可以拖半个月交。结果她一拖再拖，直到元旦仍未交，我就与梁老师、颜冈老师商量，只能让她退学，两位老师赞同。跟女院一商量，女院教务处、学生处同意。我便通知她退学。

  没想到她把"于是之戏剧学校"和"中华女子学院"告了。寒假收到了法院传票，三四月开庭。女院请我回学院一起开会，他们有副院长、教务长、学生处长、艺术系主任、总支书记，还有法律系主任李明顺老师（在电视上见过他），商定开庭时李老师也前去。散会时天很黑，那时候四环路还未修好，挺荒凉的，我走出校门迎着西北风，眼泪哗哗地流，我怎么这么孤单？这么孤立无援？哪怕身边有一个人也好啊，可林导、梁老师年纪大了，这些琐事又不能麻烦他们。

  来到大屯法院，第一次走进法庭，腿肚子直转筋，这个原告同学带了两名律师，东北大汉一边一个，好吓人啊！李明顺老师虽是律师，但原告在我们这里上课，是我们管理，他说不了解情况。我因寒假有空，也为让林导、梁老师、颜老师了解此事经过，便写了个该事情的过程给他们看。对方律师说完了，我就把事件过程的文稿念了一遍，也很紧张。两个月后第二次开庭，她一个人来了，法庭宣布：驳回原告。我也语重心长地对她说："咱们师生一场，老师还是要说你几句……"她学籍丢了，后悔了。

有一年北京下大雪，全市交通瘫痪，晚上10点钟了，学校来电话说一对男女学生不见了，怎么也联系不上。我也心急如焚，穿上衣服就往外跑，走了好远根本没车，最后截了一辆小蹦子，突突突赶到了学校。三位班主任老师、保洁陈阿姨全在，个个心急如焚，同学们也帮着打遍了电话，找不着。杨焕娣老师哭了："张老师，我干不了了，责任太大，我害怕。"我也害怕，又紧张，但安慰她："别着急，咱们再找，咱不能遇到困难就退缩啊，这都是人生磨炼，要坚持住！"因没经我同意她们没敢给家长打电话，我们一宿无眠，直到第二天下午这俩孩子回来了，两人偷偷摸摸到外地玩去了。

一个周日下午，我带着孙子在历史博物馆参观，突然接到值班老师电话，说学生宿舍一个学生手机丢了。我交代了爱人，立即打车赶回学校，并让她通知那几位班主任都过来。我当机立断先与一位同学假扮母子，给他买二手手机，到旁边商业街几个手机二手店逛，寻找有没有丢失的手机，没找到。

学生中经常有打架的，有跟中学那边闹纠纷的，有让家里惯得非常任性、站在二楼窗户上要跳楼的，也有走在马路上跟汽车司机争道路把人家打了的，人家报警，我们就得去派出所调停，有的要索赔，家里没钱的，学校只好砍价拿出钱接人。有一年冬天，鹅毛大雪，又为学生调解纠纷，从派出所出来已是后半夜。前一年也是因为下雪，我们上课拖堂，我回家路上滑倒，股骨头粉碎性骨折。所以这次高育静、王惠玲两位老师搀扶着我，我们三人迎风冒雪，挎着胳膊，我带着她俩大声唱起"春天里来百花香，朗里格朗里格朗里格朗……"跟赵丹、白杨他们的《十字街头》一样，苦中作乐呗！

我是心太大，还是因为有时把问题看得太淡了？如在生孩子阵痛时刻绝大多数产妇都会因疼痛而喊叫，可我认为此时是我人生最伟大最神圣最高光时刻，感受到的是满满的幸福，再疼痛再长久我一声不吭；儿子满月不久，我肾结石，疼得在床上打滚，医生说打一针止疼针吧，我说不用，我还要喂儿子奶呢，别影响奶水。

2005年冬天的一天傍晚，北京下起大雪，因学校上课拖堂，放学时候路面结冰我摔倒了，髋关节粉碎性骨折，麒麟因他妈妈当时同样摔到此处而造成了残疾，他见到这情况当时就担忧得哭了，手术前三天，骨折处疼痛难忍。我忍着，并且安慰自己、安慰他，让我把腿摔折可能是天命，因为我的腿形太漂亮了，瘦溜笔直，还倍儿长，就连锁裤边的裁缝师傅都说："你腿比别人长出一寸多。"赵青老师总对麒麟讲："你们百灵身材太好了。"住在中国歌剧舞剧院，我的腿形确实令中年舞蹈演员们羡慕；就是在中国艺术研究院，许多同事至今还认为我是舞蹈研究所的。所以我认为老天爷给了我这么漂亮的腿，让我美了这么久，现在摔了是该着的，这么一来我自己也就没什么遗憾、没什么难过的了。

手术过后推回病房，麻醉科护士过来讲手术的麻醉等一会儿就过去了，给我从脊柱再注射一支麻醉针，这样伤口就不那么疼了。交了600元。到晚上手术的麻醉渐渐过去了，我的伤口非常疼痛，护工见我满头大汗，说："我给你去要片止疼片吧。"我认为手术后可能就是这么疼，说不用了。疼痛了一整夜，我也没合眼。第二天早上儿子过来，双手托起我的后腰，说透透气。他手一伸进去说："妈妈，你出这么多汗，褥子全湿了。"下午麻醉科那位护士过来检查，一看吓一跳！才知道昨日的麻醉针没扎进去，麻醉药剂全滴到外面，褥子都湿了。她走后，骨科护士长说："找他们去，让他们把钱退回来！"我说："算了，24小时我已经疼过了，找也没用了。"好在老天爷保佑，手术很成功，近20年中我也格外留心使用，行走坐卧小心翼翼，没影响到生活、工作。

应四川石小东老师之邀，我和杨焕娣老师去锦阳、康定等地招考新生。工作之余我们游览了折多山、跑马山、二郎山、贡嘎山。经过文成公主进藏时的路线，来到折多山，山上海拔三四千米，山顶掩藏着内陆湖，湖水清澈蔚蓝、延绵无边，四周环山，山坡满是耐寒的松柏，郁郁葱葱，很像俄罗斯的贝加尔湖。远方是四季不化的雪山，天空如同湖水般清新透亮。这里祖祖辈辈人迹罕至，一切那么干净、原始，是难以见到的一片净土、是未被开发的处女地。我有昆明生活的基础毫无高原反应，杨老师就不行了，脸色苍白，头晕欲吐，我们只得很快下山。

康定城在跑马山脚下，因传遍海内外的《康定情歌》："跑马溜溜的山上，一朵溜溜的云哟……"康定城显得那么神奇、富有诗意。近年国家又拿出了几个亿进行市容改造，如今这座坐落于峡谷间的、世界闻名的边远小城更加玲珑秀美！

《歌唱二郎山》是我上小学前就熟悉的歌曲："二呀么二郎山，高呀么高万丈……"记得还是在湖南呢，参加人家的婚礼，新郎新娘唱的是《歌唱二郎山》，我就以为这是结婚程序必唱的歌曲。参军到昆明军区后，方知这是我们国防话剧团的编剧洛水先生，为解放军进藏修建公路的原创歌曲，我团拍摄的著名影片《勐垅沙》等，也是他创作的。可想50年前，解放军在这里架桥修路，隧道一个接一个，长的行车要走20多分钟，他们开凿这一座座大山，跨越无数天堑，是多么的艰难！

返回途中，我们一大早便到达了泸定桥，这是康熙年间政府出资，找来全国铁匠，两岸同时修建起多个大铸铁炉，冶炼打铁，锻铸出数十万个长5

寸、宽3寸的铁索环，然后一个索环扣一个索环，在水流湍急、波浪汹涌的百米宽的大渡河上架起了13条铁索链，链条间隔尺把宽，链条上横铺一张张木板，最后形成一条宽3米、长103.67米的雄伟险要的铁索桥。沟通了川北地区、西北地区与内地的交通运输，给百姓的生活、建设、文明带来了飞跃的提高和发展。

我们到达贡嘎山脚下已经是中午了。汽车盘山而上，山势陡峭险峻，全然是走"之"字，刚拐了这个弯，没几米又是下一个弯，基本上都是45度坡。上下汽车交错更感紧张，唯恐稍有不慎，汽车就会跌下万丈深渊。

两个多小时后到达了山顶，树木高大茂密，没有人家，山下烈日炎炎，这里却是冰冷飕飕。要到达几亿年的冰川，还需坐缆车，并租羽绒服，据说那边是零下几摄氏度。

缆车票很贵，我俩有些犹豫，但都到这了，不去冰川太遗憾。咬了咬牙，这钱得花，这时已经下午两三点，天也阴下来了，缆车上只有我们俩。离开了工作人员，缓缓前进，下面是大峡谷，深不见底，再往前，烟雾缭绕，寒气逼人，下面黑黝黝的原始森林雾气弥漫、阴森寒冷，没有一点人迹，没有一点声响，自己仿佛置身于另外一个世界，心中充满了恐惧。缆车万一坏了怎样办？我们万一掉下去怎么办？天色已晚我们还往那边去，危险不？缆车前行了近一个小时没见到一个人影，空旷无垠的天穹中，在阴沉暮色笼罩下，只有自己和一个女伴，太可怕了！后来看到宇航员杨利伟在太空独自一人的冒险探索，我体会到了他在无垠无声的世界中的恐惧和孤独。

在胆战心惊、紧张恐惧中，终于见到了让人震惊的大冰川！果然名不虚传，仿佛是天空顷刻泄闸，一泻千里，奔流而下。虽然经过几亿年积淀，形成了三里长的冰川，但展现的形态就是从天而降的水流态势，一里宽的冰川面上有许多凹凸不平流动的交错冰层。亿年冰川真是大自然的鬼斧神工？冰川的源头是什么？太神秘太离奇了！不能想象也不敢想象。这时已是零下十几摄氏度，羽绒衣也不遮寒了，冻得直哆嗦，此时8月天，若是到冬天气温会是啥样？难怪结成这么厚、这么壮阔的冰川，它是永远也化不了的。

依稀在冰川上见到了几个人影，有挑担的当地人，也有背着行囊两三个人结伴探险的，全是小伙子。我真好奇他们在这与世隔绝的深山中怎么生活，由衷地佩服他们的胆量和冒险精神。

所有惊险刺激都集中在了这一天。从贡嘎山下来已经晚上七八点钟，又恢复了夏季的温暖。石小东在山下等我们，休整片刻便向成都方向出发。

前日从成都过来时，有很长一段公路在维修。因是盘山路，路面狭窄，只限于相对开往的两辆汽车宽，因此有关部门在路段两头设了关卡，三四个小时放行一次，让两边过往车辆交替行驶。修的路是很长一段，修这半边时，留那半边走车；几里地后又是修那半边，这半边行车。单行路面绝对交错不了车。大家都在关卡口排队等候，三四个小时两边通过无线电，一个方向的车辆全部走完，再放行另一方向的车辆。

我们进山时等了一下午，现在出山倒好，等了一两个小时就放行了。过了关卡后天也全黑下来，跟着顺方向车队走了一段，汽车轮子爆胎了，只得将车停下来把备胎换上。车内坐有我和杨老师，还有石小东9岁的女儿和一位学生小寇，他十七八岁，这时也只能把他当男子汉使唤，帮石小东托千斤顶、卸轮胎、装轮胎，我们在一旁用手电筒照明。忙活了一个小时，后面的汽车一辆接一辆过去了，谁也没在意。修好车，大家松了口气又开车上路了。

走了很长一段后，在窄窄的半条公路前方有明亮的车灯。糟糕！迎面车队来了，这时大家才恍然大悟，我们修车时，这边的车队全过去了，我们忘记了告诉车队的任何一人转告给关卡的工作人员。现在狭路相逢，谁也错不了车，怎么办?！一下子我们头发全竖起来了，对峙不走吧，人家后面跟着一大长串车队呢，错车吧，根本就错不了。让对方倒车，不可能！只能是石小东下车，用手电看看有没有稍宽点的地方。整个天空、大地、山谷漆黑一片，没有一点点亮光，只有请对面司机打开车灯，我们一点点倒车，他们前进，我们后退，到了个稍稍宽一点的地方，我们停下来，让他们一点点挨着我们的车身蹭过去。靠山壁修路的那半边高出原公路半尺多，有木板横挡着，上面是欲干的水泥，任何车辆开不上去。那些车辆基本上是运货的大卡车，他们收起反视镜，小心翼翼地一点点蹭着错过去，若是稍不留心，剐蹭一下，能把我们的车掀下去！好不容易蹭过一辆又一辆……你想想卡停了三四个小时，得多少辆车啊，就这样紧张地蹭一辆，心里过一关，蹭一辆过一关。除了车灯的亮光以外，周围伸手不见五指，我们到底齐着悬崖边的什么地方？这悬崖到底有多深？一概不知，只记得来的时候上面是崎岖盘山路，下面是湍急滚滚河水。好不容易挨到前方不见车灯了，我们决定赶快走，走一点是一点！

石小东开车，小寇坐副驾驶座，我和杨老师在后座，中间夹着小闺女。石小东请我们，我带杨老师出来，小寇是我的学生，又有小闺女，我的责任重大，万一有个好歹，怎样交代?！不知道前面还会遇到什么险情，车队不知啥时还会碰到，我的心揪着，腰板挺着，双手紧紧地抓着前座靠背，眼睛瞪着前方，唯恐再遇到什么危险，拐过一道弯，没有车，太好了。又拐过一个弯，又没遇到车，太好了！但愿没车了，早一点靠近关卡。但盘山路，又是窄小的单行线，不能急于求成，真是心急如焚！

果不出所料，又遇见车队了，双方僵持了一会儿，还得是我们倒车，在这漆黑窄小山路倒车太难了，老天保佑，只能靠石小东的技术了。倒一步心跳一百下，倒一步，心跳一百下，手脚冰凉，整个头皮都麻了。我一直扭头往回看，但什么也看不见，小东还真行，他就在这漆黑中，一点点倒啊倒啊，他终于看到了一小块堆有石子的地方，慢慢把车往那里斜靠了一些，车前方稍稍挪出一点地方，让对方车队一辆辆过去。我们在车里坐着，谁也不敢开门出去，恐怕是悬崖边缘，一脚下去，就踩空了，也极担心车尾往后侧一点就跌下万丈深渊，连人带车都将粉身碎骨，今晚就报销在这里了，后人还不知道我们怎么失踪的。

过去了相当一部分车队，几次想走，我说再等等，又有车队过去了。再等等，又有车队过去了。终于在老远的地方看不见车灯的任何亮光，我们赌博似的，赶快走！一路上我心里一直念着：老天保佑，别再碰到车队了。在高度紧张、气都不敢出的情况下，我们往前走，除了车灯范围，周围是什么？前方是什么？啥也看不见。我们不停地搜寻前方有没有车灯亮光，祈祷着、行走着，走啊走啊，终于开到了还未开始修路的地方，老天爷啊，是双行道了。可算熬到头了！提到嗓子眼的这颗心才算落下，觉得这条命捡回来了。又开了一会儿，才来到这头的关卡。

虽是夜深人静，我们都欢呼起来。

有惊无险这一幕过去了，已到了三更半夜，但是还没有走出无人烟的地方。虽有了柏油马路，但又下起了大雨，我们庆幸刚才在山顶幸亏没下雨啊，否则死定了。

走着走着，突然前面塌方，前方有块房子大的巨大石块横挡在中间，看样子像是刚刚滚下不久，我们若到早点说不定一命呜呼了。可能刚才错车耽误时间是天命，让我们躲过这一劫。还好，我们是桑塔纳小车，贴着半山坡，擦着巨石慢慢过去了。又是一次有惊无险。对面一辆大卡车停在那里，车型太大，今晚是过不去，司机只能在驾驶室过夜了。

今天仿佛走过几个世纪，从凌晨到深夜，走了几重山，经了几重天，历过几多险，磨了多少难。

好容易进入平原地带，雨仍在下着，但脱离了险境，感到无比幸福。尤其是来到一个小县城，先找到一家小面馆，叫醒老板，一人来了碗热汤面，那真比世界上任何美味佳肴都可口好吃。不管三七二十一，在一家小旅馆随便就住下了，唯一的感觉是回到了人间，回到了人类中来了。

人在每个阶段有每个阶段的朋友，这几位班主任老师就是我后期的好朋友。蒋耀邠老师讲："百灵找的人都是漂亮的。"是的，杨晋、杨小芸、杨焕娣、纪聿检、高玉静、耿迎、王惠玲、郑老师、陈小思，或是通过朋友介绍，或是我们在人才中心请的，基本上是退休职工。我确实首先看模样、气质，是否适合当老师，学生是否喜欢，包括我们会计小熊都很漂亮，然后审看她们简历材料，待人接物。

班主任责任确实重大，行政管理、思想教育，样样具备。学校给的工资待遇很低，还要值夜班。幸亏这几位老师是子女长大不恋家了，但又没到当奶奶、姥姥的年龄，所以有时间这么长久泡在学校里。老师们就是喜欢这份工作，喜欢这些专业老师、喜欢这些孩子们。我们在摸爬滚打中，在曲折艰辛中建立了深厚的友谊。

梁伯龙老师是表演教学的权威，教授出众多的知名学生，均成为当下一线演员。我有幸跟随他一起授课，学习到了许多宝贵的东西，尤其是办学中的难题，梁老师对我帮助很大，他也没拿过一分钱工资，我非常感谢他。

与林兆华导演合作办学 20 年，患难与共，风雨同舟，我们也成了莫逆之交。

林导是位特别重才气的人，很注重提携有才华的年轻人，包括当下著名的编剧、导演过士行、易立明等。林导在我们学校的学生中看上了王鹏，他就让王鹏与濮存昕、陈瑾同台参演《哈姆雷特》等剧目；看上另一个班的小个子黄澄澄聪明、机灵，就让他在人艺大舞台上挑大梁主演话剧《回家》。

林导看了我导演的戏和教授表演课的期中、期末考试后说："百灵，你教得很好，戏导得也不错。"我听后很欣慰，心想可能一方面我是舞台演员下来的，有实践经验；另一方面可能因为这么多年我在中国艺术研究院工作，看了太多的戏，接触到这么多专家学者，耳濡目染，潜移默化中已经提升了。

在教授表演课中，有时学生一个作业交不上来，骂一通回去准备去！有时同时交上七八个小品作业，老师看完后立马就要指出小品作业的毛病在哪里，哪里不合理，要怎样调整，在哪里改进。老师要有具体的办法，具体的点子。你说得不对，说得不准，拿不出办法，学生是不服气的，也起不到提高他们的目的。

如学生交过一个由王朔小说改编的小品，女盛男衰，女主自始至终很强势霸道，男主一直唯唯诺诺，言听计从，从头至尾就是女人骂，男人怕，然后结束了。我觉得这么演一边倒了，太一般化。我要求女主精明、强势，要用行为体现，开场便是她用桶滴答滴答接水，既不走水表又偷了水。男主是位小知识分子，小公务员，自己的男人，拿得出手啊，虽然对丈夫是喝来吃去，但还是要有妻子的本分。他一进门，还是给他拿出拖鞋，骂骂咧咧从冰箱子里拿出饮料递给他。是他挣钱养家啊，习惯了侍候他。居委会大妈敲门查水表，她以触电般的速度关水龙头，对偷水的人骂得比大妈凶十倍，表白自己最守规矩最实在。大妈一走，立马变脸，满腹牢骚。骂完了，呲哒完了，哎呀！再拿个脸盆来接水！小品结束。这样人物丰满了，也立体化了，整个作品更有了色彩，好看。

也正是因为这些年我的教学、导演工作，又辅助了我后来当评委的工作。田本相老师退休后刘彦君任所长，彦君向文化部推荐我在三年一届的"中国艺术节""群星奖"任评委。每看完一部戏，要立即拿出意见，归纳出作品的优劣。光说平淡、光说不接地气，你怎么让它不平淡？你怎么让它生活化？怎么推向高潮？要有具体的建议和办法。有时到各省讲课，他们说老师您讲的我们都能听懂，我们爱听。

"群星奖"全国34个省市参加，34个小戏。参赛演出后，9位评委要面向34家单位评述每部作品，那就按他们演出抽签的顺序，9位评委一圈再一圈，轮着讲，轮到谁是谁。我有了表演课上的锻炼，就有了面向全国各省单位进行点评的自信。每届"群星奖"比赛全国评选出5部获奖作品，最后向全国公示，当然要有评语，阐明5部优秀作品的特色。

那次部里给我打电话：张老师，请您把这五部获奖作品的评语写一下吧。我倍感震惊：啊?！所有评委都比我学历高，都是硕士博士，他们的职位全比我高，都是院长、系主任、主编，干吗让我写？让他们写吧。部里同志说：张老师，相信您，您就写吧。后来实在没辙，我答应写三部，再

2012年，中央戏剧学院2000级大专班聚会合影（张百灵：二排右二）

请他人写两部。

要不然大家都说艺不压身呢，人要有跋涉才有经历，有经历才有提高，什么事情都是相互辅佐、相互成就的。

斗转星移，随着时光逝去，我们聘请的这些老教授年纪大了，得有年轻人接班。通过朋友介绍，我左筛右选，聘请到中央戏剧学院毕业的赵老师、张老师、郭老师、陈老师等组成了中青代的教学班子，他们有着丰富的艺术实践经验和高水准的授课能力。年轻人有年轻人的教学方法，课堂上他们把学生的积极性、创造性最大限度地激发出来了。学生做的练习，时而是非常生活化、很接地气的，让你全力投入、同时又很煽情的；时而又是荒诞式的、人物情节互不相干的、古怪离奇的。四节课课堂上孩子们没有停歇，异常活跃。

2015年，张百灵为"群星奖"入围作品做点评

他们还为后几届学生排演了瑞士迪伦马特编剧的大型话剧《罗慕路斯大帝》和田沁鑫编剧的《生死场》，在中国传媒大学大剧场演出；瑞典名剧《屠宰场里的圣女约翰娜》，在蓬蒿剧场演出。

林导也亲自为2003届执导了过士行编剧的《活着还是死去》，当然他有位执行导演，他本人不会天天到现场。过士行原本已经与国家话剧院签了约，"俗人三部曲"都是为国话创作，由国话首演。我很相中这个本子，就给赵有亮院长打电话，讲我们只是学生在校园内实习演出，给你们把剧本立起来看看，绝不会进城公演，赵有亮好说话，同意了。该剧的主角是位魔术师，林导真把中国杂技团的著名魔术师李宁请来了，按李宁的要求，我们专门为他做了一个大变活人的魔术箱，在中国传媒大学大剧场演出了6场，场场爆满，首先大家对以活死人、死活人为切入点的人生百态感兴趣，再就是在话剧舞台上大变活人的情节太神奇了，吸人眼球。演出结束，我跟李宁还小矫情了一下，我说魔术箱是我们花钱做的，我们要留下，李宁急了，说："张老师，这可不行，这是魔术秘密，我必须带走。"

我给2004届毕业班排演的是刘树纲老师编剧的《一个死者对生者的访问》，也是部切中时弊的社会问题剧，在中国传媒大学大剧场演出。包括《罗慕路斯大帝》《生死场》等，每年毕业季我们都掀起了一个观剧高潮。中国传媒大学，包括研究生院，都认为首先我们选的剧目优秀，表、导演方面均体现出了"于是之戏剧学校"的水准，别看是大专班，但确实让观众毋庸置疑地选择了我们，场场座无虚席。台上的孩子们也深受观众们高涨热情的感染，在舞台上高喊着：我们来到于是之戏剧学校不后悔！

为了给孩子们鼓劲，每年开学或是毕业演出，我都会请些名人来捧场、助威，如海岩影视公司的老总、姜昆、濮存昕、李琦、吴小江等，给孩子们鼓励鞭策，合影留念。

过去我们在部队演出时，有不成文的规矩，每场演出结束必须将前台、后台打扫干净，我便一直这样要求学生们，包括在银河艺术团也如此，带领孩子们从小养成这个好习惯。

凡是姬麒麟、姬晨牧在剧组期间我一定要他俩介绍我的学生参加，好朋友刘新导演的新戏，我也会让他的副导演尽量安排一些我的学生，我在央视少儿部拍戏，也带着学生们共同参加。通过我姐们儿、哥们儿，还把学生输送进了省级人民艺术剧院，他们分布在全国，已经成家立业，有的还把父母也带过去了，全家落地生根，生活工作得有滋有味。同时我也积极介绍学生到国家话剧院排演话剧。国话演出处处长铁钢是我同学，我推荐学生于静、孙伯涵到他手下工作，负责外联、演出等事宜，于静做得驾轻就熟，后来文化部举办活动都要借她。

"于是之戏剧学校"办学近20年，十几届学生，还真没有一位家长有什么非议或是不满意的，没有一位学生闹别扭或是有怨气的。

由于学校的精心培育，我们向社会输送了许多人才：被广大观众熟知、很受欢迎的张帆同学代表作有《延安锄奸》《和平饭店》等；王奕盛有《最美的青春》《光荣与梦想》等；黄澄澄有热播的《侦察英雄》《新世界》等；李洪臣参演的《流浪地球》《莫斯科行动》均是票房大火；赵梓冲在热播剧《狂飙》中饰演刑侦队长张彪；王鹏同学不仅在《大宋宫词》《红楼梦》中有优秀表演，他还创办了一个"剧本超市"，为剧作家和影视剧制作之间架起了一座桥梁；关皓同学仅出演舞台话剧就有18部之多，担纲男一号即有11部；费方毕业后考入北京电影学院本科，攻读了硕士学位，又去韩国攻读了艺术博士学位，现在上海大学电影学院任教；曹扬毕业后去了北京电视台，成为综艺台的著名主持人；有一对双胞胎建国、国庆，他俩在诸多影视剧和文艺演出中均有突出表现；有一对女孩双胞胎杨玲、杨晶，两人有戏曲功

1995年，中国戏剧表、导演艺术研究学会成立，前排右起：吴雪、夏淳、卢嘉锡、马文瑞、于是之、田本相。后排右起：黄宗江、郑邦玉等

1996年，于是之戏剧学校开学典礼，右起：李希凡、徐晓钟、于是之、吴雪、刘锦云、张百灵

底，说、唱、演、跳均不在话下，毕业后加入了日本四季剧团，由原首相带队世界巡演，赴北京演出，请我们前往。还有许多同学成功成才，不能一一赘述了。

北京人艺为于老制作一部七集专题片，于老夫人李曼宜老师要求必须加上"于是之戏剧学校"，加上张百灵。

那天又一个开学典礼，照样又来了一些朋友和记者们，一般我除了主持是不讲话的，那天林导、梁老师让我说说。真让我讲话我很激动，千辛万苦历历在目，心中只有一个概念：于是之老师是我们话剧界的一座丰碑，他的为人、他的艺术是我的标杆，今天大家把我推到这个位置，我只能做好，我不能让任何人说一个"不"字。否则我怎么对得起"于是之"这个名字，对得起北京人艺？对得起全国观众？我只能做好，不能做坏！

于是之老师一生求学，参加革命，进入人艺，演戏，写戏，著书，当院长，抓创作，扶持新人，再造辉煌。

他做的最后一件事是办学。

我辅佐他近 20 年，完美收官。

家风树德

育儿

每个家庭有各自不同的习惯和风气,包括精神追求、生活态度、待人接物等,这可能就是约定俗成的"家风"吧。

家风其实是一种无言的教育、一种有形的传承。它是在耳濡目染、潜移默化中形成的。在我俩的家族史中都没任何与文艺相关的基因,我们两人都是始于对艺术的挚爱方走上此路。

姬晨牧和妻子
张焕引合影

记得战友们闲聊，畅谈自己孩子的理想时，有人讲我要让我孩子当外交官，有人讲我要让我孩子当科学家……我是直率地讲我要让我孩子当演员。虽然我因频繁的演出、排练工作，孩子出生后便未带在身边，但儿子灵动的双眼、精致的五官和开朗率真的性格，我认为他是当演员的料，何况我俩都是文艺工作者，我们只有这方面可以指导他、帮助他，在其他方面我们够不着啊。

也可能因为有这个意念，潜意识地便随意念而行动。麒麟1978年借调到中国歌剧舞剧院，1979年我由昆明先去广州接上儿子，再北上回京探亲。其间我动了心思带儿子到北影厂看看，我老师李唐、陈文静是影片《骆驼祥子》的副导演，李唐老师出演包祥子车的大学先生。我带着儿子冒着酷暑来到北影摄影棚，凌子风导演正在拍摄虎妞假扮有孕来找祥子这场戏。儿子来到摄影棚这崭新的世界里，撒开欢了，东钻钻西看看高兴死了，老师说让他表演个节目、念首诗，根本逮不着他。

当年夏天我带儿子回到昆明。中央电视台（当时北京电视台）少儿部主任徐家察导演来昆拍摄儿童剧《他们走向哪里》，到团里寻找十来岁的小演员，我说了一句："不是我说，我儿子……"下午5时，文工团一辆大轿车将三团的孩子们从保育院接回来，徐家察导演出于职业特点，由我团金学功陪同堵在大轿车门口，挨个观看下车的孩子，虎头虎脑的姬晨牧下车了，徐导一把搂住他，问："这谁家的孩子？"学功说："就是上午讲不是我说……张百灵的儿子。"一会儿工夫，小京京早用力挣脱，从她胳膊下钻出一溜烟追小朋友们去了。徐导当即决定在剧本中加个人物，小主人翁的小弟弟，就叫小京。

这年他4岁。

电视剧很快制作完成，1980年正月初一9:00就在中央电视台播出了。

1980年，姬晨牧跟随国防话剧团在开远14军部演出后的留影

1980年，姬晨牧（左）首登荧幕拍摄电视剧《他们走向哪里》

家·圆 —— 麒麟、百灵的艺海奇缘

其间我的闺密小红去美国定居，好友老高送她到香港，与电影界的朋友们聚会。一位导演讲他们与峨眉电影制片厂合作拍摄影片《儿童与熊猫》，小红立马推荐了小京京。香港导演于是打电话到北京中国歌剧舞剧院传达室，找姬麒麟。接电话的正巧是舞剧团家属、北影厂导演都郁，告知舞剧团正在香港演出《宝莲灯》呢。他们很快找到姬麒麟，得知我们母子在昆明。春节刚过，他们让峨影厂通过军线与我取得了联系，派人赴昆明将我们母子接往成都，我们第一次坐上了软卧。

1980年5月，我和儿子第二次回京探亲。

北影导演都郁因年初接过香港同人电话，当时他就有些纳闷：姬麒麟的儿子何许人也，港方都在找他？正巧他受内蒙古电视台邀请，导演电视剧《小活佛》。于是他有意地在大院里带这孩子玩、观察这孩子，姬晨牧的可爱外形及他活泼开放的灵性，让他最后决定起用姬晨牧饰演小活佛。内蒙古自治区广电局局长朱兰老师见了小晨牧，喜欢得不得了，他天真活泼、淘气好动又透着乖巧懂事，水灵灵的大眼睛透着聪明，古灵精怪，朱兰老师当即拍板姬晨牧饰演小活佛。

拍摄《儿童与熊猫》时，他经历了一次失败，拍摄时他一会儿嫌小毡帽扎得头痒痒了，一会儿嫌小藏袍的腰带勒得太紧了，一会儿又要尿尿了……导演倒是特别有耐心，总是："小弟弟，小弟弟，不着急，慢慢来。"我在旁边急得火冒三丈！关键是他太小，才4岁多，不懂得保护自己，隔着铁笼子他也去抓熊猫，熊猫也会抓他的。这个我害怕了，万一把儿子抓一下可了不得，熊猫是国宝，儿子可是我的宝！还有个什么500万港币的保险金，80年代也没有500万的概念，但儿子是我的无价之宝，于是最后与剧组协商孩子太小了，胜任不了。后来他们请了一位12岁的四川孩子来出演。

在回昆明的飞机上,我狠狠地批评了他,说他不配当演员,不能吃苦,太娇气!我不理他了。我的话深深地刺痛了他,在他幼小的心灵中,他明白了做演员的职责。

所以在这次拍摄中,有多大的困难和挑战,他都咬牙忍着,毫不退缩。8月开机,先拍摄大草原风光,烈日炎炎,酷热难当,我们可以头顶湿帕,大扇子扇着,但他无论是走戏还是正式开拍,绝不离开现场,坚持整天晒在烈日下。只是苦着小脸对我说:"妈妈,你拿个苹果逗逗我嘛。"幼年小活佛和伙伴小艾丽玛,在大自然中、在大草原上,嬉戏奔跑,抱着小羊羔撒欢打滚,需要他光着小膀子,一遍、一遍又一遍在大草原上舞跃翻滚,近景、远景、特写,反复拍摄。他背上、脖子上、胳膊上全是血道子,我心疼得眼泪

1981年,姬晨牧饰演《小活佛》

直流，尤其是晚上入睡前，他浑身又疼又痒，我轻轻地给他在每个伤口上涂点碘酒，劝他不能乱挠；有时白天工作了一天，晚上还要赶夜戏，我就把他抱在怀里让他睡一会儿。该他上场了，可是怎么叫他，怎么把他竖起来摇晃，他就是不醒，我实在没办法，就要来一瓣大蒜塞到他嘴里，他嚼一下辣醒了。11月回到北京拍摄，有场戏是小活佛在河中戏水，深秋的北京够冷，何况是河水里，不一会儿工夫他嘴唇就冻紫了，一个劲儿向我恳求："妈妈，求求你了，让我上去吧，太冷了！"我不能心软，只有一个劲儿往他嘴里塞巧克力。导演为了鼓励他，也跳到河里陪他，摄像也跳下去了，副导演也跳下去了，好几位叔叔都跳下去了，站在冷水中陪伴他。

不到5岁的他，不知道演电影会有什么好处和荣耀，但他知道了演戏就得吃苦，就得做真正的男子汉，就得让干啥就干啥，戏比天大！

小小孩子不仅演戏认真，慢慢地也很会入戏，很会准确把控情绪。有场戏，妈妈把被选中的转世灵童、自己的孩子留在喇嘛寺、大经师这里，她就该回去了。我饰演妈妈，当然情真意切。孩子身披袈裟，从妈妈的怀抱中慢慢被推开，他茫然、疑惑，意识到了别离，泪水涌出了眼眶、向妈妈轻轻摆手、从嗓子眼哑哑蹦出："妈妈，妈妈，妈妈……"但又胆怯地瞟看大经师，含着眼泪忍住不敢大喊，两只小手挣扎着抓向妈妈……

最后导演一声"停"！小京京以他真挚的表演，赢得了所有在场人员的热烈掌声。

一个周六晚上，全国只有一个频道的电视上播放了《小活佛》，可以说是惊艳四座。第二天我回娘家，在公共汽车上，听见周围的人议论："昨天晚上看《小活佛》了吗？那孩子太可爱了，演得真好，谁家的孩子啊？！"我感慨万千，孩子拍摄的场景——闪现在眼前。

电视剧播放后，小小年纪的晨牧收到了全国各地寄来的许多信件，也有寄糖果、巧克力的，其中有叔叔阿姨，有上中学、小学的哥哥姐姐，大家喜欢他、祝贺他。有一次周末我们回姥姥家了，周日晚上回到歌剧院，对门老陈告诉我们，上午从内蒙古来了一位十五六岁的男孩子，询问到这里，得知小晨牧不在家，非常遗憾，对着我家大门鞠了3个躬，留下礼物走了。

哎，从心底感谢这些热情的观众们。

这年，《小活佛》荣获全国电视剧首届"骏马奖"最佳电视剧奖。

1981年春天，他还在云南景颇山里拍电影《应声阿哥》呢。世界上的事情总是相辅相成，环环相扣的，中国儿童电影制片厂筹建期间，同时筹备拍摄首部儿童影片《应声阿哥》，因儿影厂还未正式挂牌，便先依托在北京电影制片厂。该剧由严婷婷编剧，描写一位北京孩子京京，来到了妈妈正在野外作业的云南基地，住在景颇族小朋友泥猴家中，在与少数民族小伙伴的接触中、在当地淳朴民风的影响下，小京京身上发生了许多惊人的变化……王君正任该剧导演，北京电影学院还未毕业的实习生陈凯歌任副导演。

大家分头各地寻找五六岁的小主角京京，首先副导演凯歌找到他们的表演老师陈文静，文静老师马上想到了我的儿子；王君正导演在云南看外景，到了军区保育院看孩子们，张园长是我们国防文工团副团长于启河的夫人，她听了介绍，马上想到淘气、可爱的姬晨牧，但她遗憾地说孩子跟他妈妈回北京探亲去了。几人推荐，王君正对姬晨牧这名字有了印象。于是他们赶回北京，认定了虎坊路幼儿园的三位小候选人：姬晨牧，都郁的儿子，饰演《神秘大佛》男主角、芭团张顺胜的儿子。可巧这三个孩子还都在一个班。

面试期间，正赶上国防文工团同意了我和姬麒麟转业，三人分居的生活即将结束，我要马上回昆明搬家。路途遥远，事务繁杂，我拳打脚踢，

1981年，姬晨牧在电影《应声阿哥》中饰演京京

肩挑背扛，一个小女人愣是把一个家千里迢迢地搬回来了。姬麒麟天天排练、演出，整日泡在剧场、排练厅里，顾不得孩子的洗漱。姬晨牧穿的破衣拉撒，脏啦吧唧，并且他一点都不积极，导演挺失望，觉得这孩子是不是得麻疹了，哈欠连天。于是决定周日将三个孩子接到厂里试试镜头，一试镜头，他来劲了，毫不拘束，活泼自然，眼睛炯炯有神，有感情、放得开！导演当即决定起用姬晨牧。

爸爸在匆忙中简单为孩子准备好行装，一个5岁的娃娃，拎着小旅行袋，跟随剧组踏上了几千里的征程，一竿子就插到了云南边疆崇山峻岭中。

至于在边疆的原始森林中，还是少数民族的村寨里，还是稻田边、小河旁，他们经历了怎样的艰难，或者是否生病、是否摔下马、是否过敏等等，我不得而知。他在剧组度过了6岁的生日，和叔叔阿姨们共度了1982年的春节，于蓝奶奶还专程赶到外景地与孩子们共度佳节。

胶片与电视剧的录像带不同，它是有高额成本的，孩子们拍电影的比例是1:3，后来孩子们慢慢懂事了，都喊出了"一条过"的口号，可见孩子们认真严谨的工作态度。片中主要孩子有五位，三男两女，于琦老师专门管理他们，还有点小军事化的意思，早上要早起，自己叠被子，整理内务。有一次孩子们睡了，老师来察看，怎么姬晨牧床上没人？老师急坏了，仔细一看，原来他为了早上争取时间，免除叠被子，他没脱衣服，直接钻到褥子下面睡着了。

1983年，"华表奖""金鸡奖""百花奖"颁奖大会，北京电影制片厂厂长汪洋（前排右四）携获奖影片《一盘没有下完的棋》《骆驼祥子》《应声阿哥》主创人员合影（姬晨牧：前排左四）

家·圆 —— 麒麟、百灵的艺海奇缘

1981年，一家三口在北京团聚合影

戏中的京京在和少数民族的小朋友们接触中学习到了许多独立、无私的好品德，生活中的小京京通过独立的剧组生活，也养成了独立自强，热心帮助别人的好习惯。

三个月的外景地生活结束后，剧组回到北京进行后期配音工作，小演员就留下姬晨牧一人，吃住行全包给了凯歌叔叔。白天除了工作，凯歌骑着自车带他到处跑到处玩，晚上带他回家睡觉，给他洗澡换洗衣服，一度成了他的爸爸。导演说姬晨牧配音比演戏还好，准确无误。

在于蓝奶奶的操劳下，在全组叔叔阿姨们的努力下，中国儿童电影制片厂的首部影片大获成功。1982年6月1日在人民大会堂举行了首映式。

6月1日，国务院、教育部在人民大会堂召开表彰全国从教30年以上的教职员工代表大会，颁发优秀教师奖章、纪念章，京京姥姥也在其中。会后就是《应声阿哥》首映式，影片放映结束，老师们被影片中的故事、人物感动。尤其是知道了扮演京京的"小京京"也在现场，老师们更想一睹"京京"的风采。儿影副厂长、出演《小兵张嘎》中胖翻译官的王澍爷爷，为了让大家都能看见"京京"，就让他骑在自己脖子上走了几圈，胖爷爷累得呼哧呼哧，衣服全湿透了。

1983年，该片荣获了国家"华表奖"优秀影片奖，少年儿童优秀影片奖，姬晨牧本人荣获"百花奖"提名。以老厂长汪洋为领队，北影厂《骆驼祥子》《一盘没有下完的棋》《应声阿哥》组团进驻颁奖大会。两年前我带他到《骆驼祥子》剧组玩，今天他也跟这些叔叔阿姨一同参加工作了。

直到新中国成立60周年国庆、第十届中国国际儿童电影节，该片仍被评为"中国十部优秀儿童影片"，"儿童电影经典形象"。

他上小学后，仍是片约不断。我把握的原则是，拍一段戏必须让他在学校好好学习一段，再好的戏也不敢接了。一年级，江世雄导演请他参

1983年，姬晨牧在"华表奖""金鸡奖""百花奖"颁奖大会后与于蓝奶奶合影

1983年儿童节，康克清奶奶接见小演员（姬晨牧：右二）

演《小城细雨》，我答应后没多久，《火烧圆明园》导演李翰祥派副导演（也是我师哥）许同均找到我，邀请姬晨牧饰演小皇帝同治。那时不像现在，哪个戏好就上哪个，我认为人得有信誉，答应了人家就不能改变，于是谢绝了李翰祥导演；他拍完《为什么生我》刚回来，黄健中导演拍摄《良家妇女》，邀请他饰演小女婿这一重要角色，并预示这是部会获奖的影片，但我考虑到孩子刚回学校，必须踏实学习一段，还是婉言谢绝了。

1983年，姬晨牧在"华表奖""金鸡奖""百花奖"颁奖大会上领奖

我还有个原则，孩子拍戏，不是为挣钱，所以我可以不要报酬，但一定要从他本校"北京第一实验小学"请位老师跟随他进剧组，照顾他，给他补习功课。我的小心思是，本校的老师肯定会更认真负责，几个月回校后，孩子的品德、学习成绩是要向学校汇报的。后来他主演的《为什么生我》《湖心岛之谜》等，剧组都是这样做的。

小学二年级开学不久，峨影厂导演李亚林找到姬晨牧，邀请他主演《为什么生我》的小主人翁陈松松，松松父母离异，在他幼小的心灵上造成了不可磨灭的创伤，他几次努力希望得到父母完整的爱，但都以失败告终，最后在病痛折磨和极度的失望中，他悲痛地离开了无限眷恋的世界……编剧姚云，导演是李亚林。

家·圆 —— 麒麟、百灵的艺海奇缘

姬晨牧登上 1983 年 6 月挂历

慢工出细活，几分付出几分收获。

《为什么生我》拍摄加后期配音，历时7个月。开拍后不久就进入了严冬，松松父亲由雷鸣扮演，是火车司机，经常出差，只有孩子独自在家。这天松松放学回家钥匙丢了，他冒雨去找妈妈，在窗外他突然发现妈妈有了新家，有丈夫有孩子，眼前的景象是那么温馨和睦，与他的现状形成了极大的反差。他的委屈、悲伤、失望、愤恨一下子爆发了，他抓起一把泥浆奋力向玻璃窗砸去！眼泪一抹，衣服一甩，转身向黑夜的暴雨中跑去；他不想再见妈妈，在树丛中躲起来；昏暗的路灯，茫茫的黑夜，浑身浇透的小小身影在风雨飘摇中奔跑；大雨瓢泼，小小的他顶着风雨，分不清脸上的雨水和泪水，他啥也不怕啥也不在话下，他眼神中就是愤恨、不满！最后他懵懵懂懂

1984年，电影《为什么生我》座谈会（前排右起：导演李亚林、主演姬晨牧、电影局局长丁峤，后排右起：雷鸣、方青卓、张百灵）

跑到了父亲工作的火车站，爬上了天桥，喘不上气，晕倒了……这场戏共拍了10个大夜，这时的苏州夜晚已是零摄氏度以下，他身着秋装，还得天天浇透，几辆消防车的雨水不停地淋着，大鼓风机不断地吹着，他每天冻得直哆嗦，他说他总是在心里喊着："妈妈，妈妈，你快来救救我吧！"但他也知道"戏比天大"，要有"为艺术献身"的精神！就这样他天天忍着，咬牙坚持！整整拍摄了十个夜晚。我们最后在银幕上都看得见他脸上、耳朵上全是冻疮，呼吸时全吐着哈气。

每次拍摄间歇，导演也心疼得赶快用棉大衣将孩子裹抱起来；戏中妈妈方青卓心疼孩子，给他买了个小热水袋，睡觉好暖暖脚，有一次没拧紧盖，水流出来泡了他一夜，他也浑然不知；陪伴他的学校老师裴老先生，见孩子这么累这么苦，也不忍心再给他补课，回来就让他休息，学习上的事以后回学校再说吧。

他还有道最难过的坎就是减肥，松松这孩子缺少照顾，应该消瘦一些，可晨牧的小脸是胖乎乎的，于是导演就控制他的食量，不让他吃饱，晚上夜宵，大家都可以吃，只有他不能吃，这可把他折磨坏了，饥饿难忍啊。有时方妈妈实在心疼，就偷偷给他吃口点心，垫垫饥。

春节期间，剧组给他放了几天假，让他回京跟爸爸妈妈一起过春节，我们看着变瘦了的儿子，心疼啊，也顾不得胖瘦了，给他吃了好几顿涮羊肉。其间我和晨牧又参加了央视1984年的春节联欢晚会，晚会不仅有陈佩斯的吃面条，还有台湾主持人黄阿原主持的游戏节目"母子连心"，比赛包饺子。

春节后，我请假陪他去了成都拍内景，一方面抓紧给他补习功课，另一方面也帮他准备戏。该剧需要他动情的地方太多了，我就给他讲解"借鉴感情"："一方面可以从剧本中体验人物情感，另一方面也可借助你原来经历过的情感，或是将戏中的爸爸妈妈，就当是我，是你爸爸，抛弃你了，冷落你了，你会怎么样?!"内景这么多动情的戏，他没有借助一点外力，比如骂他，或是滴眼药水之类的，全是他自己从酝酿情绪开始，慢慢入戏，真情拍摄。

有时拍摄他被爸爸痛骂了，趴在桌子上哭，是中景，我告诉他，你不必真哭，趴着假哭就行。但他不这样，趴在桌子上真哭起来，还让导演把他掉在地上的眼泪拍下来。

李导演也知道了我可以帮助他，调动他的激情，后来也经常喊："百灵，上！"

松松在父母离异后，开始由依赖爸爸、妈妈，爱妈妈，渴求妈妈的爱，渐渐变得敏感、自卑、自闭，不好好上课，跟同学打架，每天上下学只是与大白鹅相依相伴，与大白鹅亲热。后来他开始仇视爸爸，怨恨妈妈，连相依为命的大白鹅也要泄愤殴打。

最后他病倒了，爸爸妈妈难得同时出现了，小松松插着氧气管子的小脸露出甜蜜的微笑，拉着爸爸妈妈的手放在一起，充满希望地说"回……家"。可爸爸妈妈回不去了，轻轻把手撤回。小松松彻底绝望，一滴泪水从眼角淌出，永远地闭上了眼睛。

只有他的大白鹅在灰暗的旷野中踽踽独行，"嘎，嘎，嘎"，渐行渐远，寻找它的主人。

这是一部社会问题影片，令人深思，令人回味无穷。

七八岁的姬晨牧虽说自己一直生活在蜜罐中，爸爸妈妈、爷爷奶奶、姥姥、姑姑、舅舅、姨、叔都对他无比宠爱，但他将主人公小松松悲凉情感的变化表现得层次清晰、情感细腻、变化准确，获得了专家和观众的一致好评。

家·圆 —— 麒麟、百灵的艺海奇缘

1985年,在"童牛奖"颁奖大会上姬晨牧与于蓝奶奶(左)、史萍奶奶(右)、李亚林导演(后)合影

我和他爸爸每次都不能完整看完影片，中间就哭得不能自已，只好跑出去冷静一会儿再进去继续观看。散场时总听到观众说：这大周末的，让我哭得这么难受；这孩子太会演戏了，演得太棒了，骗了我这么多眼泪；这当父母的，不好就别结婚，可不能这么对孩子……

艰苦的付出得到了应有的回报，电影一经放映，便得到了热烈反响。1985年，该片荣获了"华表奖"、全国十大优秀影片奖；李亚林导演荣获首届"童牛奖"最佳导演奖；姬晨牧荣获首届"童牛奖"最佳表演奖、"百花奖"提名的一号种子选手；法国"雄狮"电影奖、墨西哥电影节奖，还有一些国家的电影节奖。

首届"童牛奖"是在中南海怀仁堂颁奖，上午我们开研讨会，突然外面有人喊：小孩掉水里了！大伙赶快跑出来一看，是姬晨牧在院中喷水池的圆形墩上玩跑，掉到水里了。我给他准备的呢子小西装、白色小短裤、小皮靴高筒袜全湿了，只好在宾馆周边邻居家借了白衬衣等，临时穿上去领奖。

姬晨牧踹开了前三脚，成了全国观众认可的小童星，到哪里都被众星捧月，什么活动都找他参加，就连全国所有学校各班级的教室墙上贴的"学生守则"系列宣传画，第一张整幅是位少先队员在国旗前，胸戴红领巾手捧鲜花敬着队礼的半身像，这就是姬晨牧。我是参加什么活动，在教室里偶尔看到的，立马跟学校要了一张，回家买了个大镜框挂上了。我的一位战友转业后在商业部做市场调查，她告诉我，年年在商场里转，兴挂历的那些年，基本上都是刘晓庆、唐国强等大明星，但所有挂历6月基本上都是姬晨牧，我也把收集到的他的大照片全安好镜框，依次挂起来，这是我家的一道风景。1983年新华社《瞭望》杂志6月期的封面刊登了姬晨牧的大头像，摄影师正是给毛主席摄影的侯波老师。1985年《人民日报》海外英文版，也专门

家·圆 —— 麒麟、百灵的艺海奇缘

1985年,《人民日报》海外英文版刊登介绍姬晨牧文章的配图

1985年，姬晨牧在"童牛奖"颁奖大会上留影

1985年，姬晨牧与妈妈张百灵在"童牛奖"颁奖大会上合影

家·圆 —— 麒麟、百灵的艺海奇缘

1997年，《纽约时报》发文介绍姬晨牧的配图

刊出报道他的文章，并配有我们娘俩的照片。1997年美国的《纽约时报》刊出一张他的彩色照片，介绍了他在中央戏剧学院学习及近期拍摄影视剧的报道。

我们也告诉他别骄傲，告诉他这没什么了不起，换了别人演也是一样的。他因为从不懂事时就开始站在了聚光灯下，所以也就不知道拍了电影后有什么特别的，在他的认知中，以为就是这样呢。

我们每时每刻提醒着他，对事业的执着，对艺术的敬畏，爸爸改行五次，均做出骄人成绩，爸爸的座右铭：通向桂冠的道路布满了荆棘，爬也要爬到目的地。无形中也成了他的座右铭。妈妈也横跨了五个艺术领域，自始至终兢兢业业，记得在国防话剧团多次与老艺术家刘龙老师搭戏，演出一百场了，但每次上场之前，刘龙老师仍是：百灵，咱们再默默戏……

爸爸拍摄电视剧《第三种幸福》，正赶上拍摄他的重场戏，奶奶在广州进重症监护室被报病危，可剧组百十号人马，尽孝尽忠没有分身术。爸爸只得夜以继日完成任务，赶回广州，参加的是奶奶的追悼会，爸爸在会上痛哭道："妈，您从小就教育我，干这一行，无论遇到什么事，你都得给人家把戏演好、演完。妈，我做到了！"

"戏比天大"是我们全家恪守的信念。

后来他又主演了长春制片厂吴国疆导演的《湖心岛之谜》，该片是我国首部立体儿童故事片，也就是现在的3D；初中阶段主演了北京制片厂杜民导演的《警门虎子》，还参演了《金陵之夜》《天地人心》等影片和《三国演义》《明宫三大案》《吕后传奇》等众多电视剧。荣获了长影厂"小百花"优秀表演奖。 国家制定了9月10日为"教师节"，他与另一位女教师担任了央视举办的首届教师节晚会的主持人。

虽然他从小生活在摄制组，但所有的叔叔阿姨都特别喜欢他，关心他，爱护他，给他的都是温暖、关爱、正能量。所以至今他40多岁，演戏40多年，年年岁岁都是生活在摄制组，没有间断。接触过他的同学、同事、朋友，都认为他仍是那么纯粹，那么善良、实在，不耍心眼、爱帮助人。

但孩子就是孩子，对许多事物的认识他并不知道对与错。我住在中国歌剧舞剧院时，一位同事找来了，说几个孩子围着他孩子喊"傻子"，其中也有姬晨牧。我一听急了，心里非常难过，将心比心，哪个父母不心疼自己的孩子啊?！我当即把姬晨牧找回来，用板子狠狠地抽打他的手，告诉他："这么做是非常缺德的，人家小孩已经有智障，我们必须多帮助他，爱护他，你们这么叫他，他心里得多难过啊"，姬晨牧哭了知道自己错了。我立马为小朋友买了玩具、水果，带他到人家里赔礼道歉。他也有被人欺负、被人打的时候，我也疯了一样找人家理论："你打我可以，但不能打我的儿子！"

如何明白做人处世的道理，学会尊重他人，坦荡待人，我在点滴中经常教导他。孩子的性格品德是日常生活中不断修剪、健全，不断积累起来的。

记得他小学三四年级的一个冬天，我感冒发烧卧床不起，他下午放学回来，给我拿了一小包药，说是他去学校医务室给我向老师要的药。我打开一看是几片喉片，估计是老师不敢乱给他开药，但又不忍辜负了他的一片孝心，只得给他拿点无关紧要的喉片；他另一只小手里攥着四个小金橘：妈妈，给你买的金橘，一毛钱买的，你吃。由于小脏手加上汗水，四个小金橘已经和泥了，这是儿子的一片心啊！

四年级春游，学校组织他们去动物园，我给他两元钱买汽水面包零食，下午他拿出一个巴掌长的小娃娃，天蓝色白点小连衣裙、白塑料鞋、纱织的白袜子、金黄色卷发，头顶两边还系着粉红色小蝴蝶结。孩子把小娃娃高兴地放在我手上说："妈妈，你小时候不是没有娃娃吗，我给你买了一

家风树德

1986年，姬晨牧在青岛拍摄《湖心岛之谜》，妈妈张百灵来探班时的合影

1995年，姬晨牧在电视剧《吕后传奇》中饰演太子刘盈

家·圆 —— 麒麟、百灵的艺海奇缘

1985年,母子合影

个!""孩子,你中午没吃饭?"一股热流涌上心头,小小孩子真有心啊,这个小娃娃至今摆放在书柜上,是我最最珍贵的礼物!

他至今都习惯尽力帮助他人,虽然收入不算太高,但他经常做公益事业,资助残疾人运动会,资助了四位贫苦地区的孩子上小学、中学,直到考上大专院校。我受他的影响,也资助了云南山区的一位女孩子,孩子每学期都给我来信汇报学习情况。

姬晨牧上的学校都是最好的,北京第一实验小学、北京市第二中学。因为拍戏,他落下了不少功课,学习成绩是偏差的,那时候又兴考试排队,期末考、期中考、阶段考,每次公布成绩排队,这与在外面的光环形成了极大反差。初中毕业中考时,学校教务主任找到我,商量能否让晨牧到别的学校参加中考。那时不仅每位学生考试排队,每个班级、每座学校也要排队,升学率也要排队。

我心平气和谈出了我的想法:学校、老师、家长、社会都呼吁,孩子们没有精神食粮,这些优秀的儿童影片就是孩子们最好的精神食粮,姬晨牧拍电影是在为全国三亿少年儿童制作精神食粮,他牺牲自己的学习时间为大家服务,难道我们不应该感谢他?!难道这个责任让他个人承担?!这时让他转学,有这个道理吗?!教务主任一句话说不出来了,只是点头:"好,好,好……"我扭头走了。

中考前的模拟考试结束那天,他迟迟没到家,我紧张了,知道他肯定没考好,不敢回来。等啊,等啊,敲门了,我急切打开门,他沮丧地站在门口,我明白了一切。我抱住了他:没关系,没关系,别着急,有妈妈在,什么都不怕!满分是600分,他考了298分,所以他在路边马路牙子上坐了半天,不敢回来。

还有20多天中考,我有了计划,不能请家教,就得靠我自己!立马给

家·圆 —— 麒麟、百灵的艺海奇缘

在北影拍戏的姬麒麟打电话，让他请假回来，给我们做饭，照顾生活。我开始啃数、理、化，就按照书本上的例题来，我不要求弄通，只要能看出孩子做的题是对还是错就行。于是他白天上课，我就备课，等他睡觉了，我解方程式，有一次一道方程式我解到第二天早上5点，我得保证他的营养，保证他的睡眠，就让他爸爸一天三顿饭都得做好吃的。我轮番反复给他出数理化的练习题，咱不要求高，只要这三门都能及格就行。咱也不上二中的高中了，压力太大。咱报考刚刚开办不久的"旅游学院附中"，他们不以数理化为主，而有更多的英语课，还开设了诗词欣赏课、形体课等，这对他的路子。

果然上天不负有心人，20多天后中考，他考了420多分，我们也稍松了口气。暑假我便去"旅游学院附中"，想请他们通融通融。下午我来到学校，大门关着，说老师们去北戴河旅游去了，教务主任值班，要晚些时候才来。我便站在门口等，一直等到天全黑了，刘主任才来。他见我等了这么长时间，他说："我被你这种精神感动了。但没想到这学校现在这么火，报名的大大超出了原计划，中考600分，现报名的最高分已经588分了，分数面前人人平等，你们还得找上面才行。"

我们又犯难了，怎么办？

第二天姬麒麟就得出发去武汉拍摄《辛亥首义》，饰演孙中山。于是我们三人拖着麒麟的大箱子坐公交来到西单六部口，兵分两路，我和晨牧去十字路口边的北京市教育局，麒麟拖着箱子，沿中南海路往北，以民盟盟员的身份去国家统战部找部长胡德平。

这时正是暑假，我和晨牧找到了二楼，找到教育局值班室，一位50来岁的男子在里面，我们便自我介绍……报考了"旅游学院附中"，现在分数不够。他什么也没说，拿起电话：接指挥台——我是王XX，北京二中那位拍电影的姬晨牧，他分数差了点，把他档案调出来……他放下了电话，"你

1993年，姬晨牧（右）风雨无阻练功

家·圆 —— 麒麟、百灵的艺海奇缘

2006年，姬晨牧在云南拍摄电视剧《难忘1936》，妻子张焕引来探班时合影

们去XX学校，找XX老师"。别的啥也没说，我们就走了。

我俩就沿十字路口往北，到统战部门口等麒麟，一会儿他出来了，手里拿着一份盖有国徽大印的统战部文件，大概意思是：我统战部的民主同盟盟员姬麒麟之子姬晨牧因拍摄电影耽误了学习，请有关部门酌情予以照顾。麒麟讲他进去后，找到了德平大哥，讲明了来意，德平大哥很热情，请一位老大姐拟稿，印发了此文件。

当即麒麟拖着箱子赶公交去了火车站，我和儿子立即坐公交往北，找到XX学校，四周都有武警站岗，请出XX老师，方知这里就是北京市中考分配点，刚才接待我们的王XX就是教育局副局长。我们把文件交给了他，他说这没问题了。

1994年高考就完全凭他自己努力。我们住的艺研院宿舍楼，子女个个优秀，跟姬晨牧一届参加高考的乔建中女儿考上了清华，周育德女儿考上了人大，她哥哥是北大的。第二年我们一层楼李芝芳的儿子考上了北大，我楼上音研所某位老师的儿子也考上了北大。

这是学子窝呀！我跟姬晨牧讲你要是考不上中戏，你在这楼里没法待！有人说他已成名，考中戏没问题，我说不！你必须要考上前三名，堂堂正正进中戏！

从高二暑假开始，他每天骑着自行车顶着烈日，从红庙北里出发，上午到崇文门文化馆练健美，下午到天安门旁的劳动人民文化宫学武术，再去左家庄中央乐团向汤铭老师学双簧管，然后坐在马路牙子上吃个鸡腿喝瓶汽水，再去和平里请何炳珠老师辅导朗诵，天天如此。

董世明老师教了他一套查拳，爸爸要求他要么不练，若练就要达到专业水平！给他规定必须每天练五遍以上。地点就在家的楼下，除非下雨，8级风也得练，后来果然成样了。每天早晨坚持早起练双簧管拔音，隔壁刘树生

家·圆 —— 麒麟、百灵的艺海奇缘

2008年，姬晨牧（中）北京电影学院导演系硕士研究生毕业，与导师谢飞（左）、詹相持（右）合影

2009年，姬晨牧（中）自编自导自演电影《闪亮的青春》，邀请姬麒麟（左）、方青卓（右）出演

2019年，姬晨牧（前排右六）在话剧《四世同堂》中饰演冠晓荷

夫人叫她家老二起床说:"还不起!京京都吹上了!"

做任何事情,我习惯一定全力以赴。我的想法是"我努力了,可能成功,也可能不成功,但起码我对得起自己的良心"。我要求孩子们也这样。

晨牧专业考试同时收到了中央戏剧学院、上海戏剧学院的录取通知书,文化考试考了 300 多分,英语基本上是班上最高成绩了,这为他后来考北京电影学院导演硕士研究生也打下了基础。

毕业后,他顺理成章地分配到了中央实验话剧院,从此他走上了专业话剧、影视演员之路。

接力

孙子出生，我53岁。他是农历腊月初九生人，阳历又已经进入了马年，我们给他取名字决定从这个时间点上找两个字，一个"九"，一个"马"。把有关"马"的字都找出来了，"腾"里面有个"马"，就叫姬九腾吧。小名熊熊，憨态可掬，朴实无华。

两代独生子女，就有点特殊性了，我从小由婆婆带大，对婆婆的依恋、在婆婆面前的任性撒娇是无与伦比的，对自己孙儿的态度本能地就有些像老婆婆对我那样无微不至、百般呵护，加之我强大的母性，理所当然地对孙儿包揽了一切。许多同学、朋友说过："将来我可不带孙子、外孙子。"我说："我要带，不让我带我得抢着带。"他的饮食起居、他的学习教育我们全部承担。那时候我50多岁，精力充沛，孙儿就整日在我身边。并且我也告诉儿媳妇焕引，她必须去工作，否则会与社会脱节、被社会淘汰的。

焕引从老家请来一位14岁的小表妹小蕊陪他玩，我做饭、洗涮、带他睡觉。所以晨牧两口子可以说走就走，没有任何羁绊。我们隔三岔五就去公园，我和小蕊轮流背他，带他爬山，带他划船。平常也是经常背着他跑东跑西、街心公园、游乐场所，让他尽情在阳光下撒欢。后来有人跟我切磋孙子怎么长这么高的，我认为：一是基因，与父母身高有关系；二是营养，营养

家·圆——麒麟、百灵的艺海奇缘

2003 年,"托起明天"(姬麒麟与姬九腾合影)

爷爷拿大顶,我也得拿!(姬麒麟与姬九腾合影)

跟得上才行；三是运动，小孩子就得经常运动，肯定能长高。

小蕊姑娘也是童心未泯，两人很融洽地玩在一起。她自己花90元买了一个小傻瓜照相机，用各种纱巾、枕巾、大毛巾、小床单把小熊熊包裹起来，打扮成少数民族人、阿拉伯人、仙人，还把生日蛋糕的大盖子顶在熊熊头上说是国王，熊熊听任她摆布。一会儿坐在窗台上，一会儿坐在柜子上，一会儿站在床头照片下，双手向上举起，好像是他一岁多的小孩子把爷爷奶奶的照片托起来了。小蕊或是用树叶挂在孩子耳朵上，衣服上，拍出来效果还真好，很有童趣，很有创意。有时我不经意推门进了他俩玩耍的房间，小蕊俨然是一位小君主，严厉地给他上课呢，让他背"白日依山尽……"，熊熊一见我进来了，反应之快，"噌"地就逃跑了。

两年后帮小蕊找了工作，她上班去了。有时说她要来看熊熊，熊熊老早就跑到大门口，翘首以盼等待小姨。

我和麒麟也是节假日必须带孙子去公园，放风筝，荡秋千，滑轮滑，玩篮球，踢足球，有时爷爷陪他，有时他自己玩。我俩坐在长椅上，他投篮球累了，说："走吧。"我为了锻炼他的毅力和体能，说"你再投进20个我们就走"，他真的就自己投，进了20个球，说："现在可以走了吧。"跟小朋友们一起踢足球，一个他年纪小，一个他踢得准确率最差，总是惹得大伙哄堂大笑，但我们还是鼓励他要坚持踢，后来果然有长进。初中在北京二中他进了校足球队，并与队友们一举夺得了东城区中学生联赛的冠军，与教练杜老师也成了挚友。在北大附中高中，他也是校足球队的队员。

他幼儿园上的是文化部幼儿园，全托。我忍受不了跟他分别5天，每周三傍晚，麒麟若在京，我们就开车去看他，把他接出来到隔壁原康生故居（现在是接待外宾的宾馆"竹园"），给他加料，改善一下生活，然后在大院里让他跑跑玩玩，春天还能挖到竹笋。7点来钟，他跟我们讲："奶奶，这

家·圆 —— 麒麟、百灵的艺海奇缘

2019 年,姬晨牧和妻子张焕引在马来西亚

时候老师就让我们上床了",我听了这话心里好难过啊。麒麟若不在京,我就自己打车去,每周三如此,我们坚持了3年。

园长邵老师、副园长张老师都很喜欢他,逢到张老师值班,晚上都会带他到办公室,给我打个电话:"奶奶,我是熊熊……"听到这甜甜的声音我乐开了花,无比激动!

2006年年初,张纪中制作的金庸电视剧《碧血剑》,邀请姬麒麟饰演木桑道长,在象山影视基地拍摄。同时舟山市的好友王永健多次转达他们宣传部张部长的邀请,请我们去趟舟山。春节前我们刚好顺路就先去了舟山,正巧在摆渡上遇到了舟山市政协王副主任。王副主任答应等我们与张部长办完事之后,陪我们去普陀岛。

王永健与他的好友、风水大师小姜在舟山一直陪同我们。有一天在汽车上聊天,聊到孙子,说叫姬九腾。小姜说飞得多高多远都可以,但不能离开土地,还是得扎根于大地。应该请一位有影响的人物再给他起个带土字的别名。他说了,我听了,只是想着注意啦。

那天一早,王副主任就开车来接我们,永健、小姜也陪同,摆渡到达普陀岛,又有汽车接我们直接上了佛顶山,拜了佛,去看了全世界唯一的一棵活化石独种树:俄尔利树。又偷偷爬到后山,小姜带我们采摘一些风藤条,说这风藤泡酒治疗风湿效果最好。眼前艰险、神秘的气氛使我突然有了白娘子"盗仙草"的感觉。

等我们坐车下来,已是正午,来到普陀岛的主寺庙普济寺前面的大广场,只见师父们都身着呢子制作的袈裟,手举各种佛教幡旗,与我们迎面穿行。一打听才知道,刚刚全岛所有大小寺庙的住持、师父们在这里举行了盛大的典礼,迎接全岛的总住持戒忍大师,他刚刚在北京迎接台湾佛教

家·圆——麒麟、百灵的艺海奇缘

2005 年，姬麒麟教姬九腾练功

家风树德

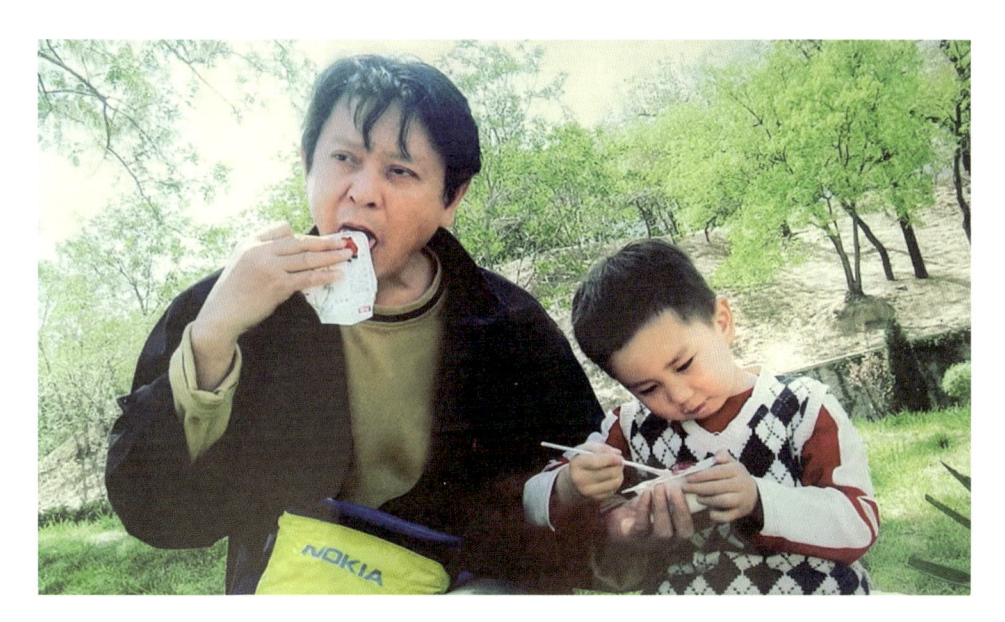

2006年，爷孙俩在元大都遗址公园

太馋人啦！（祖孙三人合影）

界借去现又归还了的佛祖舍利，乘专机从北京降落在普陀机场，欢迎仪式刚刚结束。

我们来到普济寺前面的山门，正巧人们散去，要关山门了，我们几位刚迈进门槛，大门关上了。他们说：康熙皇帝有过圣旨，山门60年开一次，除非皇帝到此，或是有极大的盛事，今天迎接佛祖舍利，开山门了。曾经也有过国家二把手三把手到此，要求打开山门从正门进入，总住持不能违背祖训，都是推托外出了，别人做不了主。今天就是这么巧，不早不晚，恰恰就在这最后一分钟迈进了神圣的山门。

王副主任带我们吃过午餐，下午2:30，估计戒忍大师午休过了，领我们沿着普陀山的后山，绕到了普济寺的后面戒忍大师办公、休息的地方。坐北朝南的殿堂大门两边摆着一排排黄澄澄的鲜艳硕大的佛手，从殿堂大门进去，是一个庄严宽敞的大厅，大厅四周靠墙是一圈玻璃罩着的各式金身雕塑佛像，大厅正面有个长方形木桌，两旁有古式雕花木椅，铺有红色绣花椅垫，东西两边是两排相对而摆的雕花木椅，也都铺有红色绣花椅垫，大厅中央有个稍矮的中间镶嵌大理石的木圆桌，圆桌周围是一圈稍矮些的古式圆凳子。

我们进去时，里面椅子上已经坐了些人。我们也稍坐了一会儿，戒忍大师从旁门出来了，他休息过后，容光焕发，气色红润。他也坐下，王副主任向大师介绍了我们，大家闲聊了一会儿，王副主任问大师："你们请回了佛祖舍利，我们可以瞻仰一下吗？"大师对学生说："你请出来让他们看看。"于是两位年轻师父进去捧出了一个水晶宝塔，宝塔里面就是佛祖舍利，大家自然地围在圆桌周围，伸头观看，大师自然地把水晶宝塔递交给了姬麒麟，姬麒麟双手捧着宝塔，在大家眼前转了一圈。大家敬仰着，过了一会儿，姬麒麟捧交给了两位年轻师父，师父转身送回去了。于是大家围坐在圆桌旁聊天，我记着小姜昨天说的话，思想斗争了半天，最后鼓足勇气跟大师说："师父，我孙子4岁了，请您给孙子起个名字行吗？"他思考片刻，对学生说："把纸和笔拿来。"大师让我把孙子姓名、出生年月写下来，我写好后交给他，"这名字很好啊"，他略定，写下"定达"两个字。我看后，心"咯噔"一下，马上看了小姜一眼，小姜也会心地一笑。

又要说20年前，1982年姬麒麟在上影厂拍完大型舞剧《剑》，他和朋友们来到普陀山游玩，也是王永健接待，他们在普济寺碰到了当时的住持圆照大师，大师请麒麟到寺庙里歇坐、喝茶，让他第二天、第三天再来，麒麟都如约而至，交谈几次后，大师要收他为徒，麒麟讲："我已经结婚，有孩子了。"大师说：没关系，你是俗家弟子，并给他起了法号，用隽秀的蝇头小楷写在红纸上，签了名字和日期，盖上了金印。此后姬麒麟一直是俗家弟子，那年他36岁，大师86岁。

九腾上了著名的北京史家小学，该校已有百年历史，民国政府当时派遣一批公费赴美国留学的胡适等人，就是在这里进行考试的。荣毅仁投资在朝阳门内南小街又修建了新校区，不仅有最先进的高档体育设施、操场，还有大剧场，高大明亮的教学楼，地面面积不够就向地下发展，地下一层有游泳馆，有小剧场，有舞蹈练功厅，有网球厅，有击剑厅，有录音录像室……九腾参加击剑训练班，四年级得过东城区少年组的第三名，六年级获得东城区少年组冠军。

孩子学东西，就是大人累呗，假期他参加游泳、篮球等训练班，爷爷就得骑自行车把他送到学校，两小时后再接回来。记得在中国传媒大学开学季，新入学的学生万达拿了许多音乐、舞蹈等奖状给我看，我的第一反应：真好！你妈妈真累。情同此理啊。

家·圆 —— 麒麟、百灵的艺海奇缘

小学一入学，老师让他当班长，没两天就换人了，他太淘气。他跟我讲他们老师70岁了，我不相信。果然没多久史家小学90周年校庆，在人民大会堂举行校庆晚会，校友濮存昕和央视鞠萍及两位男女教师主持。晚会开始，偌大的人民大会堂舞台，紫红色的大幕中间走出一个小豆豆，一位五六岁的小男孩用稚嫩的童声宣布：史家小学90周年校庆晚会开始！瘦小的身躯，稚嫩的声音，与庄严雄伟的大舞台定格在了一个特别的画面。这位小男孩个子偏矮，瘦瘦小小，是温家宝总理的外孙，与姬九腾同班，他俩是班上出了名的淘气包。

晚会上挨个介绍了学校历届优秀教师，有90多岁坐轮椅的老前辈，有80多岁的老教师，介绍到70多岁特级教师刘淑敏，这不就是孙子说的他们班老师吗？在万人的人民大会堂，我带头给予了热烈掌声。正上小学一年级的孙儿班上每人都有"学校·家长"联系本，有一页在孩子写的30个字中，刘老师修正、指教，在旁写了22个规范、秀丽的汉字，全班40多个孩子，每天如此，这得多大的工作量啊！回想到姬晨牧在"北京第一实验小学"一年级的语文启蒙李老师也是奶奶级别的，她把班上每个孩子容易错的生字做成卡片放在口袋里，无论在哪里碰到学生，就掏出卡片让孩子认读。老教师们怎么都这么认真、负责。

孙子讲，刘老师跟他开玩笑："以后你当了大老板，我给你打下手。"后来我也见到了刘老师，刘老师说："孙子淘气，但很有礼貌，教室拖过地，他会主动搀扶着老师说'慢点'。学校是很会安排的，一年级班主任是30多岁数学王老师，再请一位退了休的老教师给孩子把关、启蒙，中间年级是年轻教师海老师，五六年级又安排特级教师万平老师当班主任。

学校孩子太多，安排一、二年级在老校舍，三年级后就转到新校区。他三年级那年开学典礼，学校请来了两位国旗班叔叔一起升国旗。升旗之前先

2008年全家福

家·圆 —— 麒麟、百灵的艺海奇缘

2008年奥运会，全家在"鸟巢"前合影

2008年奥运会，祖孙三人在"鸟巢"前合影

是高举国旗环场一周，学校找了一男一女两位刚搬过来的三年级的同学与叔叔一起手举国旗环行。男孩就是姬九腾，可见老师们对他的喜欢，但该淘气他还是淘气，我们可没少被请家长。

他从小特别爱表现，我教过他绕口令《满天星》，他掌握得有节奏，有重音，念得口齿清楚，铿锵有力，只要是人多的场合他就喜欢站在椅子上给大家表演。一次婚礼，人家请爷爷当证婚人，大家按婚礼程序进行着，他也往台上钻，工作人员拦住他，他到底还是跑上去，大声喊："祝你们相伴永远，白头偕老！"我一个劲给人家道歉，人家可高兴了，说小孩子的话最真诚，最可贵。

我们多次参加《非常夫妻》《夫妻剧场》《马兰花开》《大王小王》《越战越勇》等访谈节目，均带他共同参加，他毫不怯场，童言无忌，他还经常大胆地提出一些问题，有时把主持人都问倒了。学校教学大楼一层大厅，有架三角钢琴，比他弹得好的同学有的是，但没人在这里弹，就他非得在这儿弹。跟他爸爸去格鲁吉亚、新西兰拍戏，轮船上、大厅里有钢琴他都要弹上一曲，每次都赢得阵阵掌声。在新西兰大火山的山顶，山上辽阔、山下是奥克兰市全貌，他拿出随身带的笛子，吹奏起来，各国游客们都驻足观看，他把中国民族风带到了南半球。高中入北大附中，学校选他作为新生代表在开学典礼上发言，别的孩子都照稿朗读，只有他出人意料地脱稿发言，引得师生们报以热烈掌声。

九腾从小就特别喜爱小动物，每年春天都要买两只小白兔，放了学就围着小兔子转，给它们喂水喂菜叶，兔子体态还略小，就放任它们在房间里乱窜乱跑，可兔子生长极快，光笼子就备有好几个，几天后就得调换笼舍。九腾还别出心裁，他用绳子拴住兔子腿，在院子里牵着兔子遛弯。别人是拴着狗遛弯，他拴着小兔子遛弯，成了我们院的一景。

家·圆 —— 麒麟、百灵的艺海奇缘

他每年春天不但要买小兔崽,还要买几只小鸡崽,夏天还有蝈蝈,平时还有乌龟。我们家就是动物园,尤其是当小兔子长大后,拉屎撒尿奇臭无比,但架不住他愿意。

几年下来,他养小鸡崽也有了经验,怎么搭窝,怎么将小米泡好再喂食,怎么不可喂水只可喂菜叶。虽然每年小鸡崽成活率极低,但也有长大的,最后居然开始打鸣了。不能影响邻居啊,我们自己又不能吃,每年就将长大的兔子、鸡送人。

蝈蝈都可以养到来年过春节,但全是爷爷每天打扫、喂葱、喂胡萝卜。现在小乌龟最大的也养得有尺把长、中锅盖那么大,每年春季还下几回蛋;还有中号的、小号的乌龟,中号乌龟估计是公的,它和大号乌龟总

2003年,录制访谈节目《夫妻天下》(姬麒麟:左二,张百灵:左三)

2011年，录制访谈节目《非常夫妻》

2012年，爷孙俩在北京电视台录制节目（姬麒麟：左二，姬九腾：左三）

是亲嘴,并向它高频率地摆手示好。我和爷爷在城里、郊区来回跑,都得用大水桶提着它们。

他一直要求养狗,我嫌麻烦不答应。高考时,他又提出为缓解压力要养一只金毛,没办法,同意了。如今金毛像小狮子王,威武漂亮!前年他怜惜一只流浪狗,又收养了。我和爷爷年纪大,这个忙可帮不了,只有累他爸爸妈妈了。

"吾家有女初长成",让家长操劳担心,家有儿子也一样操心劳神!

从他上小学到中学,因为他总是不断惹事,不是跟同学打架了,就是破坏学校公物,所以我跟每位老师都有密切的联系。开始是发短信,后来有微信了就通微信,咨询他在校的情况,并向老师介绍他的思想状况,跟老师们都成了好朋友。

独生子女从小养尊处优,自我意识强,更是打不得骂不得,轻了不行,重了也不行。对孩子只有利用各种机会和契机,动之以情晓之以理给他讲故事,讲做人的道理,如看到哪些励志的人和事,看到哪些可歌可泣的英雄事迹,我都要掰开揉碎讲给他、激励他。还会想各种招数变相地教育他、启发他,比如我们以老爷爷老奶奶的名义给他写信,鼓励他静心好好学习,在广州等他来吃拉肠粉、烧鹅、盐焗鸡。我让他认真学习,同时也让他给我出题写作文,这样就互动起来了。我写过《我的一次春游》《惊悚历险记》《怀念我的奶奶》《〈忠犬巴公〉观后感》等,每篇也一两千字呢,他给我打的分基本上是95分、98分、97分不等,每篇还认真写了评语:非常好!你让我看到了当时危险的画面,真实感人,大有进步;你用了比喻、拟人的修辞手法,把一花一草描写得很生动、具体……他还把作文中认为好的句子用红笔画了下来。

三年级暑假,他跟随我们去峨眉山拍戏,他在影片《陪护一小时》中也

家风树德

2009年，张百灵、姬麒麟与孙子姬九腾合影

2009年，张百灵、姬麒麟与孙子姬九腾在三亚合影

家风树德

2009 年，张百灵、姬麒麟与孙子姬九腾在佛山合影

2011 年，姬晨牧在峨眉山拍摄电视剧《密战峨眉》时妻儿探班时的合影

饰演了角色，然后我们去广州看望老奶奶，我便拿出一万元说是她的稿酬，让他亲手交给老奶奶，一定要让他明白孝道为先。

四年级暑假，他随学校组织到加拿大旅游半个月；"十一"长假，山西朋友请我们去山西旅游，不仅去了壶口、临汾、应县、五台山，更主要去了朋友的家乡，他和家乡同龄孩子们在窑洞前奔跑，在场院晾晒谷物，与他们一同吃饭、玩耍，成了朋友。

五年级暑假，他随学校组织赴美国旅游半个月；"十一"长假我们又去了山东聊城、水泊梁山、阳谷。阳谷狮子楼一条街的广场上，有老戏台唱大戏，台下是一排排的长条凳，大戏开始，台下坐有一些观众，我们也凑热闹坐在长条凳上看戏，近中午太阳毒辣，观众渐渐散去。我说："咱们要尊重演员，既坐下了就不能走，不能坏了规矩。"到正午演出结束，空旷的广场只坐着我和爷爷，还有九腾和爸爸四个人，我们热情地给谢幕的戏曲演员鼓掌，台上六七位演员也感谢我们，可能也认出了我们，同样给我们使劲鼓掌，在炽热烈日下，惺惺相惜，倒是形成了一个小高潮。

上高中以后九腾仍然很淘气、调皮，他爸爸说，只要一看是学校的电话，就紧张得不行，果不其然，每次都是儿子惹事了，上初三、高一时正是叛逆期。那年我和麒麟从印度旅游回来，姬晨牧夜里去机场接我们，汽车上我们还沉浸在旅游的喜悦兴奋中，先送妹妹、妹夫到家，在送我俩的途中，姬晨牧说："送完你们我得去工人体育馆，九腾和同学们去那喝酒，焕引已经过去，劝他们几位同学赶快回家。"

听到这话，我的心一下子收紧了，啊！这么小的孩子去那种地方能好吗？"你放下我们赶快去吧！完了把他送到我们这来，我们等你们。"

以后我天天提心吊胆，放了学就打电话，还不能太直接，婉转地说："放学了？作业多吧？我做好饭了等你呢。"要是没回来，我半个小时、一个

2011年，姬九腾出演电影《陪护一小时》剧照

2011年，姬九腾在深圳参加电影《陪护一小时》拍摄新闻发布会

家·圆 —— 麒麟、百灵的艺海奇缘

2010年，姬九腾在开封清明上河图公园

家风树德

2011年，姬晨牧一家三口在坝上合影

小时一个电话，和风细雨地催他赶快回家，我那心天天揪着，就怕他在外面乱跑。有一回他说放学后跟几位同学去吃饭，我担心死了，跟他通完电话，让他把手机给旁边随便一位同学，我请那位同学把名字和电话号码告诉我。过了一会儿我给九腾打电话，他不接了，我害怕了，赶快给他爸爸打电话让他过来，我又给那孩子打电话，得知他们在西直门一带的一个什么小饭馆里，我们三人赶快开车前往西直门那边找他，还是通过那个孩子的电话，东找西找，在西直门附近的一个小饭店找到了他。还有另一个小男孩也喝多了，他妈妈正在身旁扶着他，姬九腾东倒西歪，那个男孩在旁边陪着他，他睁开了眼睛，跟我对视了一眼，我的心碎了。爷爷、爸爸、同学把他扶上了车，回家后，我和爷爷给他脱衣服、擦脸、擦手、擦脚……心里好后怕，幸亏留了一下那个孩子的电话，否则醉倒在外面，谁管呀！

269

有件事情他也感动了我，初三左右他们打篮球，跟北京五中球队的同学也成了朋友，有位男孩突发心脏病离世，大家悲痛万分。到清明节，十来位男孩子讲好了，陪他妈妈一起去八宝山公墓为这位同学扫墓，可到了集合地点，除了姬九腾，其他人一位也没到。九腾陪阿姨给同学扫墓之后，阿姨也陪着他到革命烈士公墓为九腾的姥爷献了花。回家后九腾跟我讲了此事，我表扬他做得对！对朋友有情有义，男子汉就得说到做到，讲信誉，不能食言。"你虽是外校的，但你去了，多少对阿姨也是个安慰。"

后来北大附中成立了戏剧社，老师们是电影学院、戏剧学院毕业分配来的老师，九腾考上了戏剧社，排演过两出戏，苏联的《拒绝埋葬》和莎士比亚的《仲夏夜之梦》，在校园演出。后来学校又来了一位中国音乐学院硕士毕业、学笛子专业的傅章苒老师，家是湖南农村的，训练非常刻苦，每天早晨5点就要爬到山顶上去吹，他成了姬九腾的偶像。九腾一方面参加校足球队，其间也在戏剧社活动，后来全力跟傅老师学吹笛子，C调的、E调的、F调的等各音调的笛子，长的短的粗的细的笛子，几十支，家里成了开笛子铺的了。孩子的变化真是无常，他很晚才回家，常常跟我说他在音乐教室练笛子、练了五六个小时等等，只要他在学校，我就放心啦！

戏剧、音乐让他的人生轨迹发生了巨大变化。我也不断鼓励他：你现在如此热爱音乐并又取得了如此快速的进步，真让人欣喜。

艺术、音乐能够升华人的修养，提高人的境界、品位，内心会有种充实感和找到依托的感觉，每天都会充满希望充满快乐，孙儿的变化就是最好的佐证。他竟然跟我讲将来找女朋友一定得是个懂艺术的人，可见孩子对艺术的挚爱与追求。好羡慕他呀，我也由衷为他高兴，试想一下若是像叛逆期那样无所事事、惹是生非多么吓人啊！搞得孩子不痛快我们也时时提心吊胆，度日如年。真得感谢学校和老师！

在艺术的海洋中，我也越来越体会到音乐的无穷魅力。叩击心灵的乐曲使人百听不厌，余音袅袅；生活中啥时听啥时能让你回肠荡气、激情澎湃。回想小时候在槐树岭部队大院，播放完电影《柳堡的故事》，好长一阶段每到午休时间，在一棵大槐树下，三四位保姆席地而坐，有十七八岁的大姑娘、有三十几岁的大嫂子、有胖墩墩的老奶奶，她们悠闲自得地扯着嗓子合唱"九九那个艳阳天来哟，18岁的哥哥呀坐在小河边……"她们摇晃着身子、笑得眯起双眼，唱了一遍又一遍，美美地自我陶醉，任几个一两岁的小娃娃就在附近地上爬来爬去，兀自玩得开心。

记得我刚入艺术学院时，大师兄王承廉对我说过：我一天不吃饭可以，

2018年，姬九腾（左三）演出校园话剧《仲夏夜之梦》剧照

家·圆 —— 麒麟、百灵的艺海奇缘

2018 年，姬九腾给爷爷过生日时合影

但不能不听交响乐，那是一种灵魂的沟通。当时我对这句话还不太理解。

前些年我和彦君去陕西绥德县文化馆给他们排戏，第二天雒馆长开车送我们去咸阳机场，在前往米脂县的路上，两旁是望不见边的黄土高原，我们翻过一道道梁又爬过一座座峁，远看有层层的梯田，也有排排的窑洞，我们聊起陕北民歌，我说："雒馆长，给我们唱首歌吧。"他清了清嗓子，放开喉咙就唱起来了："三十里铺，山丹丹花开红艳艳，上一道道坡下一道道梁……"唱了一首又一首。他嗓音高亢嘹亮，唱得粗犷奔放、委婉动听，令人心潮澎湃、陶醉其中，仿佛每个音符都蕴藏着生命的力量，我完全被他的歌声折服。此情此景，至今仍历历在目。

有两个学期末，九腾他们还在北大附中的大礼堂演出，他说自己是吹陶笛的首席，让爷爷奶奶跑到海淀去看演出。

学校活动多，又有了自己崇拜的老师，校园的吸引力就强大。他讲："我混淘的时候过去了，该他们淘了，我现在看他们觉得可笑。"他小时候邻居们问他："你长大了是不是也要当演员？"他说："我才不当呢！"让他学习钢琴，就跟上刑一样，张老师纠正他的一个指法，恨不得说一百遍，他都无动于衷，我在旁边真想拿棍子敲他的手。现在他要跟老师学习作曲，自己要去考级，又埋怨我了：奶奶，那时候你怎么不逼着我多学会儿呀？唉，三月的天，孩子的脸，真是变化无常啊！

我深深体会到养个孩子真不容易！

我也有意识带他多看电影，多看舞台话剧、京剧、舞剧等演出，相信他对舞台的呈现、对舞台综合艺术的特征有了些初级的了解，所以经常让他写观后感。在他写的每篇观后感后面我都会留言鼓励他："……尤其是你谈到对戏剧、对舞台的敬畏让人感动，要不古话说'戏比天大'呢，这是多少代艺人们的箴言。你立志要做一名演员，必须树立这种敬畏感、神圣

家·圆 —— 麒麟、百灵的艺海奇缘

2018年，在全国巴西柔术比赛上，姬晨牧获冠军，姬九腾获少年组第三名

感，这是你的最爱、是你的事业、是你的生命。别人可以把娱乐当作好玩、消遣，但对咱们来讲，舞台、排练场、摄影机前就是神圣的殿堂，不得有丁点马虎松懈……"

2018年5月底，九腾爸爸接了一部玄幻仙侠剧《大主宰》，在新西兰拍摄，于是九腾也请了10天假，以给爸爸做助理为由，跟随剧组横跨二万里来到地球南边的新西兰。

在新西兰辗转了好几个拍摄景点，就在离著名的皇后镇不远的怀卡托地区，那里有圣盔谷、格林诺奇小镇、霍比屯等许多美不胜收的取景胜地；瓦卡蒂普湖因依傍着高两千多米的群山，长年积雪不断融化后缓缓流倾而形成，湖水清澈碧绿，是嵌在新西兰南岛上的一颗璀璨的蓝宝石，《指环王》《魔戒》《金刚狼》等许多影片都是在这里取景拍摄的。

九腾按部就班做着老爸助理的工作。计划里有一天是去库克山深处冰川地带拍摄部落祭祀的场面。当地人烟稀少，不容易找到群众演员，九腾自告奋勇"算我一个"。没想到拍摄那天风雪弥漫、气温骤降，副导演讲："天气太冷了，山中危险，九腾还小，今天别去了。"九腾认为自己既然答应了，就不能改变，再冷再苦也要咬牙坚持！

清晨五六点钟跟随大部队进山了，风雪凛冽刺骨，不一会儿浑身上下就冻透了，由于剧情需要，他们这些魔法精灵还要有队形地移动，一整天只有站立、移位、站立、移位……鞋子上的雪融化了，鞋湿透了，脚冻僵了，脸颊的雪花也融化了，冰虫般钻进脖子里，冻得上下嘴唇直打架，浑身上下直哆嗦，这时候心心念念向往的就是有暖气的温室、热气腾腾的咖啡。看着乌云压顶、灰蒙蒙的天空，鹅毛大雪漫天飞舞，随着剧情还要面带微笑、笃定虔诚。每个镜头并不是一遍即可，要左切右换反复拍摄多次，这可比想象中复杂多了，距银幕上的繁华远了去了。九腾深刻体会到了做演员的艰辛。

2019年7月，九腾爸爸在格鲁吉亚拍摄缉毒题材的电视剧《也平凡》，饰演大毒枭龚冰。九腾放了暑假，决定也去格鲁吉亚探班。

他在日记里写道：

来到格鲁吉亚，陪爸爸拍戏，我又恳求爸爸给我找个小角色客串一下。副导演便给我安排了一个小角色。

这天六点起床，出发来到了现场，是一幢环山靠水的大别墅。在化妆间给我简单化了个妆，又在服装间给我找了套西装。

我演一个大佬的保镖，场景是别墅里的一个大餐厅。先是我的大哥吩咐我去拿份牛排，然后我便出了镜头画面。等我再回来的时候，是被推搡、踹回来的，被一个俄罗斯壮汉推倒在地。俄罗斯的一个黑社会老大自己端着牛排，坐在桌前吃起来。大哥让保镖们都下去，我也想走，但被壮汉用枪指住，我便又躺回地上。

我爸和爷爷不想让我演这样的角色，但我说服他们，一个好的演员什么角色都要体验，既能演大老板，也能演这种卑微的小角色。

拍摄之前先排练了一下，被俄罗斯大汉推倒在地，因为我练过巴西柔术，知道怎么倒在地上不会疼，所以排练和实拍的时候很快就过了，问题出在了调度上。因为经验不足，摔倒的位置，头一遍与第二遍有误差，使得机位没跟上，导演骂了我。

因为我是"画外取牛排"时，幕后被暴打一顿，再"入画"被推搡倒地已经满脸是血、疼痛无比、踉跄无力。排练的时候，我为了演得真实，还酝酿了许久感情，并想到足球比赛的时候，被对方队员犯规了，躺在地上假摔的那种感觉，那种表情、那种形体动作。

等大佬们谈判完毕，看着俄罗斯老大站了起来，我的第一反应是他们要走了，那种恐惧、压抑的气氛即将过去，感觉这下可以捡回一命了。但是俄

2020年1月，全家参加北京电视台《记忆》节目录制合影

家·圆 —— 麒麟、百灵的艺海奇缘

2020年的姬九腾

罗斯壮汉却朝我走来，轻轻拍拍我的脸，瞬间我又特别紧张起来，不敢呼气，想起那种憋着一泡尿却没法撒、浑身屈紧、肌肉紧绷、心也缩紧的那种感觉。这样一动不动，直到脖子被壮汉给拧断了，我才全身松弛了下来，全部放松了，什么都不管了，一场戏就这样拍完了。拍了全景、中景和每个人的近景、特写。全场戏拍完，用了整整一上午。室内拍摄不能有噪声，所以不能开空调，我穿着一身西服，非常闷热，脸上还糊满了黏稠的用蜂蜜做的"血浆"。我大汗淋漓，浑身刺挠，却不能喘气，感觉自己头昏脑涨要窒息了，我就对自己说："戏比天大，坚持、坚持！"待到导演喊"Ok！停机"，我已经麻木，四肢无法动弹，他们把我搀起来，地上的汗水形成了我的一个完整卧姿。

事后台湾演员林雪老师和我聊天，说演员这份工作不是平常大家在电视上看到的那么轻松，今天我体验了现场拍摄实况，是好事，同时他要我把书念好，因为演员只有脑子充实了，才能更好地理解人物。

这次实践更让我知道了演员工作的艰辛，同时知道了自己还有很多不足。要想做一名好演员，得到别人的尊敬，必须靠自己一步一步的努力才能换来。

孩子在这阶段好奇心强、求知欲强，什么都想学，他主动让爷爷带他向八卦掌的第五代传人王尚智师傅学习八卦掌，又拜田家宏为师学习书法。我说他太杂，哪样都欠深入钻研。同时他也跟他爸爸学习巴西柔术。2018年，父子去大连参加国际柔术比赛，姬晨牧冲出了初赛、复赛，最后进入决赛，对手是位彪悍的德国人，看似文弱的姬晨牧几个回合之后，在九腾的激励之下，使出浑身蛮荒之力，最后终于夺得了这个级别的全国冠军！晨牧讲累得都要吐血了。九腾得了少年组第三名。

2019年，他俩又去上海参加全国比赛，九腾的对手是位小胖子，九腾继承了爷爷、爸爸身上那股子韧劲，利用技巧，几个回合，很快将对手压在身下，他赢得了少年组全国冠军！

随着年龄增长，孩子逐渐成熟，一次我俩在楼下小卖部买矿泉水，我问老板多少钱一瓶，老板说两块五，我说拿一箱吧，放在车上。老板说按整箱卖，每瓶就便宜二角钱。我正要结账，九腾说："奶奶你就按每瓶价给人家吧，人家小本生意不容易"。"好的好的，按每瓶的价。"老板一个劲儿地道谢。有一次我们坐车，有点堵，大家都慢慢地前行，突然孙子下车了，走到前面车的驾驶窗前，敲人家车窗，让那位中年男人把扔出来的垃圾纸捡起来，车里坐的老太太，估计是他母亲，也说："人家孩子说得对，你赶快捡起来。"

眼见孩子大了懂事了，爱好、志向也越来越明确，喜欢体育、喜欢武术、喜欢书法、喜欢音乐，他决定要报考北京电影学院、中央戏剧学院，这可是千军万马闯独木桥啊，每年的报考学生都有一两万，而录取率是几百分之一。当年他爸爸报考时已经成名了，我还是提醒他千万不要因为拍过电影、有了影响而心存侥幸，决不可掉以轻心，要认认真真准备，以自己的实力，堂堂正正地迈进戏剧学院。

年年在春节过后不久的电视上，见到成千上万的俊男靓女们在瑟瑟寒风中排队报名、应对考试的场面，都替这些孩子们紧张。今年该孙子应考了，更是了得！声、台、形、表，哪样都得有充分准备，做到心中有数，胸有成竹，决不打无准备之仗！

有了目标就得付诸行动，除了安排各专业训练时间，同时文化课也不可掉以轻心。家里贴出了倒计时：还有半年多一点咱们就要专业考试了；到今天止还有16天就合格性考试；现在咱们先全力以赴将合格性考试顺利拿下来;"北大附中"这张毕业证,咱绝对不能放弃;现在咱不能看电视剧和小说了,要将时间全部用在学习上,咬牙跺脚、玩命吐血也得过了它!奶奶还是那句话:世上没有后悔药,现在多苦点累点换来你一生的愉快!

2020年1月17日,我们全家五口在北京电视台《记忆》栏目做节目,主持人孙宇问九腾:"你将来也准备从事演艺事业吗?"九腾坚定地回答:"是的,我也准备报考电影学院、戏剧学院。"那年爷爷正好是从艺60周年。九腾祝贺爷爷献上了鲜花,爷爷鼓励孙子,为他书写横幅"厚积薄发"。

正当我们全力以赴、踌躇满志的时候,新冠疫情波及全国,全国实施系列防控措施,疫情的阴影笼罩了全世界各个角落,这对当年高考生无疑是致命的打击!尤其是艺考生!编剧、导演、摄影、美术都改为线上考试。表演艺术专业怎么能线上考,不够科学,老师看不准,学生发挥受限制,这也是非常时期的无奈之举!我作为表演教师,客观讲这种远距离线上考试肯定有走眼了漏网溜进来的,也有人才被漏掉了的。

没辙,命运捉弄人。

近些年的艺考真不容易,有的准备好几年,复考好几年,现在竞争人数太多,说百里挑一、千里挑一、万里挑一,一点也不为过。

回想一下我们三代人的艺考,我20世纪60年代考试没人管,家长也不知道,同学间相互传播消息,交3角钱报名费,自己准备准备,就去考试了。一试考过了参加二试,自己去看榜,二试考过了,再参加文化考试也就入学了。

儿子90年代考试也没这么难,一试、二试考完后看榜,三试就又考过了。拿到文考通知书后,跟着高考生参加全国高考,最低分数线200多分就能过,儿子考了300多分。

现在的艺考真是扒几层皮,2020年4月中旬开始艺考一试,等消息看榜，5月初二试，等消息看榜。直等到5月中上旬获二试通过后才能真正静下心来复习文化课。

5月、6月、7月初，疫情肆虐，天气炎热，此时全家人的全部任务就是备考，其他任何事情均退为其次。书房就是课堂，全家肃穆安静，九腾为准备高考夜以继日，废寝忘食，每天晚睡早起，不到深夜一两点不离开课桌。

就在这当口，爸爸又接到话剧《四世同堂》的演出任务，里面卧室就成了排练场，我们陪他小声对词、走戏，不分昼夜，挥汗如雨。功夫不负有心人，爸爸的排练、演出也大获成功！

什么叫"艺术之家"？什么叫"艺术传承"？什么叫"家风"？我认为这就是艺术之家、艺术传承、家风所在。

我小时候看过电影《李时珍》，印象深刻，赵丹饰演李时珍，舒适饰演父亲。电影开始，青年李时珍立志要学医，父亲拉着他疾步跑到大江边，伴着拉纤的号子，指着滚滚波涛："你要学医，就是这逆水行舟，知难而进，不进则退！"我对儿子、孙子都讲过：我们搞艺术当演员也是逆水行舟！无论做什么就要全力去做，决不退缩。你努力了就有成功的可能，即使不成功，我是尽全力的，我对得起自己！

7月7日开始高考，8日又接到电影学院三试、四试专业考试通知，考试内容共八项：朗诵、唱歌、形体、自我介绍、讲述最难忘的一件事或一个人、做命题小品、表演你观察的一个人、讲述你对演员职业的理解和认识。共八项，一项不能落。

克服疫情、克服封闭、克服高压、克服恐惧、克服常规的陡变。只有安慰九腾，别急，你有基础，先安心高考，10日高考结束了再说。7月10日下午5点结束高考最后一门地理考试，6点就开始北电三试、四试考试，到14日晚6点结束，没有半点喘息时间。

家风树德

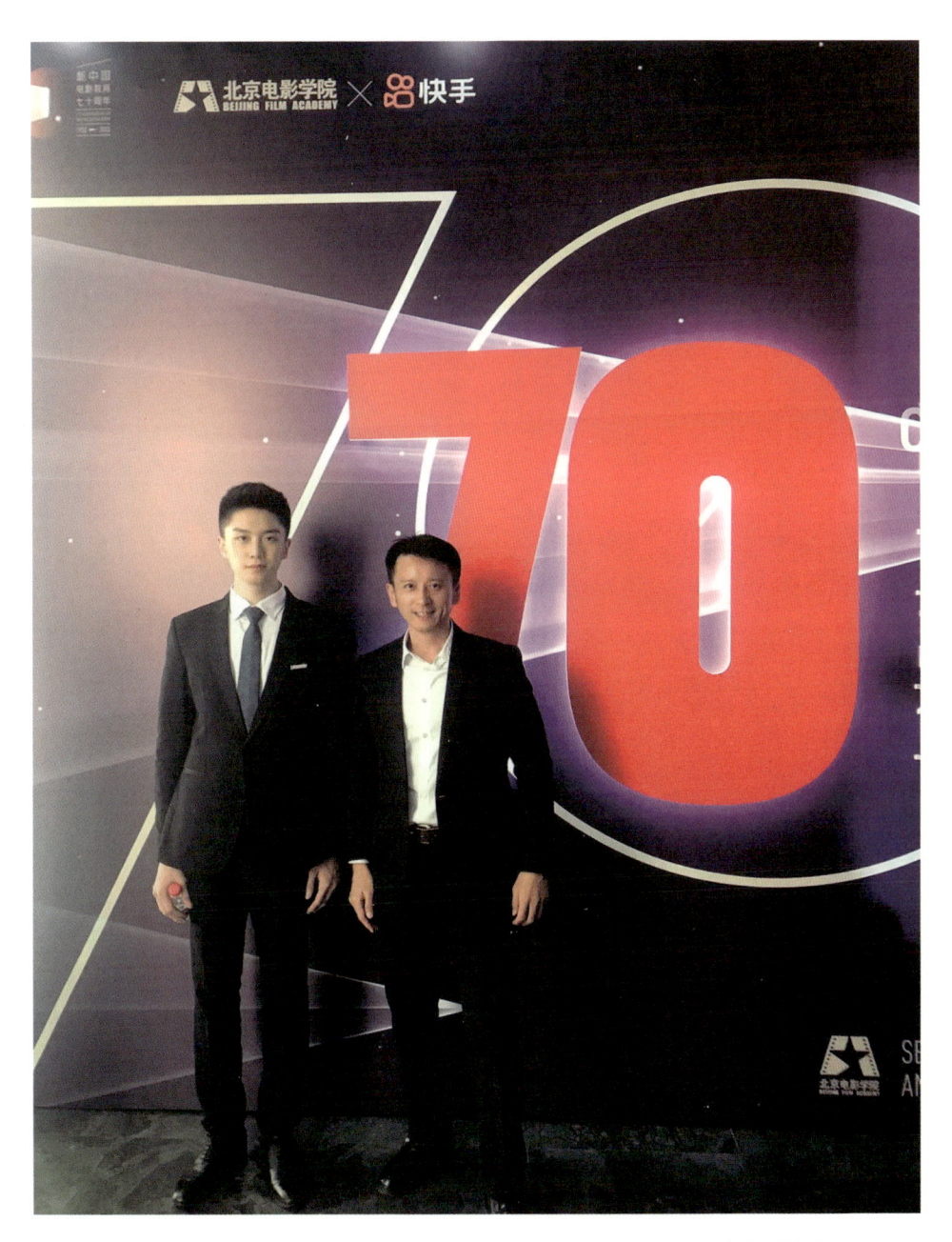

2020年10月，姬晨牧父子作为校友共同参加北京电影学院70周年院庆时的合影

家·圆 —— 麒麟、百灵的艺海奇缘

2020年国庆节，姬九腾在学校排练，爷爷奶奶去学校给他送月饼时的合影

2022年，中央电视台一套播出《典籍里的中国》，姬九腾饰演王弼

家·圆 —— 麒麟、百灵的艺海奇缘

北京电影学院整个专业考试很严肃、很认真、很科学、很公正，每一试都不许学生暴露姓名、考号及任何标志，录像只能穿黑、白衣服。据说三试、四试的早晨，表演学院的老师们来了，临时抓阄，一半抓着了留下担任考官，一半没抓着的回家休息。同时请了外单位十几位专家、老师一起监考打分，工作组、公证处也都在场。

然后是三试、四试，等消息看榜，紧张得不行，心跳加速，不能自已，真是一种煎熬。同时又等文化课考试成绩，同样是那么紧张，忐忑的心情不言而喻，各种猜测各种设想，心神恍惚。

九腾久经艰难，以洪荒之力应考！果然不负众望，高考最后取得了理想成绩。

这毕竟是人生的十字路口啊，参加过高考和没参加过高考，这是个分水岭，高考是孩子成长所经历的一条艰苦之路，只有走过才是完整的人生；只有体会到胜利的来之不易，才会更加珍惜大学的学习机会。

8月初，九腾终于收到了全国高考第一批录取通知书，他捧着红色邮件大信封，跑进家门，让爷爷奶奶拆开，爷爷说："哈哈哈，终于'水到渠成'，我孙子九腾，靠自己的努力奋斗，靠自身的能力，堂堂正正，一步一个脚印，昂首阔步迈进了北京电影学院这座艺术殿堂。"

就在这一刻，所有的惊吓，所有的磨难，所有的努力，所有的付出都值了……

人生路长扬帆起航，前面是看得见的山峰。

敢问路在何方？

路在脚下。

"路漫漫其修远兮，吾将上下而求索。"

下篇

金秋絮语

晚霞醉

儿子考上大学，我有了第二个春天。

孙子考上大学，我再次解放，又是一个春天。

回头看，轻舟已过万重山；向前看，道路漫漫亦灿烂。

踏遍青山人未老，风景这边独好！

其间我与麒麟也共同参与了一些影视剧的拍摄工作，如《到远方去发信》《找好男人嫁了吧》《请跟我走》《我的陪嫁老爸》等。我们也参加文化和旅游部离退中心文化志愿服务团赴全国各地慰问演出。更多时候是麒麟拍摄我陪同，剧组顺带抓差，让我饰演个小角色，如在《妈妈向前冲》中饰演麒麟剧中的嫂子；在《天真遇到现实》中饰演女主角的主治医生；在《密战峨眉》中麒麟饰演地下党的领导，我演姬晨牧扮演的男主角柳絮飞的母亲等。

麒麟参演港台影视剧《新龙门客栈》《今生今世》等，导演知道我是演员，也请我客串。记得拍摄年代戏《今生今世》时，让我饰演一位在火车上带着年幼儿子逃票的穷苦中年妇女。我拽着儿子拼命地逃，伪警在后死命地追，我们慌乱无奈地钻进一间包厢。这是40集连续剧《今生今世》的开篇，由此引出了该剧的男主角（马景涛饰）见义勇为，帮助我们补了火车票……

麒麟在该剧饰演反一号马松年，商战中他阴险狡诈，试图侵吞对手的全部家财，并指使儿子谄媚对手的千金小姐（周海媚饰）。麒麟俨然一副上海大亨装扮、西装革履、金丝眼镜、油头粉面，拍摄间隙，他跑前跑后地给我端茶递水、照顾我，坐在我身旁陪伴我，而我满脸污渍、破衣烂衫，是一个穷困潦倒的老农妇形象。

此情此景使我脑海中马上闪现出另一幅画面。我们在昆明军区时，话剧团演出《前哨红旗》，因演员不够，就把歌舞团演员请来跑群众，麒麟饰演少数民族的一位农奴，衣不蔽体、蓬头垢面，打着赤脚，身背重负。而我饰演美国受训归来的特务，公开职业是医生，所以衣着入时华丽。开演前、候场中我俩也是随时坐在一起。同框两人的服饰、装扮与此时的情景简直太具戏剧性了！我感慨世事的无常！

我们当年无论是在国防文工团，还是麒麟在中国歌剧舞剧院，年年有巡回演出，几乎跑遍全中国。他涉猎影视剧拍摄后，足迹更深入大江南北，东临沿海、西及大漠，包括体验生活在内，工厂、农村、部队、深山老林、海洋舰艇、机场营房、林海雪原……足迹踏遍了祖国广袤的草原、秀丽的水乡、富饶的大平原，拥抱了祖国的名山大川、壮丽山河，有雄伟、有辽阔，也有落后、贫瘠。

在拍摄工作空当，我们有心要走出国门，去看看外面的世界，趁我们还有大好时光，去拥抱更广阔的群山江川。

因为我俩都有各自的事业，太多地投入工作，离多聚少，又过多地关爱孩子，留给自己的空间有限，难得两人牵手共同去沐浴阳光、去面朝大海、一起看日出日落、一同去看风景，难得两人更加亲密无间地彼此照顾彼此关爱彼此温暖。牵手旅行是年轻情侣的蜜月，卿卿我我，相拥相爱，同样也是老年夫妻的营养剂、加油站、快乐营。

"大漠孤烟直，长河落日圆。"

晚霞醉

落日余晖映晚霞，一抹夕阳美如画。

让我们再次焕发青春活力，焕发爱的激情，充分享受两人世界的浪漫、欢乐、幸福，把岁月留痕编织成一朵绚丽多彩的美丽鲜花。

我们这代人从小接触的文学、电影、音乐、绘画、芭蕾，受影响最大的就是苏联的文化艺术，其文化内涵是无穷尽的，是他们的文化艺术伴随我们这一代人成长。2010年春天，我们旅行的首选便是俄罗斯。参观了红场、克里姆林宫、阿芙乐尔号巡洋舰、冬宫、油画臻品、莫斯科大学、新圣女公墓……游历了俄罗斯大地，亲临了我们从小便在电影、小说中见到的各式场景和浓厚的艺术氛围。

在莫斯科，我们住在戴高乐大酒店，晚上十点多钟驴友们都入室休息了，因为时差，室外正是夕阳西照，一切沉浸在万丈金色霞光中，我俩一定要体验一把"莫斯科郊外的晚上"，我们顺着酒店往右走，是一片宽敞开阔地，不少休闲的人们惬意地悠闲在晚霞中，广场中有一个直指天空、半弧形耸入云端的航天纪念塔，造型新颖独特，记录了苏联足以为之骄傲的航天事业。

我俩又来到一片小树林，牵着手哼着《莫斯科郊外的晚上》，虽有些荒腔走板，但也足以让我俩陶醉其中。

我们再顺酒店左边沿街逛莫斯科的"夜景"，远远看到了莫斯科电影制片厂的厂标塑像：一对青年男女携臂高举冲向前。啊，这代表了一个时代！是我们这代人心中美好的记忆，《铁钢是怎样炼成的》《卓娅和舒拉的故事》《牛虻》《青年时代》等，多少苏联影片陪伴我们成长，给我们以启迪，留下了最美好的记忆。天已晚不敢再往前走了，只是远远照了个相。

再回到酒店已经十一二点了，但晚霞仍有余晖，我们一定要再体验把酒吧情调，每人来了扎俄产啤酒，映着夕阳斜光，坐在葱茏的草丛中，童话般的景色，空谷幽兰地静寂，身临其境地享受莫斯科郊外的晚上……

旅程安排还有一项，参观俄罗斯传统文化工艺：套娃制作工厂。最后有一项互动环节，厂方给我们每人发一个硬纸壳的原浆套娃模板，硕大的工作台上摆放有各式颜料，每人根据自己的喜好画上笑脸和服饰。大家都是按照样板，涂画上各种颜色，画出五颜六色的各式套娃。麒麟灵机一动，画了一个三国时期蜀国大将姜维的京剧脸谱，同行的驴友们掌声称赞，厂方代表更是惊喜异常，请求他能否将此脸谱赠予他们。麒麟爽快答应，他们立即举行了一个中俄友好、交换礼物的小仪式。

导游后来告诉我们，他们将这个姜维脸谱的套脸摆放在厂博物馆中，向各国游客讲解，这是中国著名艺术家创作的艺术作品。

后来我们的旅行便一发不可收，只要有档期，全家组团游，与老同学们游，参团游，邮轮游，地中海游，加勒比海游。除了非洲，游遍了世界各大洲，各大洋。

亚洲：印度、日本、韩国、越南、老挝、柬埔寨、巴厘岛、新加坡、马来西亚……

又深入欧洲：东欧、西欧、北欧、希腊……

再远赴大洋洲：澳大利亚、新西兰；

再及美洲：美国、古巴、巴西、墨西哥……

畅游了伏尔加河、莱茵河、恒河、塞纳河、克拉尔河、多瑙河……

爬遍了阿尔卑斯山、阿拉斯加山、富士山……

参观了卢浮宫、泰姬陵、大堡礁、天鹅堡、大吴哥、小吴哥、美人鱼、尼亚加拉大瀑布、科罗拉多大峡谷、黄石国家公园……

读万卷书，行万里路，世界之丰富如万花筒，有助开阔眼界提升认知，世界各地的美食丰富了人生体验。我们的游历使我们较深入、直观地了解了世界各地的历史、经济、政治、文化、建筑、人文、艺术，增进了我们同世界各国、各族人民的交流与友谊。

在澳大利亚，不知道怎么一群当地大学生认出了姬麒麟，热情地争先跟他握手问好，簇拥着他合影留念；在新西兰的民族园，毛利人有跳民族舞表演的环节，见到了麒麟，他们非要拉着他一起登台表演，麒麟无法拒绝，只得上台，很快便掌握了要领，放开手脚、酣畅淋漓地舞起，他们高兴地将麒麟举起来……

直到全球新冠疫情肆虐，才停止了我们游览世界的脚步。

我平时买件衣服、买个台灯、奶锅啥的都要货比三家，反复比较，买物美价廉的。但若为儿孙办事，我毫不吝啬，自小就给他们购买最好的食材做鱼粥肉粥，买进口奶粉，买无污染的进口水果；托人从美国、日本购买时尚的小西装、小皮靴；孙儿要换钢琴，立马就换；他每次要随学校组织的出国旅游，我全力支持；他说买手机，我马上就买；他练柔术要买垫子，那就买；他要学吹笛子，只要有兴趣随他买。孙子甚至懵懵懂懂地对我说过：奶奶，以后我有了孩子你得帮我带，我不会带小孩。我家虽然剧照最多，但家里的一面墙布置成一个放大的镜框中，几十张大照片没挂一张剧照，全是儿子孙子成长中的生活照片，我认为孩子的笑脸最甜蜜、真挚，他们最美，他们是我的最爱。

对老人我也充满敬意，就连20世纪90年代我们第一次买房子，却是挑也没挑、看也没看，就在我们住的红庙北里东边买下了一处公寓，是纺织部的地皮由开发商出资建设。我们考虑到麒麟父母年纪大了，在广州没人照顾，准备在北京买房把他们接来方便照顾，新房离我们的旧宅只有十分钟路程，给他们请个保姆，我们可以天天过去照看。因此拿出了全部积蓄，还跟我妹妹及朋友借了部分钱，没有看到实体房，也不再去任何一处挑选，便拍

家·圆 —— 麒麟、百灵的艺海奇缘

2012年，在柬埔寨大吴哥前合影

2014年，在巴黎埃菲尔铁塔前合影

晚霞醉

2016 年，在美国好莱坞环球影城前合影

2016 年，在美国圣地亚哥
"世纪之吻"雕像前合影

家·圆 —— 麒麟、百灵的艺海奇缘

2017年，在丹麦合影

晚霞醉

2018年，在法国马赛合影

2018年，在希腊合影

家·圆 —— 麒麟、百灵的艺海奇缘

2018 年，在悉尼，姬麒麟（前排中）被大学生们簇拥着留影

2018 年，在悉尼歌剧院前合影

2018 年国庆节，在巴林左旗迎来第一场雪时的合影

2018年，在印度泰姬陵前合影

家·圆 —— 麒麟、百灵的艺海奇缘

2019年，第二次赴欧洲，在罗马"真理之口"前合影

2019年，在罗马角斗场前合影

晚霞醉

2019年，全家在马来西亚合影

家·圆 —— 麒麟、百灵的艺海奇缘

2023 年，再去塞罕坝时的合影

钱买下了。装修后老人们来了，可住了两个月，他们觉得广州有战友有朋友，经常聚会、喝早茶，比北京方便，他们就回去了。

2002年中国艺术研究院分了面积较大的房子，五一装修完毕，8月就又将两位老人接来，让他们在北京居住，可住了两个月，他们仍觉得在北方已经不习惯了，还是要回广州。

果然年纪不饶人，他们的身体每况愈下，我们一家五口就得时时往广州跑，每年春节、国庆节、老人生日，必过去陪伴老人，后来他们经常生病、住院或是保姆走了，去得更勤了，不是我俩过去，就是晨牧、焕引过去。那年春节我们刚回京，爷爷病危，一年中5人共去了10次。我周围同事同学都说：百灵家的钱都花在飞机上了。也有朋友说："张老师你真行，要是我，我做不到。"

2012年，我们买了一幢带有200多平方米院子的别墅，享受到小时候所说的"楼上楼下电灯电话"的现代生活。也回归自然，享受到袅袅炊烟、男耕女织的田园生活。

晨曦的第一缕阳光透过窗棂射入我的床头，推开窗户，空气清新、霞光映照、绿树成荫、百鸟齐鸣。我每日早起必做的一事是拿起箩筐，呼吸着清新凉爽的空气，踏着晶莹湿润的露水走进菜园，将鲜嫩的西红柿、火红的辣椒、紫晶的茄子、翠绿的黄瓜收入箩筐。安睡了一夜的花草树木，经过光合作用、经过风拂、经过露沾，营养了、滋润了、结实了、舒展了，每一棵树每一片叶每一株苗每一根草每一朵花都成长了，更挺拔更成熟更粗壮。

然后打扫院子，伴着清澈悦耳、百鸟朝凤的交响曲，观赏着欣欣向荣的草长莺飞，既美化了环境，又锻炼了身体。

我们的院子呈L形，院门在东南角，进院门不远架有一座宽5.5米、长3米的紫藤架，东西两边柱子间安放了两条结实的木板，可当长凳坐人休

家·圆 —— 麒麟、百灵的艺海奇缘

2010年,在莫斯科克里姆林宫前合影

闲。每到春天，串串紫藤花垂坠在上，夏日藤蔓覆盖了全架，藤叶茂密浓厚，架下阴凉清爽，是遮阳通风的好地方，朋友们来了，最喜欢在架下喝茶聊天侃大山。

藤架后方、房屋右侧前栽种了一畦月季花，除了凛冽寒冬，月季是三季开花，粉红色加金边的，嫩黄衬橘红的，洁白无瑕的，芙蓉粉红涂抹上层层紫光的花朵手牵着手，肩并着肩，有的花朵也蹿出老高，心仪着外面的世界，有的几枝红杏出墙来。她们姐妹暗下相约，每个月都要展露出最妩媚动人的芳容，轮流换班撑起花魁之首的头牌。夹杂的几株蔷薇还爬上了屋顶，姹紫嫣红的蔷薇、月季成为院中最妖娆美丽的风景，装点着整个院落，这符合我的性格，是我的最爱。

花丛中我们还放置了一座汉白玉石的手提水罐半裸少女雕像。她洁白如玉，裸臂赤脚，身披一袭淡粉色纱裙，浓密的卷发自然地绾在脑后，手提水壶稍稍倾斜，轻轻地浇灌着幸运之水，一只手羞涩地拉起膝盖上的纱裙，柔润的双脚惬意地踩在荷叶样的水池中，她的眼睛静静地注视着斜下方，眼神是那样静谧甜美。与脚下的五彩月季园中一个直立的肩担水罐的卡通小青蛙构成了一幅诙谐有趣的画面，我命名他们为姬茜公主与青蛙王子，从黎明晨曦到华灯初上两人总是含情脉脉、诉说衷肠。你能说他们俩没有一段曲折动人的爱情故事？

L形院子靠外侧围墙内，种有海棠、樱桃、甜杏、柿子、石榴、山楂，麒麟在院子墙外又种了两棵香椿、花椒树。每逢春天，各色果花相继开放、争奇斗艳，引蜂招蝶、流连忘返。

楼门东的玉兰是知春最早的大姐大，当周围还是一片灰黄混沌，她便傲然绽放出朵朵玉兰花，洁白而高贵，艳丽而典雅；山楂树的果花也争先吐艳，春寒料峭的时刻她便粉墨登场，展露出片片白云般的花朵，一丛丛一簇簇在微风中嫣然含笑；木槿花枝齐刷刷比人高，盛开着朵朵紫蓝色的六瓣花像是绿锦缎上镶嵌的蓝宝石，紫藤架下一坐，便有阵阵幽香；金银树枝叶繁茂，生机勃勃，开花时一簇簇火红花朵好似一片片云霞一盏盏火把；石榴开花最多最艳最长，在绿叶间毫无空闲地钻出朵朵红艳艳、娇嫩嫩的花儿，她们唯恐落后，唯恐不够鲜不够艳，招得蝴蝶、蜜蜂穿梭于上下没得空闲；院中还有一株丁香花，虽说她娇小瘦弱，像个羞涩的小姑娘，但女大十八变，相信两年后这位姑娘也会令我刮目相看。

古人云，"宁可食无肉，不可居无竹"，我们在东院靠院墙十几米长、宽50厘米的墙边，种了30株竹子。经过实践，方知啥叫"雨后春笋，势不可当"，每年春季，竹笋蹭蹭地冒尖生长，一两日便有人高，两三日便蹿到两层

别墅小院

晚霞醉

张百灵和儿子姬晨牧在别墅小院合影

家·圆—— 麒麟、百灵的艺海奇缘

全家在别墅小院合影

楼高，眼见它大片生长，后来东院地砖缝里都有竹尖钻出。任其发展，肯定会危及房屋，铲除竹林又于心不忍。最后我们请师傅在竹林旁挖了条近一米深的"防火墙"，又撒上石灰，防止它们往房屋方向生长，目前竹林已有几百株了。疫情期间的冬季我们住在这里，寒冬腊月，万物萧条，只有这片竹林郁郁葱葱，仍是春意盎然，即便那年下大雪，它们仍雪白翠绿，傲然挺立。

平日微风吹来竹叶窸窸窣窣，竹林枝丫上还挂着三个精致的蝈蝈笼，蝈蝈也深爱这幽静清雅家园，来这里安家，掩藏不住兴奋与喜悦，整日乱蹦欢叫，它们的合唱更带动了周边的哥们、邻居，一会儿蟋蟀引吭高歌，一会儿知了花腔高音响彻云霄，整个院子加之喜鹊、黄鹂、麻雀、杜鹃的鸣叫成为

交响乐大舞台。竹子挺拔正直，在品德、节操上有君子的象征。看着它们心情愉悦、心境开阔。

各类果树各自安好，4月我们可以吃到香椿炒鸡蛋、韭菜盒子、炸花椒芽儿；5月我们可以吃到樱桃；6月我们可以吃到甜杏；8月我们可以吃到葡萄，葡萄实在太多了，我就榨葡萄汁，做成葡萄酒，朋友们来了给大家榨葡萄汁喝，吃葡萄不吐葡萄皮，葡萄皮葡萄籽全榨为汁液，酸甜可口，营养丰富。

秋天收获季，黄澄澄的柿子、红彤彤的山楂更是盆满钵满。行人路过我家院旁都会驻足观看，说全院一二百家，你们家的柿子、山楂长得最好最饱满最喜人。我按照云南少数民族的风俗，凡是路过的，我都要随手摘下送给他们。我也不嫌麻烦，每年还给老首长、老师、朋友们快递一些，这样还是吃不完。

这时候我们就是两位农夫农妇，天天打理花草、植物、果树，浇水、上肥、培土、剪枝、灭虫。早起早睡，躺下就着，晒黑了，能吃了，开心了，长劲儿了，天天劳作，乐此不疲，忘记了自己的年龄。

我这个人因性格使然，爱玩爱闹，也因对艺术的喜爱，又是职业特点，平时就喜欢拉着麒麟一起念点啥唱个啥，自娱自乐，自个开心。

2019年4月，我俩在院子里晒太阳，手机微信中忽然听到播放88岁的钢琴艺术家巫漪丽老师演奏的钢琴曲《梁祝》。

熟悉的旋律，倾情的演奏，凄美的故事让我深受感染。

虽然看过无数遍赵青老师和麒麟以小提琴协奏曲为伴奏的《梁祝》舞剧，但此时听着听着心潮澎湃、激动起来了，便拉起麒麟："咱俩跳一段吧。"他不愿意，我执拗不放，弄得他没辙，依了我。

我大概跟他沟通一下，哪段乐曲相向舞动、单臂搭肩平转，哪段乐曲云

家·圆 —— 麒麟、百灵的艺海奇缘

2021年，儿媳张焕引组织给张百灵过生日

手配小翻身,哪段乐曲相视后退、再快板相拥,哪段乐曲相蹲舞蝶、高矮互换……伴随乐曲即兴发挥!我俩舞了一遍,我兴致高涨。说:"请对门李老头帮我们录像吧。"

我兴致勃勃把对门老李请来,随着巫老师的《梁祝》钢琴曲响起,我俩在紫藤架下即兴翩翩起舞,三四分钟后两只蝴蝶默契地飞远……一遍过!在录像中最后还留下老李头一句烟酒嗓"跟不上了"。

当即我把这段自嗨的录像发给朋友,发到朋友群、同学群、战友群,没想到大家反响极其热烈。大家回复:

婀娜多姿舞翩跹,梁祝神韵美若仙。

古稀伉俪好风采,满园春色醉人间。

太美了,两只幸福恩爱的蝴蝶,在阳光春风、惬意幸福的小院里翩翩起舞,真让人羡慕!让人感动!不知怎么我流泪了,之后有点嫉妒了啊。张老师不带这样的,人长得好戏演得好课讲得好,没想到舞也跳得这么好!舞蹈朴实又真实,你们两人的眼神交流里全是爱呀,谁都替代不了的,真羡慕,好美好美……

好一个夫唱妇随,话剧团的跨界表演如此精彩,我们应该好好学习!

麒麟百灵在阳光下翩翩起舞,我好喜欢,生活在快乐艺术中,典范、榜样,真羡慕。怎么会是70岁的人,好年轻!

跳得真美,搞艺术人生的境界真不同呢,从您和叔叔的身上我真正明白学艺术的价值不仅愉悦别人,而且愉悦自己,化茧成蝶跳得真棒!

……

每当下雨,我就跑到院中廊下,聆听淅淅沥沥的雨声,欣赏雨打花枝,同时还要念一首意境深远的抒情诗《听雨》。

凡是见到好的诗篇我喜欢念一念,有的还背下来、声情并茂地表演起

家·圆 —— 麒麟、百灵的艺海奇缘

2023 年，张百灵在北京电视台科教频道《少年朗读者》节目上领诵

来。麒麟便用自己的手机轻轻地播放着音乐，然后用我的手机将我的朗诵录制下来。有时我也根据自身感受抒发情怀，如《站在讲台，我慢慢老去》，自写自演，孙儿给我钢琴伴奏。我把录像发到同学群、战友群、朋友群里，很受欢迎。

2020年新冠疫情防控刚开始，我读到刘汉俊先生写的一首诗《武汉，生命在呼唤》，我饱含热泪地念出来，麒麟给我录了音，转发到许多朋友群，也发给了文化部离退休中心的朋友李莉。没想到他们经过制作收入"老艺术家文化志愿服务工程系列节目"中，广为传播宣传。后来又将毛翰创作、我朗诵的《老有老的骄傲》作为144期播出。

2012年10月，湖南卫视制作的以姓氏家族子孙血脉传承的节目《非常

2024年，张百灵在中央文化和旅游管理干部学院给四川省文化干部作讲座

家·圆—— 麒麟、百灵的艺海奇缘

靠谱》播出，由汪涵主持。介绍"姬"姓一期，邀请的是姬麒麟、姬晨牧、姬九腾祖孙三代为代表嘉宾。学者、嘉宾共同探讨、寻根问祖"姬"氏的传奇故事。节目录制完第二天一早，晨牧就独自赶往杭州《遥远的婚约》剧组继续工作。湖南卫视得知我是醴陵人，专程派车送我和麒麟、九腾去醴陵故地重游。

48 年了，自 1968 年我来探望婆婆，已经又过去了 40 多年。一进市区，我就下了车，急切走近路边随意交谈的人群，我要倾听他们地道的乡音，抑扬顿挫、眉飞色舞，只有乡音方能具备这等的生动音律、这等的丰富表现力！

循着记忆，来到旧时老屋处，没有了；寻找幼时的石子路，没有了；又寻找小学校，不是旧时的模样，但我也走进了某座校园，呼唤着儿时的影

2021 年，张百灵、姬麒麟随文旅部文化志愿服务团赴广西演出

像。慢慢行走，还真见到了照相馆，见到了正要翻盖的大剧场。我们来到了渌江石桥，我兴奋地疾步迈上台阶、登上石桥，极目远眺，这是我的家乡，这是我的梦升起的地方。远方的山丘仍是那么青翠，白塔仍是那么耀眼，江面仍是那么宽阔，只是石桥变小了，显旧了，据说马上要新修一座大桥。

故乡、故乡，剪不断的脐带，忘不了的乡情。我捧一抔红土揣在怀里，带回了北京，撒在别墅的花草丛、果树下，不忘我是湖南人！

记得我们去台湾，驱车走在台湾岛西海岸，面朝大陆，有用白色鹅卵石拼成的大字"湖南公墓"。这是大陆到台湾的湖南同胞，他们面朝故土、思念故乡，他们魂归故里。情同此心，我理解他们，骤然想起我妈妈说过：有湖南人在，中国就亡不了国！

由于我们年事已高，近期，麒麟对一般电影电视剧的邀请基本谢绝，只是偶尔参加中央电视台摄制的大型文化综艺节目；我也开始尽量谢绝去外省辅导排戏或当评委的邀请。

我去讲课、开会，麒麟陪我前往，他参加《典籍里的中国》《中国书法大会》及大型晚会节目，我跟随他左右，给他端茶递水，照顾他，给他当助理；2023年，我两次去北京电视台录制《少年朗读者》节目，麒麟同样陪伴我左右，照顾我，给我做助理。

我除了做美食、理家务，就是陪伴麒麟练习书法，我是他每幅作品的第一鉴赏人，与他一起切磋下笔着墨及各种风格流派，这对我来说是学习，修身养性，我乐在其中。长此以往我们仍是形影相随，相互支持勉励，仍保持共同的兴趣，永远有聊不完的话题。

2020年，在北京电视台录制节目时合影

昆明行

近期流行一句浪漫语：诗和远方……

这好像是我们当下生活追求的境界，里面包含了多么美好的想象，多么浪漫的向往。

2024年6月，应云南艺术学院和省剧协之邀，我和麒麟在昆明参加完"云南话剧百年"史稿撰写研讨会后，便留在昆明，生活了两个月，这两个月好像就是生活在实实在在的"诗和远方"……

躲避了全国有记录以来最炎热的酷暑。四季如春的昆明果然名不虚传，每日最高温度只有二十七八摄氏度，晚上睡觉是要盖薄棉被的。昆明天空瓦蓝瓦蓝，朵朵白云轻柔缥缈，仰望天空整个身体飘啊飘啊，跟着云彩恍若也在随风卷动……哦，这是云南。

昆明正朝着现代化城市迈进，街道整洁宽敞，两旁高楼林立，现代建筑、高速立交桥目不暇接，尤其是马路中央的隔离带和两旁的花草，百花盛开，争奇斗艳，花的海洋、花的世界，其中还有许多我最喜爱的山茶花，美！美极了！与"大观楼""金马""碧鸡""金殿"等古老建筑交相辉映，和谐共生。除了高大雄伟的建筑外，给我印象深刻的是街道两旁鳞次栉比的咖啡店、书吧、酒吧和茶社，每个店内都有三三两两的男女在悠闲、惬意地喝

家·圆 —— 麒麟、百灵的艺海奇缘

2024年，张百灵、姬麒麟参加"云南话剧百年"研讨会时的合影

茶聊天，缓缓的、暖暖的，与街上悠闲的行人形成了一幅轻松自然、平稳幸福的画面，和印象中50年前的昆明大相径庭。

记得50年前的东寺街，旁边的河沟是灰绿色的、漂满了垃圾，黑乎乎的泛着刺鼻臭气，沿路还经常碰见挑粪的人，洒得街面上常有粪水，街道两旁也全是那种木制扇门的小铺子。麒麟回京后的三年里我天天来往于这条街上的小邮局，给麒麟发信。今天站在这里，与50年前的昆明街道大相径庭，恍若隔世。

昆明的美食也是全国一绝，食材丰富、味道浓厚，尤其是我们日思夜想的云南米线：过桥米线、小锅米线、豆花米线、肥肠米线、螺蛳米线、砂锅米线、陶罐米线……还有各式饵块、汽锅鸡、乳扇乳饼，各味特色数不胜数，我们是早上吃、中午吃、晚上吃，天天吃米线，麒麟一次就能吃上两大

原国防文工团战友欢庆"八一"建军节聚会时合影（张百灵：二排左三，姬麒麟：前排左五）

家·圆 —— 麒麟、百灵的艺海奇缘

姬麒麟（右）在研讨会上发言　　　　　庆"八一"原国防文工团战友聚会表演

碗，吃不够！七八月份又正赶上各种菌子丰收的季节，干巴菌、青头菌、牛肝菌、松茸菌……真是顿顿吃菌子、餐餐有山珍，大饱了口福，私下告诉你，干巴菌现在已经涨到两千元一公斤了，哈哈哈！关键是云南物价便宜，一大碗味美浓香的米线才12元，二三十人的一大桌美味佳肴也比北京便宜得多。

昆明真是个气候好、环境好、工作好、生活好、玩得好、吃得好的宜居城市！

当下还有一句流行语：山美水美，人更美。这次两个月的云南行，对云南的变化留下了深刻印象，但战友们热情似火的赤诚之心更让我记忆犹新！

324

昆明"金马·碧鸡"牌坊前合影

昆明抗战胜利堂酒杯楼前合影

云南建水朝阳楼城门下合影

家·圆 —— 麒麟、百灵的艺海奇缘

战友们在云南玉溪红塔山下（张百灵：左一，姬麒麟：二排左二）

昆明行

与原国防文工团的子女们聚会时合影（张百灵：二排左六，姬麒麟：二排左七）

家·圆 —— 麒麟、百灵的艺海奇缘

舞蹈队的战友合影（姬麒麟：左一）

战友们在一起永远那么年轻，战友们相聚时永远那么纯真。大家如水中畅游的飞鱼、天空翱翔的鹏鸟，自由自在、如鱼得水。聚在一起大口喝酒、大声高歌，欢乐舞蹈，再次点燃了我们的青春火焰，焕发出我们的生命之泉。

在昆明的两个月里，歌舞团战友聚、话剧团战友聚、杂技团战友聚、舞蹈队战友聚，每个团的聚会都有二三十人，大集体聚完小团体聚、朋友聚、个人聚，大家拥抱、问好、畅聊，有哭有笑，欢声笑语好不热闹！就连三个团的子女"团二代"们也有二三十人，聚会了两次，孩子们还带我们到各地游览、品尝美食。向我们讲述他们少年时对我们的羡慕和崇拜，说每天下午4点放了学，大家全是直奔排练场，扒着台边看我们排练，直勾勾地盯着台上的叔叔阿姨、哥哥姐姐，尤其是每逢连排、彩排，更是节日般的兴奋。这次尤其又赶上了我们自己的节日八一建军节，大家欢聚一堂，载歌载舞、抒发情怀，欢度了一个以"军旅生涯铸军魂，绿色军装不变色"为主题的热闹非凡的联欢会。情景再现，我也再一次为三团联欢会报幕，担任主持人。

军营生活让我们成为一生的朋友，大家在一起再次找到了过去的光芒，正如王蒙先生讲的：有战友的地方就是景色最美的地方！难怪我们话剧研究所的杨竹青老师，她是中央戏剧学院表演系的第一届毕业生，一生致力于话剧事业，见我"战友、战友"地总挂嘴边，不无遗憾、羡慕地说："我这一辈子是与'战友'这个词无缘了。"由此可见"战友"一词的分量。

话剧团战友们还专程组织大家去玉溪、建水、宜良驻扎游玩，我们在玉溪红塔山下跳舞，在聂耳故居留影；参观设计先于天安门城楼修建28年的、在建水县建造的朝阳楼；游览雄伟壮观的可与北京颐和园十七孔桥相媲美的建水十七孔桥；瞻仰全国第二大的孔庙建水文庙；参观独具特色的团上村民居。我震撼保存了200多年、完好无损的朱家花园；感叹百年前法国修建的一米宽的小铁轨；惊叹大坝子中的天然鱼米之乡宜良；一望无际的花卉种植园……

热心的战友也带我们去看滇剧、话剧，参观团结村艺术沙龙、云南文学艺术馆、云南大学、五百里滇池、官渡古镇。我们探寻坐落于昆明的抗战纪念堂、由几代艺术家建设的云南歌剧舞剧院、云南滇剧院、云南杂技团……当兵的时候也没时间深入游历这许多地方。借此机会我们也逐个去拜访探望了团里健在的老首长、老同志，有他们才有传帮带，才有老国防的代代鲜花盛开。

我们开车驰骋在祖国西南边陲的山间田野，两旁稻谷飘香，荷花绽放，幢幢农舍，绿树成行。

远处青山绿水，近处农民耕作，我陶醉于这田野风光、山水之情。50年前我们在西南几省往返体验生活、巡回演出，千里拉练，怎么没注意到这

战友们在云南建水贝山陶庄　　　　　　　　　　昆明 1903 凯旋广场

么美的景色啊?!

当兵 11 年，离别 50 载，怎么能忘记这片热土，怎么能不思念这第二故乡？

一年之计在于春，一日之计在于晨，人生最美的季节是青春，我们的春天在昆明，我们的青春在这里。

形容春天、清晨、日出、青春的文学、绘画、音乐、电影等艺术的表达太多太多，由王蒙的同名小说改编的影片《青春万岁》、严歌苓创作的影片《芳华》、儿子姬晨牧自编自导自演的影片《闪亮的青春》等都留下闪光的记忆，无热血、不青春。

我们的青春在这里度过，我们最美丽、最闪亮的芳华留在这里。我们的青春有你有我，我们手携手、肩并肩，我们在这里排练演出，我们在这里挥洒汗水。点点滴滴都留下了不可磨灭的印象，怎能不魂牵梦绕？怎能不念念不忘？

这次我们还踏寻了 50 年前谈恋爱的足迹——圆通山公园。当时我们虽已有两年恋爱史，可乍到部队还是严格遵守纪律"莫谈恋爱"。直到一年后解禁，两人方敢双双外出，便首选了圆通山，我们可以手拉着手了、可以对视呢喃了，又再一次像飞出牢笼的双飞燕自由翱翔。

我们在这里有了事业的开端，在这里成长、成熟；我们在这里播种了爱情，许多战友是在这里相遇相知相爱，在这里成家立业，在这里孕育新的生命。儿子 49 岁，登上银幕 45 年没有间断，他是在国防文工团舞台上接受的胎教。

这次团聚，得知不仅战友们个个成绩斐然，孩子们也都优秀，有的读了博士学位，有的是大企业家，有的搞尖端科学，有的是大艺术家、大商业家，他们都是我们的骄傲！

但团聚终有别离，天下没有不散的宴席，最后两天的离别宴很不是滋味，曲终人散时，战友们出门送我们，过了一个红绿灯，又一个红绿灯，依依不舍，我说："你们回去吧，送君千里终有一别。"第二天又一拨战友们告别，出门下雨了，大家让我们上了车，在车旁手拉手唱起了："送战友，踏征程，默默无语两眼泪，耳边响起驼铃声……"我一个劲儿地说："回去吧，回去吧，下雨了。"但大家微笑着、唱着、摆着手，王庚寅望着车内的麒麟，麒麟赶紧开门下车，两位"洪常青"在雨中紧紧地拥抱在一起不分开，大家为之动容，我热泪盈眶，战友啊战友！

国防文工团，是我们所有战友工作、事业、爱情的起点，是我们成长的摇篮，我们在这里扬帆起航！

感谢这片沃土，感谢国防文工团，感谢我们的首长，感谢亲爱的战友们！

9月21日，我们又应邀前往安徽潜山，参加安徽省委宣传部组织的"京剧鼻祖程长庚研讨会"。

10月14日，我们应邀参加"文旅部文化志愿服务团"赴湖南张家界公益演出。

岁月如梭，云卷云舒。无论是风吹雨打，还是阳光和煦，我们彼此信任彼此依赖，相濡以沫，不离不弃，相扶相长，同心同德，任何艰辛苦涩我们都一起度过。虽有争吵、埋怨、置气、翻脸，但丰富多彩的生活也缺少不了冒调跑音，嫌隙偶生，岂改寒热关切？生活中的爱往往就是伴随着争吵，这原本就是爱的一部分。

我们相伴慢慢变老，不算结婚前，我们婚姻牵手五十年，五十年的狂风暴雨，五十年的艰辛曲折，五十年的光芒彩虹，五十年的幸福港湾，每一分每一秒、每一分收获每一分喜悦，都有你我在身边！我们携手共进，走过来了。

  一纸红笺，共赴白首。
  风长雨短，甘苦共担。
  日圆、月圆、家圆、事事圆。
  死生契阔，与子成说。执子之手，与子偕老。
  如有来生，我俩继续牵手。

2024年除夕夜，全家放烟花

2024 年，牵手 50 载，仍有说不完的悄悄话

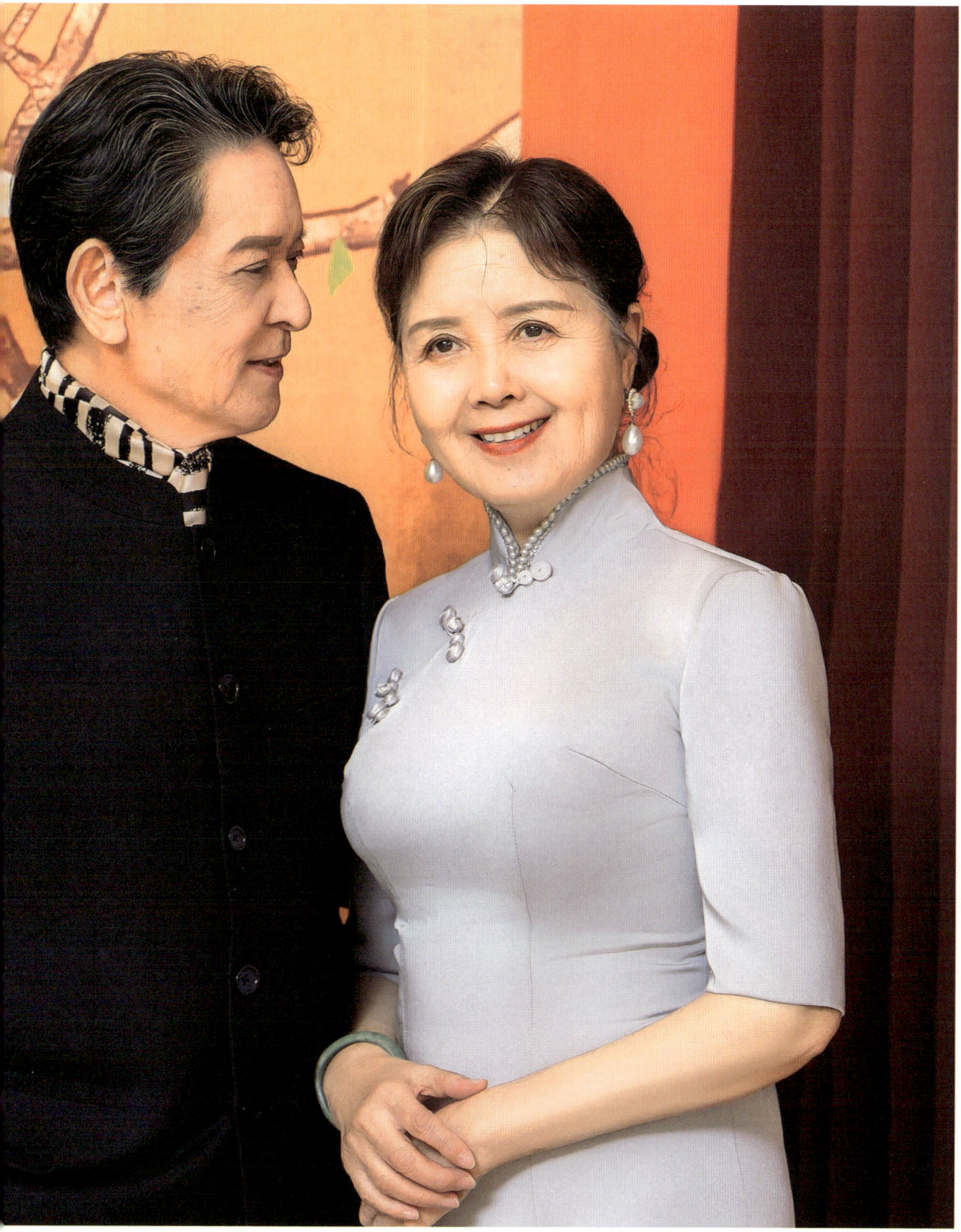

我的妈妈

我，是父母生命的延续。感谢爸妈给我生命，感谢基因的强大！

我的父亲是一位开拓、奋进、坚强的人，在他的身上诠释了"韧劲"这个词，他从小刻苦练功，是拼命三郎，一次要踢1800下腿，年幼的他为求学、练功，放弃春节回广州和家人团聚；凡事他决不退缩、不屈服、不放弃，不达目的誓不罢休。当然不是所有的事情付出努力都能收获成功，这里面有"命数"，但父亲这一生的历程可以说"无愧于心"。

努力了就不后悔，无论成败。

爸爸这些特质潜移默化地影响了我，在我幼小的心灵种下了种子，小到生活中的点滴，大到学习、工作、事业、婚姻家庭。如果没有父亲的榜样和坚韧不拔的精神，我从小拍戏就不会那么咬牙去吃苦；我会中途放弃考研；可能许多事情我就放弃了。但父亲的勤奋、毅力像冲锋号角一样在背后督促着我。他五次改行，五次从零开始，五次在新领域取得辉煌成绩！

近期看到北京舞蹈学院70周年校庆的系列宣传视频，深有感触。说到戏曲，老爸有代表作《挑滑车》《铁笼山》《艳阳楼》等，他以作为其中一分子而骄傲、自豪；说到舞蹈，他以《梁祝》《剑》《宝莲灯》等剧舞而骄傲、自豪，他也是其中一分子；说到影视剧，他以《大刀王五》《红楼梦》等电影，《倚天屠龙记》《媳妇的美好时代》等电视剧而骄傲、自豪，他在其中是影视队伍中的一员。行行都有他，行行都可圈可点，行行有他的代表作品，是艺术长廊中一颗璀璨的明星！

这种精神激励我在备考中央戏剧学院形体时，备战巴西柔术的决赛时和考研通过六级英语时，都能咬牙拼搏！父辈的勤奋精神传承给了我。

随着年龄增长、岁月打磨，酸甜苦辣的不断浸染、社会阅历的不断加深、生活经历的不断丰富，人会变得复杂、多虑。这个词要从正反两方面来讲：一方面，成熟、稳重、沧桑，处变不惊、沉着冷静；另一方面，圆滑世故，被沉重生活打压后变得木讷，失去了棱角，难以对新鲜事物产生好奇心，丢掉了求知欲和想象力，失去了赞美生活的动力。

但是，我的妈妈不一样，就像她的名字：百灵，百灵鸟！

我已年近半百，到了知天命的年纪，而感觉我的妈妈要比我年轻许多，她精力旺盛、心地纯粹，每天的生活朝气蓬勃、阳光灿烂，特别是她很会营造浪漫的氛围，完美诠释了小资情调的真谛，她会让家具说话，会让鲜花跳舞，会让灶台唱歌，会让服装和时尚谈恋爱……跟"老态龙钟"沾不上边，跟她在一起总是心情愉悦。她晚上睡觉喜欢扎两个小辫，在逆光中从背影看还以为是一个小女孩。

母亲是家庭中的核心人物，有重大事件决策我都喜欢和她商讨，她在鞭策激励我的同时也经常开导我：万事随遇而安，看开放下，顺其自然。她引导我：遇事沉着冷静，分析考量，首先是考虑解决问题的办法。无论是工作的、专业的还是生活上的难题，每次与母亲沟通、交流后，我都感觉豁然开朗，颇有收获。她是我的母亲，是我的良师益友。

我身处国家话剧院，首先要完成剧院的本职工作、服从剧院的调遣安排，在剧院参演话剧《生死场》《死无葬身之地》《贵妇还乡》《普拉东诺夫》

《谷文昌》《四世同堂》等演出，其后接演各影视剧，45年来一直如此，未有间断。有时舞台演出和影视拍摄时间是相当胶着的，话剧排练或演出一结束，连夜或凌晨立马就得赶往机场，或是专车返回摄制组，立即化妆拍摄。尤其是舞台演出，从进入剧场化妆到演出结束，前后5个多小时，注意力高度集中，赶上戏份重的角色，情感跌宕、出场繁杂，绝不可有半点闪失，有时候真是觉得身心疲惫，但只要我一设想到父母就坐在台下观众席中，他们正盯着我呢，不知咋的，我立马就会有一股清流涌入心中，精神抖擞、体力倍增，以最大的热情和能量、生龙活虎地演绎在舞台上。

我衷心地祝福爸爸妈妈身体健康，开心快乐！

我努力工作好、生活好，做好我该做的事情，就是对父母最好的回报，承上启下，把父母这一生的美德与大爱传承下去，以激励下一代！

姬晨牧

2024年10月

我的奶奶

金秋十月，五谷飘香。金浪滚滚，七彩斑斓。

孙儿和孙媳恭贺奶奶的回忆录即将出版。

我从小的一切，包括饮食起居，包括锻炼身体，包括功课学习，包括兴趣培养全是奶奶一手打理。自小她就单独给我购买最好的食材做鱼粥肉粥，买进口奶粉，买无污染的进口水果。印象中奶奶和爷爷每星期必背着我去北海划船，去陶然亭"滑雪山"，去奥体公园溜旱冰，去土城公园爬山，去动物园看熊猫……寒假暑假不是带我去广州就是去海南、福建、四川、山东、山西……

我是听着奶奶讲的故事长大的，小学阶段每晚都是她讲着故事让我入睡，我甚至让她星期五得讲5个故事才行。随着年龄增长，后来她给我讲的全是《悲惨世界》《呼啸山庄》《雾都孤儿》《人生》《笑面人》《苔丝》《巴黎圣母院》及《生的权利》《勇敢的心》《斯巴达克斯》等这些世界名著和电影，我越听越爱听，在她讲的故事中我见到了许多新奇的世界，见到了许多勇敢的英雄，有些人物让我同情，有些人物给我力量！我也隐隐感悟到做人的道理。奶奶还给我讲了许多她小时候和她婆婆的故事，讲她婆婆怎么疼她，怎么无微不至地照顾她，不知道为什么我经常把奶奶与她的婆婆重叠在一起。

我在成长过程中是很调皮、任性的,爷爷、爸爸、妈妈总说是被我奶奶惯的。我自己知道,奶奶一方面是惯着我,我说换钢琴,奶奶立马就给换;我每次要跟学校出国旅游,奶奶都让我去;我说要买手机,奶奶马上就买;我说练柔术买垫子,奶奶就给买;我学习吹笛子,要买各种音调笛子,奶奶就任我买了几十管……

但另一方面,我最怕的也是奶奶,她批评我最多,要求我最严格。我招惹同学了,我犯错误了,我调皮捣蛋了,奶奶都会狠狠地批评我,跟我谈话,指出问题的要害,指出我应该怎么做人,举一反三地告诉我男子汉该有的坦荡和胸怀。我认为她对我的要求都是正确的,令我折服的。所以有时候我惹了事或考试成绩不好,最怕奶奶知道。我甚至懵懂地对奶奶说过:"以后我有了孩子,奶奶你给我带,我不会带小孩。"

奶奶比较温和,我也认为她好说话,有事跟她好商量。但她可见不得我受委屈,记得小时候在外面玩,碰到比我大的孩子欺负我,奶奶不知就从哪冲过来,对那几个中学生使劲嚷嚷:"干什么!你们这么大了有本事欺负小孩!有没有道理?!找你们学校去!"我还没见过奶奶这么厉害,真像老母鸡护小鸡。

奶奶一直要求我要努力学习、努力工作,现在我学业有成,进入社会参加工作,仍不忘奶奶的教导。年轻人就是要刻苦钻研,奋力拼搏,我有目标有信心,像爷爷奶奶、爸爸妈妈一样,争取要做出一定成绩,闯出一片天地。不论成败,做任何事情都不负韶华,努力过就好。

我要像奶奶那样与人为善,用坦率、温和的态度为人处世。在社会上做个顶天立地、自强自立的独立人。

爷爷奶奶纯洁坚贞的爱情观,更是我们学习的榜样。他们经历暴风骤雨,饱尝酸甜苦辣,任狂风大作暴雨倾盆,任泰山压顶危难四伏,只要两人携手共进，两颗心印在一起，便是一方天地，能敌八方风雨。

不经风雨，怎见彩虹。

爷爷奶奶相依、相守50年。他们美丽动人的故事令人羡慕，他们坚贞不渝的爱情令人感动，永远是我们的榜样。

祝福爷爷奶奶身体健康，福泽绵长。

祝奶奶的新书大获成功！

愿读过此书的伙伴们会开启心灵的智慧之门，收获爱情、收获幸福！

姬九腾

2024年重阳节